JN078252

急速に変化する中国経済

中国「十三五」期の経済動向

林崗　王一鳴　馬暁河　高徳歩　著

稲吉翔　松尾亮祐　訳

グローバル科学文化出版

目次

第1章
「十三五」時期の国際経済環境

【要旨】中国の「第13次五カ年計画の時期（2016～2020年）」（以下、第13次五カ年は「十三五」と略す）、世界の多極化、経済グローバル化が進み、世界の政治経済安全構造は再構築に直面し、成長モデル、産業構造、エネルギー版図、管理構造、通貨システム、地縁ゲームに新たな変化が現れた。中国と世界経済のインタラクティブが深く変化し、世界はますます強大になる中国に適応する必要がある。中国も絶えず発展する変化の世界に適応する必要がある。「十三五」時期には、中国と世界の相互に作用する中で、新たなチャンスをよりよく把握し、新たな挑戦に適切に対処し、自ら中国の発展と飛躍に役立つ外部環境を構築し、自身の発展利益を維持し、実現していく必要がある。

一、「十三五」時期の国際環境変化の動向

「十三五」時期には、世界の政治経済安保構図が依然としてディープな時期にあり、グローバル化は発展し、各国の相互依存はこれまでにないレベルにまで達し、発展途上国と新興経済体の世界における政治経済の地位は絶えず上昇している。それと同時に、成長モデル、産業構造、エネルギー版図、ガバナンス構造、通貨システム、地縁の対立などの方面において未だに新たな変化を生み出している。

（一）世界経済の成長構造が調整され、回復状況も全体的に改善される
1、米国経済は緩やかな回復を続け、供給側の成長を支える役割が強まる
国際金融危機後、米国は製造業の立て直し、金融規制の強化、科学技術革

新の促進などを含む構造改革を積極的に推進し、同時に大規模な経済刺激策を実施した。全体的に見ると、これらの政策措置は積極的な効果を収め、消費者と企業の信頼が回復し、不動産と自動車の二大柱産業が漸次回復し、失業率は徐々に下がり、経済は緩やかな回復態勢を呈している。2011～2013年、米国経済はそれぞれ1.8％、2.8％、1.9％成長した。

先進国の中で、米国の移民政策は比較的緩やかで、労働力供給は比較的豊富であり、さらにシェールガス革命でエネルギー価格を抑え、前期大量投入と蓄積が新たな科学技術革命を生む可能性がある。そして、新興産業は急速に発展し、「十三五」時期には米国経済の成長が供給側からの支持を強め、緩やかな回復を続ける可能性が高いだろう。未来の米国の経済成長は主に3つの制約に直面している。1つは、金融政策の調整、特に金利の引き上げが回復の不確実性を高めること、2つは財政赤字の持続的な削減が公共需要の増加を抑制すること、3つは企業と住民のレバレッジの減少が個人需要の増加に影響する。「十三五」時期に米国経済の成長は年2.2％前後に達する見込みで、ユーロ圏と日本より高いである。米国は世界の産業と科学技術の発展に引き続きリーダーシップの役割を果たすことが期待されるが、需要の面で世界の成長に大幅に貢献することは難しいである。

2、ユーロ圏の低成長が続く、政策と体制による不確定性

ユーロ圏経済は、国際金融危機と主権債務危機の二重の打撃を受け、その回復は緩やかである。2011～2013年、ユーロ圏の経済成長はそれぞれ1.6％、-0.7％、-0.4％であった。これはユーロ圏内部の硬直化、福祉の不当な高さ、管理体制の欠点など構造の問題が外在化したものである。ユーロ圏も経済構造改革の推進を試み、「ユーロ2020戦略」などの計画を打ち出したが、全体的な進展は見られず、一部の債務国のみは外部の圧力の下で赤字削減など具体的な改革を実施した。

全体的に見て、主権債務の危机はすでに穏やかになり、技術的にもユーロ圏経済は衰退から抜け出し、消費者と企業は自信を回復し、外部に大きな危机や揺れが現れなければ、「十三五」時期にもユーロ圏経済は低速の成長を維持することができる。制約要因は主に政策と体制の2つの方面によるものである。政策上からは、デフレに陥ることを防ぐためにユーロ圏の量的緩

和政策は依然として進められており、将来的には撤退の問題に直面し、財政赤字削減に加えて経済成長の不確定性が存在している。体制上からは、ユーロ圏あるいはＥＵが一貫して主権国家ではなく、構造的な改革を推進し、地域の発展格差を緩和する上で力を合わせにくい。また、ユーロ圏の失業率は 10％を超え、失業を削減し、雇用のある成長を実現するのは困難である。総合的に見て、「十三五」時期にユーロ圏経済の成長は年 1％前後を維持し、各経済体の動きは引き続き分化する恐れがある。

　3、日本が構造改革を進めることの困難性、未だ楽観できない経済成長の見通し

　日本経済は外需に高度に依存しており、国際金融危機と主権債務危機の発生後に大きな衝撃を受け、大地震、津波、核漏れが発生し、景気回復の過程が不安定である。2011 〜 2013 年の日本経済成長はそれぞれ -0.5％、1.4％、1.5％であった。2013 年、日本は「アベノミクス」と呼ばれる極めて緩やかな経済刺激政策を実施した。通貨の増発による円安の促進、公共支出の増加による内需の拡大、構造改革の推進、市場環境の整備などを行った。現在の状況から見ると、これらの政策措置は成長を促進しており、デフレ緩和に効果を見せていると言える。

　成り行きから見て、「アベノミクス」における財政・通貨政策の効果は次第に衰えてきており、日本政府の債務は GDP に占める割合は 200％を超え、大規模な刺激政策の持続的な実施を支えるには不十分であり、日本経済の内生動力が増強できるかどうかは構造改革の進展と効果にかかっている。

　現状をみると、日本はすでに消費税を引き上げており、現在は外国人技術者を誘致する経済特区の設立、企業の資本支出と研究開発の面における減税、業界の整合の推進、原発の再稼働、企業の農村への参与など内在的改革措置の促進、TTP への参加を通じて国内改革を迫っている。日本の各種構造改革は互いに関連しており、全体の推進が難しく、さらに総合効果があるかどうかが不確定である。それに加えて高齢化など長期的な制約要素も依然として存在している。いったん成長とインフレが同時に実現できなくなると経済

1　日本が 2013 年 6 月に打ち出した「経済総合成長戦略」参照。

の見通しはさらに暗くなる。総合的に見て、「十三五」時期に日本の経済成長率は1.5％前後であろう。

　4、新興市場と発展途上国は全体的に速い成長を維持し、構造的な問題は依然として際立つ

　金融危機後、新興市場と発展途上国の経済は素早い回復を見せ、世界経済におけるシェアはますます大きくなっている。2011～2013年における新興市場と発展途上国の経済成長率はそれぞれ6.3％、5.0％、4.7％で、先進国より著しく高い[1]。しかし、コンセプト、体制構造、管理モデルなどの要因により新興市場と発展途上国の構造調整は停滞している。それに加えて外需不振、資本流出の増加で2013年以来、成長速度は著しく緩やかになっている。

　新興市場と途上国の工業化と都市化の潜在力は巨大で、エネルギー資源も豊富にあり、労働力も十分にある。ここ数年、科学技術の刷新と発展を推進して比較的優位な産業を見出し、「十三五」時期に依然として比較的速い成長を続けると予想される。しかし、新興市場と発展途上国の構造的問題が依然として存在し、輸出と外部市場に深刻な依存があり、資源性産業に頼るものもあり、国際資本の流入に依存しすぎるものもあり、工業化のプロセスが調整されておらず、国内のコストが急速に上昇しているものもある。したがって、新興市場と発展途上国の成長は先進国の通貨政策調整、国際資本の流動、大口商品の価格変動、外需市場の容量変化など多くの要素の制約を受ける。つまり、新興市場と発展途上国は比較的速い成長を実現できるが、市場、技術、要素、産業の面で先進国に依存しているという局面は変え難く、成長促進とインフレ安定の関係をうまく処理しても、外部リスクへの適切な対応と経済構造改革の推進にも、さらなる努力が必要である。総合的に見て、「十三五」時期に新興市場と発展途上国の年平均成長率は5.5％前後を維持する見込みで、先進国より著しく速く、世界経済の構図は「南昇北降」の勢いを続ける。

　5、世界経済の低成長が続く、成長の安定性はさらに高まる

　世界経済の成長力は危機前まで回復し難い。その一方で金融危機は経済の

1　ＩＭＦ統計に基づく。

グローバル化の発展の継続と科学技術の継続的な進歩という大きな動向には影響を及ぼしておらず、世界経済の成長を推進する長期的な動力は依然として存在している。「十三五」時期のスタートは国際金融危機の発生から 8 年が経過し、各種のシステミック・リスクはこの段階でほぼ十分に釈放され、また大きな動揺や危機が発生する可能性は大きくない。先進国は「再工業化」と経済の再平衡を提唱し、実体経済の発展を重視し、新興経済体は内需の拡大に力を入れ、工業化・現代化のプロセスを推進し、これらは世界経済の回復を継続するのに有利である。しかし、一方で、先進国が「高失業、高赤字、高債務」問題を解決しても、新興市場国と発展途上国が自身の構造的な問題を解決しても、一気に解決するわけではない。2014 年以来、いくつかの経済体、例えば、日本、ＥＵ、ロシアなどは、成長の低下あるいはマイナス成長の状況が現れた。このため、「十三五」時期には、世界経済の成長力は危機前の水準に達しにくく、引き続き 3％前後の低成長を維持する可能性が高い。

　グローバル経済のアンバランスは引き続き改善される。国際金融危機と欧州の主権債務危機は、グローバル経済の深刻なアンバランスに対する強制的な調整である。金融危機以前の 2004 ～ 2007 年には、世界経済のアンバランスが深刻化しており、この時期の米国の経常収支赤字は年間 8,000 億ドル前後に達し、国内総生産（GDP）に占める割合は 6％に近く、世界の経常収支赤字に占める割合は 60％前後だった。これに対し、日本、ドイツ、アジアの新興経済体と石油輸出国は経常収支の黒字が増えている。危機後、先進国は自主的または受動的に過剰消費、福祉過剰、金融監督の欠如などの構造的な問題を調整し、世界経済のアンバランスは徐々に緩和された。「十三五」の時期には、このプロセスはまだ継続されると予想され、世界経済の回復の安定性が強化される見通しである。

　全体的に見ると、「十三五」時期に世界経済の成長モデルと各国の経済構造の調整が続けられ、新たな成長モデルと科学技術革命が形成される前に、低成長態勢が維持される見込みである。システミック・リスクの低下を考慮して、全体的な回復の安定性が向上する可能性がある。

（二）経済のグローバル化は進み、世界の科学技術と産業の発展は重大な変化を生み出している

1、経済のグローバル化は新しい特徴・傾向を呈している

経済のグローバル化の勢いは逆転しない。経済のグローバル化は国際産業分業の深化と要素資源の最適化配置を促進し、各国の比較優位性を十分に発揮させ、世界各国は経済のグローバル化に参与する過程で、ある程度の利益を得て、相互の連絡、相互依存の度合いが高く、いかなる国も世界経済から独立して発展することができず、市場開放を拡大し、推進している。貿易・投資の自由化と便利化は、やはり各国が経済発展と繁栄を実現するための必然的な選択である。

同時に、資本の逐利性は経済のグローバル化の基本的な働力を決定している。技術の絶え間ない進歩と市場のさらなる開放に加えて、「十三五」時期に経済のグローバル化は依然として発展し続ける。また、各国のさまざまな形式の保護主義措置は無制限に強化することができなくて、経済のグローバル化に対する妨害は有限であり、制御可能である。「十三五」の時期に、経済のグローバル化はいくつかの新しい特徴・傾向が現れる。

第一に、国際貿易と国際投資が急速に伸びにくいことである。国際金融危機後、先進国は負債の消費パターンを調整し、企業と個人のレバレッジ率が低下し、経済成長が輸入需要の増加を牽引できず、国際貿易とグローバル成長の相関が低下した。2003 ～ 2007 年、世界経済の平均成長率は 4.8％で、世界貿易量の平均成長率は 8.3％であった。2010 ～ 2013 年、世界経済の平均成長率は 3.8％まで落ち込み、さらに世界貿易量の平均成長率は 6.2％で下げ幅は加速した。「十三五」時期に世界経済が緩やかな回復を続けても、世界貿易量は急速に成長し難い。ここ 2 年、世界経済の回復状況は全体的に安定しているが、グローバルの直接投資は谷底にあり、2012 年には世界の外国人直接投資は 1 兆 3000 億ドルに達し、減少幅は 18％に達し、再び 2009 年と同じレベルに戻り、「十三五」時期に比較的高いレベルに戻ることは難しいと予想されている。

第二に、国際貿易と多国籍投資は「南昇北降」の構図を呈す。構造的に見て、新興経済体と発展途上国は国際貿易と国際投資においての地位が上昇してお

り、2012 年には新興経済体と発展途上国の外資利用は世界中の 52％を占め、初めて先進国を上回った。未来、新興経済国と途上国の工業化、都市化プロセスを加速させ、輸出拡大を引き続き奨励し、輸入需要を増加させ続け、国際貿易におけるシェアは絶えず向上するとともに、インフラ整備、産業発展などの分野で外部投資を誘致し、外国人の直接投資を利用する規模は引き続き増加している。先進国の輸入需要は明らかに減少し、経済回復と製造業の再建を促進するため、輸出の拡大と資本の流入を積極的に誘致したが、保護主義傾向が強く、不確実性が多いため、国際貿易と多国籍投資に占めるシェアは引き続き低下している。

　第三に、地域経済協力と地域経済一体化は経済グローバル化に絶えず新しい動力を注入する。2013 年 7 月までに世界貿易機関（WTO）に通達した依然として有効な地域貿易協定は全部で 249 件であり、70％はここ 10 年で締約したものであった。また、2012 年以降に通達されたのは 39 件で全体の 16％を占めていた。これらの地域貿易協定の中で自由貿易協定は 218 件で、88％を占めていた。WTO に参加している 159 カ国のうち、モンゴルを除くすべての国は 1 つもしくは複数の地域貿易協定に参加している。WTO 交渉に重大な突破を実現する難度はまだ小さくなく、このような状況で、地域経済一体化は加速し、自由貿易協定を主とする地域貿易協定の締結は絶えず出現し、経済のグローバル化に絶えず新しい動力を注入する。

　2、グローバル産業の配置と競争関係の調整

　先進国は科学技術革新と産業発展の面で引き続きリードしており、製造業の発展と新興経済体の接点は増加している。先進国の科学技術革新の実力は十分で、新興産業の発展に力を入れ、新技術を伝統産業にも運用し伝統産業の価値を高めると同時に、依然として金融、保険、情報、技術、会計と法律業務など現代サービス業を発展させ、産業全体の競争力は依然として強く、国際分業において高い地位にあり続けている。危機後、先進国の製造業の再興は積極的な進展を見せた。2000〜2008 年、米国製造業の累計成長は 6.2％で、同期の GDP 増加率を大幅に下回り、17 のサブ業種のうち 5 つだけが成長を維持していた。2009 年から 2012 年までの累計成長率は 15.2％に達し、同期の GDP 増加に比べて大幅に速く、14 の業界が成長を維持していた。製

造業では、紡績や木材、家具などの労働集約的な業種、プラスチックやゴム、非金属鉱物などの資本集約的な業種が、危機を迎えた後、持続的に収縮している。ある意味で、先進国の産業発展は少しの「後退」が現れたが、一部の発展途上国は新興産業の発展を加速させ、産業発展は絶えず「進歩」し、双方の接点が増えることは関連分野の貿易摩擦を激化させた。

　新興市場と発展途上国は比較優位の産業を大いに発展させ、互いに伝統制造業の分野で競争を強化している。発展途上国は外国人の直接投資と国際産業の移転を受け、比較優位の産業と技術の発展を加速させ、新興産業の発展に積極的に乗り出し、先進国との格差を縮小する努力をしているが、全体的に見ると、技術革新と国際分業において依然として不利な立場にある。東南アジア、アフリカ、インドなどの労働力コストは月に 80 ～ 100 ドル前後で、先進国よりはるかに低く、中国よりも低い。関連国は外資の輸入制限を緩和し、外資に対する税制優遇などの措置を取り、製造業は外資を利用して積極的な進展を得た。2012 年、東南アジア諸国連合（ASEAN）の外資利用は前年より 6.7％増加して 1254.6 億ドルに達し、すでに中国に代わって世界第一位の外資目的地になった。今後しばらくの間、ハード・ソフト条件の改善に伴い、東南アジアなどの労働集約産業が急速に発展し、伝統的な製造業分野における発展途上国間の競争が激化する可能性がある。

　3、情報技術が各分野への浸透を継続することは依然として世界産業のモデルチェンジとアップグレードの主なメロディーである。

　国際金融危機後、主要先進国と新興経済体は新エネルギーと省エネ・環境保護など分野での技術開発と産業化を推進するとともに、引き続き情報技術の発展を推進し、情報技術と新エネルギー、バイオ技術などの融合を促進することを重視し、未来の技術進歩と産業発展の戦略的な優位性を奪取するよう努めている。このような融合が世界産業の発展に与える影響はすでに現れた。新エネルギー、3D プリント、ユビキタスネットワーク、クラウドコンピュータなどの新興産業は盛んに発展し、産業の組織方式の深刻な変化を推進し、全世界の産業モデルチェンジとアップグレードに新しい動力を注入した。2012 年、マッキンゼーは、2020 年代の主力産業となる可能性の高い 12 の新技術を予測した。このうち 6 つは、モバイルインターネット、スマー

トソフトウェア、ユビキタスネットワーク、クラウドコンピューティング、次世代ロボット、3D プリントなど、情報技術と密接な関係がある。

　情報技術の普及と浸透は新しい産業、新しい業態を生み、絶えず人類の生産と生活の効率を高める。2013 年、全世界のパソコンの生産量は 10%減少したが、スマートフォンとタブレット PC の生産量はそれぞれ 42.3%と50.6%増加し、今後もモバイル情報処理装置製造業は急速に発展する見込みである。モバイルインターネット、クラウドコンピューティング、ビックデータなどの新技術が伝統的な業界に普及したことにより、ユビキタスネットワーク、インターネット金融、モバイル財テク、モバイル医療、モバイル教育などの新業態は迅速に発展し、伝統的な業態の重要な補充となった。マッキンゼーなどの予測によると、2020 年の世界のモバイル医療、モバイル教育の生産額はそれぞれ 490 億ドルと 700 億ドルに達し、2012 年の 40 倍と 15 倍になる。3D プリント、人工知能などの新技術は個性的な生産方式の発展をさらに推進し、より多くの製品の生産を3D プリントと人工知能に任せるようになり、人類は主に製品の設計作業に従事する。これは人類の革新能力をさらに呼び起こすものである。情報技術とサービス業の融合は、世界でサービスアウトソーシングの促進を発展させる。

　これと同時に、再生可能のエネルギー、遺伝子診断と修復、新材料などの新技術産業も急速に発展している。光電変換などの再生可能エネルギー技術は全世界のエネルギー問題を徹底的に解決するキーポイントであり、遺伝子技術が重大な突破を実現すれば、人類の知能と身体素質を根本から変えることが期待され、これらの新しい技術と産業の発展の将来性は非常に広い。しかし、現在の状況から見ると、技術の重大な突破と産業化のプロセスはまだ時間がかかり、情報技術は絶えず人類の生産生活の各分野に浸透していくのは、やはり「十三五」時期の世界産業発展とモデルチェンジ・アップグレードの中心である。

　4、グローバル産業のモデルチェンジとアップグレードは長期的漸進的プロセスである

　ある意味では、第 3 次産業革命はすでに糸口を見つけている。しかし全体的には、新興産業が伝統産業に取って代わり、新興生産方式が伝統生産方

式に取って代わるのは長期的なプロセスであり、「十三五」時期のグローバル産業アップグレードは依然として「進行期」である。現在の状況から見て、伝統産業技術の基礎は非常に成熟しているが、一部の進行技術はいまだに発展初期段階にあり、新興産業が伝統産業を迅速に代替し、全面的な商品とサービスを提供するにはまだ不十分である。例えば、全世界のエネルギー消費総量の中で、伝統的な化石エネルギーの割合は80.6%に達し、風力エネルギー、太陽エネルギーなどの新エネルギーは8.2%に過ぎない。同時に、世界範囲内で、伝統産業の生産能力過剰と新興産業発展の不確定性が併存し、産業モデルチェンジとアップグレードの道は比較的に長く、比較的に複雑である。特に、各国は先を争って新興技術と産業分野に入り、国際競争は日々激しくなり、一部の分野ではすでに生産能力が過剰になる兆しさえ見せている。関連する保護貿易主義措置もしばしば現れており、新興産業が最終的に主導産業に成長するまでにはまだ時間がかかる。

（三）グローバル・ガバナンス体系は再構築に直面し、国際経済貿易ルールは徐々に「高基準」に向かっている。

1、グローバル・ガバナンスの体系はより公平で合理的で多元的な方向に調整する

「十三五」時期に、グローバル・ガバナンスの構造は総体的に「南昇北降」の態勢を呈した。国際金融危機後、グローバル・ガバナンスの体系に重大な変化が現れた。新興市場と発展途上国の地位は著しく向上し、先進国が単独でグローバルガバナンスを主導することは困難になった。特に、世界経済の安定的な発展を維持し、相互市場の開放を拡大し、国際経済貿易ルールを再構築し、国際通貨金融体制を改革し、気候変化、エネルギー資源の安全、食糧安全などの分野において、先進国と発展途上国の競争はより複雑で激烈である。発展途上国の発言権を高め、公平と効率を両立させるグローバル・ガバナンスの体系を確立することは、依然として大きな流れである。

グローバル・ガバナンスの体系はさらに多元的な方面に再構築されるだろう。数年来、グローバル・ガバナンスの体系は「ピラミッド」式の構造を形成してきた。ピラミッドの頂点にあるのは国連で、各国の関係と重大な国際

18

事務の調整を担当している。ピラミッドの中部にあるのは安全、貿易、経済、金融、大国の関係などの調整を担当する国際組織とプラットホームであり、国連安保理、WTO、IMF、IBRD、20 カ国サミット（G20）などを含んでいる。ピラミッドの底辺に位置するのは、一部の具体的な世界問題の協調を担う機関で、例えば国連気候変動専門委員会などである。全体的に見て、この組織体系には「十三五」時期に根本的な変化は起こらないが、新興市場と発展途上国は一部の分野で現行体系と平行な体系を構築しようとしている。例えば、2014 年 7 月 15 日、BRICS 開発銀行と緊急貯留庫は正式に成立を宣言し、ブリックス国家間の金融協力が実質的に始動した。同時に、一部の地域組織、例えば APEC サミットなどは地域的な事務において果たす役割がだんだんと大きくなり、世界統治システムに対して有益な補填となった。予見可能な未来において、先進国と発展途上国の力の持続的な変化に伴って、世界統治システムはさらに多元的な方面に再構築される。

　2、新興経済体の国際貨幣・金融システムにおける地位の上昇

　周知のように、IBRD と IMF は戦後に形成された国際貨幣金融システムの 2 つの柱であるが、この 2 つの機関は長期的に欧米などの先進国によって掌握され、その政策と運営の多くは先進国の利益を反映しており、発展途上国の合理的な要求は基本的に受け入れられない。国際金融危機後、国際社会は国際貨幣システムの改革を絶えず要求しているが、先進国が依然として主導的な地位にある。例えば、ブリックス 5 カ国の IBRD における投票権は合わせて 13％しかないが、米国は 1 カ国で 15％を占めている。また、ブリックス 5 カ国の IMF における投票権は合わせて 11％に過ぎないが、米国は 17％を有している。さらに、イギリス、フランス両国が有する投票権もいずれのブリックス国家より大きい。ブリックス開発銀行と緊急貯留庫は、ある意味では発展途上国が設立した「IBRD」と「IMF」であり、これによって現行の国際通貨金融システムは「平行」と「交差」の体系を形成した。「平行」は発展途上国にインフラ融資をする点で多くは体現されており、「交差」は世界的な金融リスクと危機に対応する点で多く体現されている。この状況は国際通貨金融システムの複雑で深刻な変化を暗示しており、新興市場と発展途上国の地位の向上はその中の基本的な傾向である。

一方、ドルの主導的な地位は引き続き下落する。ドルの主要な国際準備通貨としての地位は弱まり続け、ヨーロッパの主権債務危機はユーロを一時的に崩壊の危機へと導いた。統計によると、2009 〜 2012 年、ドルとユーロの資産は世界の公式外貨準備において占める割合が 62％と 26％から 61.2％と 24.1％へ下落した。かなり長い時間においてドルは未だに世界で最も主要な準備と決算通貨であるが、人民元を含む新興市場と発展途上国が果たす重要な役割はやはり期待される。

　3、世界経済貿易規則の向上を牽引する高基準自由貿易協定

　規則の制定はすでに世界各国、特に主要大国が対立する世界統治の重要な領域となっている。米国は TPP と TTIP の推進に力を入れており、この 2 つに共通する特徴は高い基準と広域に及ぶことであり、参入前の国民待遇とネガティブリストの管理で市場参入を全面的に拡大し、労働基準、環境保護、知的財産、政府調達、競争中立などの新しい議題を交渉に組み入れている。TPP の 12 の参加国の GDP と貿易は世界の 40％前後を占め、TTIP は欧米の GDP、貿易を世界の 50％、30％前後を占めている。2 つの自由貿易協定が成立すると、2 洋にまたがる巨大な自由貿易地区が形成され、労働、環境保護、知的財産などの条項はある意味で国際新「規範」となり、多国間貿易協定と国際経済貿易の規則の向上を牽引する。また、経済グローバル化のプロセスと世界経済の統治に大きな影響を与える。現在の状況を見ると、TPPと TTIP への調印は順調ではない。例えば、日本の農産物への関税引き下げへの反対は大きく、欧米では一部の問題において大きな対立がある。しかし中国の「十三五」時期において、関係当事者の最終的な 2 つの自由貿易協定への参加は依然としてはっきりしない状況である。そのほか、米国は現在サービス貿易協定（TISA）の交渉も進めており、これも高い基準と広域に及ぶという特徴がある。

　もちろん、国際金融危機後の世界の科学技術と産業発展の新動向の発現にも注視すべきである。世界的な産業の分業化は扁平化し、産業の繋がりと価値の繋がりは絶えず延長され、多国籍企業はより広い範囲、より深い段階で資源を配置する必要がますます大きくなり、投資の便利化、貿易の便利化、サービスの便利化に対する要求がますます大きくなっている。TPP、TTIP、

TISA が客観的に国際分業化の発展の動きに順応したということは経済グローバル化が一定の段階に発展した成果である。多くの発展途上国は環境保護、労働権、知的財産などの方面において高い水準に達することは未だに困難であるが、経済グローバル化のプロセスへの深い参与と自国発展の加速の角度から見ると、TPP、TTIP、TISA は発展途上国にもたらすものは全てが困難であるというわけではない。

　4、投資と貿易のルールの世界経済統治システムにおける相互関係

　しばらくの間、多国間貿易体制下での貿易ルールは世界経済統治システムの基礎であり、各自由貿易協定において、関税の引き下げと非関税障壁の除去も常に最も確信的な交渉内容である。現在の状況からみると、この一状況は今まさに悄然とした変化が発生している。以前の自由貿易協定に相当する、TPP と TTIP は更に投資の自由化と国境の障壁の除去の実現に注目している。同時に各経済体は双方間の投資協定交渉の推進を加速させ、投資の自由化はますます世界各国の対外経済戦略の重要な内容となっている。これらは全世界産業分業の構造調整の動向に反映される。すなわち、産業チェーンの延長に従って、多国籍企業は既に経済体投資に満足しない境地に達しており、この経済体内に有効な配置資源を有することをより追及し、このような才能があるだけでこの激烈な競争の中で勝利を勝ち取り続けられる。経済グローバル化がまだ継続的に深く発展していることから、この種の勢いは「十三五」時期により強化される可能性が大いにある。このことから、「十三五」時期は、投資規則が世界経済管理体系においての地位を上昇させる見込みがあるが、貿易規則は相対的に下降し、前者は世界経済管理体系の新たな礎石となる可能性がある。

（四）国際エネルギー資源圏の大きな変革、エネルギー資源の需要と供給のミスマッチ

　1、米国のシェールガス革命は国際エネルギー資源供給の版図を変えた

　米国はシェールガス、シェールオイルの探鉱技術において重大な成果を獲得し、既に大規模な商業科開発段階に入り、シェールガス、シェールオイルなどの天然ガス資源生産量は持続的に加速し続けている。2012 年、米国の

天然ガス生産料は 24.1 万億立方フィートに達し、ロシアを抜いて世界第一位の天然ガス生産国となった。米国のエネルギー省は、2020 年の米国原油と天然ガスの生産量はそれぞれ次のように予測している。955 万バレル/日と 29.1 兆立方フィートで、2012 年より 47.1%と 20.7%増加する。2020 年の原油輸入量は 2012 年の 843 万バレル/日から 579 万バレル/日に減少し、金融危機以来の最低水準となる。シェールガスは 2012 年の純輸入量 1.51万億立方フィートから純輸出 1.93 万億立方フィートに転換し、総合エネルギー自給率は 93.5%となり、2010 年より約 10 ポイント上昇する。

　全体的に見て、米国は全世界のエネルギーの供給の版図の中での地位が上昇しており、同時に資源優勢を経済優勢と発展優勢に転化するため、いくつかエネルギー源の豊富な発展途上国は関連製品の輸出により力を入れ、全世界のエネルギー資源の流れと主要エネルギーの通路の重要性に新しい変化が現れている。米国は世界最大のエネルギー消費国であり、自身のエネルギー供給の増加に伴い、中東地域からの原油輸入は減少し、一部の中東の石油ガス資源がヨーロッパ市場に流れ、そのためロシアの市場シェアが滞留している。この影響で、スエズ運河、ボスポラス海峡、バブ・エル・マンデブ海峡などの中東の石油ガスが欧米に輸出されることの重要性が低下している。国際エネルギー部門の予測によると、2035 年この 3 地方の原油貿易量は世界貿易総量の 11%、2%、11%を占め、2010 年より 3、2、3 ポイント低下する。一方、ホルムズ海峡やマラッカ海峡など中東の石油ガスがアジアに輸出される重要性が高まっている。国際エネルギー部門の予測では、2035 年この二地方の原油貿易量は世界貿易量総量の比重をそれぞれ 50%と 45%占め、2010 年に比べて 8 ポイントと 13 ポイント上昇する。

　2、国際エネルギー需要の重点は新興経済体とアジア地域に移転する

　「十三五」時期、新興市場と発展途上国は工業化、都市化が継続して急速に発展し、エネルギー資源に対する需要は依然として安定して増加し続け、世界のエネルギー消費量における比重は上昇する。国際エネルギー部門は2011 〜 2020 年に、非 OECD 国のエネルギー消費量は年平均で 2.5%上昇し、OECD 国の 0.23%を著しく上回ると予想している。2020 年の非 OECD 国の世界エネルギー消費の比重は 62.9%に達し、2010 年より 5.4 ポイント上昇

する。

　地域を見てみると、アジアはエネルギー消費量の増加が最も速い地区となる。国際エネルギー部は 2011 ～ 2020 年、アジアの非 OECD 国のエネルギー消費量の増加は年平均で 3.2％に達し、明らかにアフリカ、ラテンアメリカ、東ヨーロッパ諸国より高い。その中で、中国はアジアのエネルギー消費において半分以上を占め、需給ギャップは日に日に拡大し、21 世紀の 20 年代には世界一の石油輸入国になる可能性がある。インドのエネルギー消費量も急速な上昇傾向にあり、その中でも石炭の消費量の増加はかなり速く、21 世紀の 20 年代には世界一の石炭輸入国になる可能性がある。

　3、国際エネルギー資源の需給構造は緩和されている

　需要から見ると、「十三五」時期の世界経済には継続して緩やかな回復が見込まれ、新興経済体と発展途上国の工業化と都市化は加速的に発展し、世界のエネルギー資源の需要は相変わらず増加し続ける。供給から見ると、アメリカシェールガス革命は世界の化石エネルギー供給は増加させただけでなく、世界の太陽光エネルギー、風力エネルギーなど新エネルギーの発展を加速させた。世界のエネルギー供給は重要を満足させるべき状況にある。総合需給の二つの要素から見ると、「十三五」時期は世界のエネルギーの需給のバランスが取れつつある状況は根本的には変わらないが、金融危機前余地やや緩和され、エネルギー価格の上昇は一定の抑制が見込まれる。国際貨幣基金の予測によると、2019 年の世界の原油、天然ガス現物平均価格基線はそれぞれ 89.4 ドル / バレルと 10.8 ドル / 百万英熱量単位で、2013 年より 14.2％と 3.6％減少した。

二、国際環境の変化が中国に与える影響

　国際金融危機後、中国と世界経済の相互関係は大きく変化し、世界は段々と強大になる中国に適応することが必要となり、中国も耐えず発展変化する世界に適応することが必要となった。「十三五」時期、国際環境の変化は中国の経済発展に重要なチャンスと多くの挑戦をもたらした。全体的に見て、中国と世界の関係において、新たな機会をよりよく把握し、新たな課題に適

切に対処し、主導的に中国のモデルチェンジと平和的な台頭に資する外部環境を構築する必要がある。

（一）国際環境の変化が中国にもたらす主な好機

1、依然として中国発展の大きなチャンスである経済グローバル化の継続的進行

人口の多い発展途上国として、中国の発展におけるアンバランス、不調和、持続可能でないという問題は依然として目立っている。主に、都市部と農村部の経済発展のアンバランス、国内市場の潜在力が未だに未開発であること、自主革新能力と企業管理レベルが依然として向上されていないこと、自然資源が相対的に不足していることが問題である。経済グローバル化は中国が比較的優位性を発揮し、国際競争と国際分業へ参与し、国内外の２つの市場の資源を十分に利用し、健全な開かれた経済システムをさらに構築し、小康社会建設の大きなチャンスとなる。第一に、積極的な対外開放と改革の促進にメリットがあり、開放を拡大することによって国内の深い部分の体制改革を迫る。第二に、中国が利用する国際市場の規模拡大と安定的な輸出にメリットがあり、経済成長と就業を促進する。第三に、中国が国外先進技術、設備、人材、管理経験を誘致するのにメリットがあり、国内技術の進歩と産業レベルアップを促進する。第四に、中国企業が海外に進出し、外国企業と連携した国際エネルギー開発に有利であり、エネルギー資源供給ルートを広げ、同時に対外に過剰生産能力を移転し、世界の資源配置を主導する。

2、中国産業のレベルアップに新しい契機をもたらした新興産業と技術革新

中国はすでに比較的完備された産業システムを形成したが、農業の基礎地位が不安定で、工業が強くはなく、サービス業の発展の遅れが目立っている。産業のレベルアップをさらに推進させることは産業発展の方式の変化に関する戦略的任務だ。現在、各国は新興産業と技術に大きな期待を寄せており、新エネルギー、クラウド計算、３Ｄ製造、遺伝子診断と修復など技術発展は絶えず新たなステージへ進んでいる。サービスアウトソーシングとサービス業の投資は急速に発展しており、「十三五」時期は中国の新たな契機となる

産業のレベルアップを推進する。全体的に見て、新興産業は未だに発展の初期段階にあり、これは中国が発展ペースを調整して新たな世界産業に追いつき、未来の産業発展の戦略的高値を奪い取り、先進国との差を縮め、中国の世界分業における低くて不利な地位を変え、有利な条件を提供した。申告技術市場の応用の見通しは広く、発展の潜在力は巨大で、中国のために新たな経済成長点を作り、伝統産業の向上に大きなチャンスをもたらした。サービスアウトソーシングとサービス業への投資はまさに世界経済貿易協力の重点となりつつあり、中国にサービス業の開放拡大を重点に、開かれた経済新体制の構築に新たなきっかけを提供する。

　3、中国が世界の資源を配置する余地を増加させた国際エネルギーの版図の変化

　ある時以来、中国の重要エネルギーの対外依存度は絶えず上昇している。石油の対外依存度は今世紀初頭の26％から2013年には58.3％まで上昇し、天然ガスの依存度も30％近くに達している。合理的な価格で持続的かつ安定的に海外からエネルギー資源を獲得するには、中国のエネルギーの安全と経済の安全の保障が重要なポイントであり、また各関係方面との多角的な経済貿易関係の深化と地域経済協力の発展も重要である。米国のシェールガス革命後、世界のエネルギー版図は静かに変化し、中東、中央アジア、ロシアなど重要なエネルギー資源輸出国は中国市場への重要視の度合いが高まり、中国は「支配されている」度合いが低くなり、関係国との協力関係は以前の「一方的な希望」から「ウィンウィンな関係」に変わっている。さらに中国のエネルギー安全の保障レベルの向上に加えて、中国発展の外部空間の開拓と「一帯一路」の建設がもたらした契機の推進によって、中国の国際政治における選択の余地も増加した。同時に、米国は世界最大のエネルギー消費国となり、そのエネルギーの自給を段々と実現し、一度は緊張関係にあったエネルギーの需給関係を緩和させることによって、生産コストを抑制し、中国のエネルギー輸入コストの低下に役割を果たした。

　4、中国の国際的な影響力をさらに強化させる世界経済構造の変化

　「十三五」時期、世界経済の構造は全体として「南昇北降」状態であり、世界管理システムと国際経済秩序がより公正で合理的になることを推進し、

広範囲の発展途上国の国際貿易投資におけるシェアを引き続き向上させ、中国は国際影響力をさらに高め中国の発展利益の実現に大きなチャンスをもたらす。控えめに見積もって、中国「十三五」時期の輸入と対外投資はそれぞれ 10 兆ドルと 5000 億ドルに達し、これは強力にその他の経済体の発展を促し、関係国と地区はさらに中国との協力を重視して、中国の国際事務における影響力を向上させ、発言権の基礎条件を提供した。同時に、発展途上国にとって世界経済における地位の向上は世界統治システムにおける地位の向上を促進し、これは中国の国際組織における決定権を増加させ、中国の国際統治規則における従来の積極的な参加と受動的な受け入れを促進し、方向変換の主導的な指導と双方向の影響関係を加速させる。ブリックス国家開発銀行と緊急貯留庫の創設は中国の世界貨幣金融システム改革におけるにおいてより重要な役割を果たし、人民元の国際化を促す。

（二）国際環境の変化が中国にもたらす主な課題
1、世界経済の構成と成長の調整は、中国の発展質量と利益効率増加の圧力を強める

中国はすでに世界第 2 の経済体になったが、「高投入、高排出、高汚染、低品質、低効率」という粗放的な発展方式は根本的に変わっていない。「十三五」時期には、世界経済の成長パターンは引き続き深刻な調整を続けており、低成長態勢はまだ持続し、不安定要素は依然として多く、また中国が経済のグローバル化に参与する伝統的な競争力は弱まり、発展の質と効果を高めることが目前に迫っている。ここ数年来の状況から見ると、中国の輸出の伸びはすでに 1 桁の割合まで減速しており、2012 年、2013 年の増幅はいずれも 7.9%である。動向から見るに、欧米先進国の負債調整消費模式や国際競争の激化などの影響を受け、世界経済が引き続き緩やかに回復できるとしても、それは中国の成長の外需動力が危機前のように強大になるという意味ではなく、従来の発展方式は引き継がれにくくなり、経済構造の戦略的調整を推進し、需要、供給、地域、要素の投入構造の緊迫性が高まる。同時に、複雑な外部環境に直面し、全面的に品質と利益の観念を確立して、発展の中で構造性、体制性、長期性の問題を解決する決断を下し、国際競争に

参与する新たな優位の圧力を育成においてもますます大きくなる。

2、中国の産業レベルアップに複雑な影響をもたらす世界産業配置の変化

国際金融危機後、先進国は積極的に再工業化を進め、新興経済体と発展途上国は比較優位産業の発展を加速させ、世界の産業分布は新たな変化を見せた。これと同時に、中国の産業は絶えずモデルチェンジされ、産業の発展において、先進国と発展途上国の競争関係は強まった。一方では、中国の労働力、土地などの要素コストは集中的な上昇期に入り、製造業の伝統的な競争の優位性は弱まり、一部の労働集約型産業、特に末端製造の一部は低所得国へシフトし始め、関連分野では発展途上国との競争関係が強まっている。その一方で、中国は戦略的新興産業の発展を加速させ、技術、ブランド、品質、サービスを中心とする国際競争における新たな優位産業を大いに育成させ、先進国と新エネルギー、新材料、省エネ環境保護、ハイエンド製造などの領域で激しく競争している。2012、2013 年ソーラーパネルなどの新分野において、中国はすでに欧米と深刻な貿易紛争状態にあった。将来の一時期、中国の産業発展は行き詰まり、追っ手が来るという厳しい状況に直面し、貿易保護主義の障害に遭遇が増加し、各国と産業発展における競争協力関係が直面する新たな試練にうまく対処するだろう。

3、中国の経済グローバル化参加への敷居を高めた国際経済貿易規則の大きな変革

WTO 加盟以降、中国は積極的に経済グローバル化に参与し、現行の多国間貿易システムにおける影響力と発言権を絶えず上昇させ、経済グローバル化の最大の受益者となった。米国は TPP と TTIP によって世界貿易規則を再構築し、国際経済貿易規則の向上を牽引する。体制構造、管理モデル、要素天性などの問題により、中国は市場開放、環境保護、知的財産権保護などの領域において多かれ少なかれ TPP と TTIP の基準に達するのは困難であり、経済グローバル化への継続的な参与は多くの困難に直面することになる。もし TPP もしくは TTIP に加入すると、かなり長い調整期間に直面するだけでなく、おそらく米国が設定する様々な前置き条件にも直面する。もし加入しなければ、このまま貿易移転の損失はますます大きくなる。推計によると、TPP、TTIP 成立後、5 年間で中国の対外貿易輸出入額はそれぞれ 1200 億

ドル、1000億ドル以上縮小される。もちろん、TPPとTTIPのいくつかの
条項にも注意が必要で、例えば、サービス業開放の拡大、投資自由化レベル
の向上などは中国の開放型経済新体制構築の要求と一致しており、肝心なの
は圧力を用いて、体制構造の改革刷新の推進を加速させ、高い標準との差を
縮めることだ。

　4、地縁政治の構造調整の変化が増加させた中国の発展利益の維持と実現
の難しさ

　過去の一時期、世界政治の多極化発展の大局のもとで中国経済は急速な発
展を遂げ、世界と地域事務への影響力は耐えず大きくなっている。「十三五」
時期、世界の多極化は依然として大きな傾向であるが、地縁政治構造は新し
い変化を見せ、それに加えて関係国は中国に対して予防と抑制の傾向が強く
なり、中国は自国の発展利益の維持と実現の難易度が上がった。他国を見て
みると、米国はアジア太平洋への復帰策を実施し、中国周辺の地縁環境の不
安定性を強め、関係国との領土問題が複雑化したことは、関係の具体的問題
の適切さと適時な解決に影響を与えただけでなく、中国発展の外部空間を圧
迫することは避けられず、中国の対外貿易投資協力と自由貿易地区戦略の実
施に負の影響をもたらす。地域的にみると、東北アジア、南アジア、中央ア
ジアなどの地域で関係各所は相変わらず激しい競争を続けており、ホットス
ポットの問題が絶えず発生する恐れがあり、「城門火災が池魚に及ぶ」とい
う状況が発生する。全世界を見ると、中国の海外利益はますます大きくなっ
ている一方で、西アジア、北アフリカ、東欧などの民族、宗教、領土問題は
解決し難く、責任大国としての地位を樹立し、中国の発展利益を維持するこ
とが求められており、絶えず中国の知恵が試されている。

三、国際環境の変化に対応する策略の選択

　「十三五」時期の中国の発展は依然として大きな戦略的機会時期にあり、
国内外両方の影響を受け、重要な戦略機会期になる条件が大きく変化した。
一方で、中国の発展は依然として多くのチャンスに直面しているが、直面す
る危険、挑戦、困難、不安定不確定要素も少なくない。またその一方で、中

国は世界政治経済構造における地位を向上させ続け、外部環境にける能力は絶えず増強している。これによって、中国と外部の相互関係の変化をはっきりと把握する必要が生まれ、中国に有利な発展環境を主導的に構築して維持し、発展を推進する基礎を品質と利益の向上に変え、社会主義市場化経済体制の完成と経済発展方式の変更を加速させ、経済の継続的な健全な発展を促進し、中国の発展利益を維持、実現する。

（一）開かれた経済の新体制を構築する

「一帯一路」建設の推進を重点戦略とし、歩調を早め、先進国が主導する産業分業体系と平行的な新体系を構築し、分業体系が不利な状況を変え、開かれた経済の発展の効果を高める。西への開放度を高め、周辺国と地区のインフラの相互建設を加速させ、内陸の開放を拡大し、対外開放の布石を完成させる。対外経済の発展方式の転換を主とし、技術、ブランド、品質、サービスを中心とする国際競争における新たな優位産業の育成を加速させ、中国の国際分業における地位と国際産業チェーンにおける価値増値能力を高め、対外貿易の向上を推進し、外資の総合的効果を高める。上海の自由貿易試験区域を先行試験として、参入前の国民待遇とマイナスリストの外資管理モデルの実施を模索し、サービス業の外商投資参入を拡大し、対外投資管理体制を改革し、貿易管理体制改革を深化させる。

（二）イノベーション駆動発展戦略を実施する

企業の開発費用の加算控除など普遍的な措置を全面的に実施し、新興産業創業刷新のプラットフォームを創設し、次世代移動通信、集積回路、ビッグデータ、先進製造、新エネルギー、新材料などの面で先進を追い、未来の産業発展をリードする。科学技術体制改革を加速させ、企業の技術刷新における主体的地位を強化し、企業が研究開発機構を設立することを奨励し、それに先駆けて産学研協同革新連盟を構築する。政府の基礎研究、先端技術、社会公益技術、重大な共通性関連技術の投入を強化し、公共科学技術サービスのプラットフォームを健全化し、科学技術の重大な特定項目の実施メカニズムを充実させる。知的財産権の保護と運用を強化し、科学の普及と科学精神

の構築を重視する。人材開発計画を実施し、重大な人材プロジェクトの計画を統括する。

（三）内需強化による成長

消費を内需拡大の主要な重点とし、住民の収入を増やすことによって消費能力を高め、消費政策を充実させ、消費を育成し、消費環境を浄化させ、養老、健康、旅行、文化などのサービス消費を拡大し、情報消費を促進する。投資を経済成長の安定の鍵とし、投融資体制の改革の加速、投資主体の多元化を推進し、投資構造を最適化し、保障性のある安住工事、農業、水利工事、中西部鉄道、省エネ・環境保護、社会事業などの分野における投資力を増大させる。地域発展の全体戦略を深く実施し、西部大開発を優先的に推進し、東北地区など旧工業基地を全面的に振興させ、中部地区の勃興を大いに促進し、東部地区の経済を優先的に、積極的にレベルアップを支援する。

（四）経済体制の改革を全面的に推進する

中国共産党第18期中央委員会の統一的な配置に従い、経済体制の改革を全面的に推進し、政府と市場の関係をうまく処理し、市場が資源の配置において決定的な役割を発揮し、マクロコントロール、市場の管理と持続可能な発展の促進において、政府の役割をよりよく発揮する。基本的な経済制度を堅持・完備し、国有企業の現代企業制度の完備を推進し、非公経済の健全な発展を支持し、混合所有制経済を積極的に発展させる。現代市場システムの改善を加速し、公平かつ開放的かつ透明な市場ルールを確立し、市場決定価格システムを完備する。財政・租税体制の改革を加速し、中央と地方の財力と権限が一致するメカニズムを健全化させる。金融体制の改革を深化させ、多段階の資本市場を発展させ、金利と為替相場の市場化改革を引き続き推し進める。

（五）積極的に世界経済の治理に参与する

G20プラットフォームをうまく利用して、中国が国際的な場で議題を創設・誘導する能力を高め、サミットを通じて世界経済対策に対する自分の主張を

表明する。多国間貿易体制を引き続き支持・維持し、先進経済体との経済貿易協力を深化させ、新興市場国と発展途上国との経済貿易協力を拡大し、地域・サブ地域の協力を統括する。経済のグローバル化の新しい情勢と国際経済貿易規則の新しい変化に適応し、多国間貿易体制、地域自由貿易と投資協定、新議題・新ルールなどの交渉に積極的に参与する。周辺を基礎として自由貿易区の建設を加速し、協定が結ばれた自由貿易区の建設を深化させ、さらに現在行われている自由貿易区の交渉を加速させる。国際通貨システムの改革を推進し、全世界的な問題治理に全面的に参与し、中国の国際経済貿易規則と標準制定における言語権と影響力を高める。

参考文献

① 『堅定不移沿着中国特色社会主義道路前進為全面建成小康社会而奮斗──在中国共産党第十八次全国代表大会上的報告』、人民出版社、2012 年 11 月。
② 『十八大報告』(補導讀本)、人民出版社、2012 年 11 月。
③ 『中共中央関于全面深化改革若干重大問題的決定』(補導讀本)、人民出版社、2013 年 11 月。
④ 『党的十八届三中全会〈決定〉学習補導百問』、学習出版社、党建讀物出版社、2013 年 11 月。
⑤ 『政府工作報告』、人民出版社、2014 年 3 月。
⑥ 『政府工作報告』(補導讀本)、人民出版社、2014 年 3 月。
⑦ WorldBank.GlobalEconomicProspects、2014 年 6 月。
⑧ IMF.Worldeconomicoutlook、2014 年 7 月。
⑨ UNCTAD, WorldInvestmentReport2013、2014 年 2 月。
⑩ WTO,WorldTradeReport2013、2014 年 2 月。
⑪ UnitedNations,WorldEconomySituationandProspects、2013 年 12 月。

第2章
「十三五」時期の経済グローバル化の見通し及び中国の対応策

　　【要旨】中国は「二つの100年」の奮闘目標を実現するには、「十三五」が新35年のキーポイントとなる。「十三五」の時期に、経済のグローバル化の新たな情勢に適応し、中国の発展を勝ち取るために大きな戦略的機会がある。それは改革を全面的に深化させ、対外開放を拡大し、新35年の高レベルな開放を構成し、高標準改革と高品質発展の開かれた経済新体制の基礎を構築することである。歴史の上で、経済のグローバル化は良い発展の重要契機である。この機会をしっかりつかめば、誰でも「曲がり道で差をつける」ことができる。しかし、この金融危機は大国の戦略を変えた。例えば、米国は短期的に量的緩和と輸出拡大の政策を採用し、中期に再工業化、再創造、再就業を推進し、長期的に先進経済体と高標準自由貿易区、高標準投資とサービス貿易自由化など新ルール体系を構築した。これは経済のグローバル化の多国間体制の枠組みを変え、国際ルールの環境を排他的に区域化させ、保護主義の現地化、政治軍事の集団化に転換させ、広範な新興経済体と発展途上国は追いやられる苦境に直面している。「十三五」時期に中国はどのように世界規則の変化に対応するかが大きな問題である。国際経済環境が依然として中国の発展の重要な戦略期間であるか、それともチャンスではないのか。中国は責任ある大国になるか、それとも国境化された大国になるか。中国共産党第18期中央委員会2中、4中全会は、開放協力の戦略を実施し、発展の重要な戦略機会を把握しきるのか、それは全世界の高標準自由貿易区と規則変局の挑戦であり、新たな高水準開放、高基準改革、高品質発展の圧力と動力の推進と全面的深化に転換させるため、「二つの100年」の奮闘目標と中華民族の振興大事業を実現させる。

一、「十三五」時期に必要な経済グローバル化の新情勢への適応

（一）経済グローバル化発展の基本的な特徴

経済のグローバル化発展の特徴の 1 つは、開放駆動、市場化駆動、革新駆動である。

開放駆動は経済のグローバル化の基本的な特徴である。1990 年代以来、2 国間、多国間の開放協定と開放政策の推進の下、世界各国は普遍的に関税の引き下げ、非関税措置の撤廃、サービス業への参入拡大、貿易投資の利便化を促進する開放措置を取り、国際交流、国際協力と国際競争の盛んな発展を大いに推進し、世界各国の経済社会の相互関係と依存関係を増進させ、経済のグローバル化に積極的に参加している国と地域の経済福祉を改善した。

市場化駆動は経済のグローバル化の運行基準である。1990 年代以来、西方の先進国でも、成長軌道に乗っている国でも発展途上国でも普遍的に市場化の改革を推進・深化させてきた。国家の関与を主張するケインズ主義から、市場の決定的な役割を主張する新自由主義に変わった。高度に集中した計画経済体制から市場化志向の経済体制改革に移行した。輸入代替工業化発展戦略から輸出向け工業化発展戦略に転換し、世界経済の急速な成長を促進した。

イノベーション駆動は経済のグローバル化の前進力である。1990 年代以来、開放と市場化の改革は巨大なグローバル化の配当金を十分に放出し、世界的な知識蓄積、技術革新と人的資本投資の成果の世界的な模倣と拡大を大幅に加速し、発展の国際格差を著しく縮小し、科学技術の進歩と生産性の成長の経済成長に対する貢献を高めた。特に第 1 次デジタル技術革命と第 2 次デジタル技術進歩の持続的推進の下、グローバル化はまさにグローバル工程の分業からインターネット分業に向かう模式転換を経験している。

経済のグローバル化発展の特徴の 2 つ目は、「諸刃の剣」効果である。歴史の上で、経済のグローバル化は常に国際政治経済の軍事衝突と銀行通貨危機の高頻度な発生が伴っている。第 1 回経済グローバル化（1870 ～ 1913 年）

1　現在、国際的には、第 2 次機械革命、第 3 次産業革命、第 4 次産業革命、第 2 次デジタル技術革命など、現在の世界的な科学技術革命の特徴に関するさまざまな説明が存在している。

は、守成大国と新興大国との間の矛盾が激化し、最後には2回世界大戦を引き起こした。国際社会は第1回経済グローバル化終結の教訓から、世界平和と発展をいかにうまく運営するかを学び、第3回世界大戦の勃発を避けた。しかし、経済のグローバル化は依然として高頻度で世界経済の危機、銀行危機と通貨危機を伴っている。1960年代後半のベトナム戦争や1970年代初頭に起きたドル危機、「インフレ」と2度の石油危機などが、ブレトン・ウッズ協定の破綻と世界開放のプロセスを中断させた。1990年には、世界市場化改革と開放の波で、世界経済は再び現代経済のグローバル化発展の時期に入った。しかし、2008年に爆発した国際金融危機は経済グローバル化を十字路におしやり、前に進むかそれとも四分五裂するかで、グローバル化の見通しが気がかりである。

　経済グローバル化発展の特徴の3つ目は、開放プロセスの主要な推進者は必ずしも開放配当金の最大の受益者ではないことである。例えば、イギリスは第1次工業革命の技術と産業優勢によって、人類社会で初めて経済グローバル化を推進した。しかし、世界第2次産業革命が到来した時、イギリスは当時、イギリス帝国の建設を第1に位置づけていたため、海外投資と拡大を過度に重視し、第2回産業革命の技術と産業への投資を著しく軽視し、イギリス産業の空洞化と総合国力の衰えを招いた。しかし米国とドイツは経済グローバル化という世界経済成長の黄金期を把握して急速に上昇し

1　国内外の学者は比較的に一致して認めていることである。人類社会が初めて経済グローバル化を起こしたのは1870〜1913年である。論争が一番大きかったのは第2回で、つまり1950〜1973年は社会主義と資本主義の2つの世界経済陣営が互いに隔離して対立していた時期であった。第3回は1990年以来の現代経済グローバル化の時期。

2　イギリスは1842年に完成品輸出税の廃止と輸入税の引き下げを開始し、1860年に自由貿易を実現したが、1913年以降は貿易保護軌道に戻った。1860年にコブデン・シュバリエ条約が調印された後、ヨーロッパ国家は互いに恵国待遇と輸入関税の譲歩を提供し始めたが、1880年以降、ドイツ、フランス、イタリア、ロシアなどの国は農産物と完成品に対して保護関税を実施した。1890年以降、貿易条約体系は二重関税、すなわち非条約国の輸入によって高関税を徴収し、条約国は低関税を有し、1913年までにヨーロッパ全体が貿易保護に復帰した。この間、米国はずっと貿易保護と自由化の間で揺れ動いていた。1879〜1904年に米国工業の保護成長が公認水準を下回ったが、1879〜1889年に綿紡績業がより大きな保護を受けた。ケンウッドなど『国際経済的成長』、経済科学出版社、1996年版。

ている。

（二）現代経済のグローバル化の発展段階（1990 年以降）

　現代経済のグローバル化の第 1 段階は 1990 年から 2001 年までである。多くの国と地域は経済のグローバル化に積極的に参与し、世界に溶け込むことを通じて、普遍的に各自のグローバル化の利益を獲得した。その中で、米国などの先進経済体は最大のグローバル化利益を獲得した。1990 年の米国の GDP が世界の GDP に占める割合は約 26.1%で、2001 年には 32%まで上昇し、平均は毎年 0.5 ポイント前後上昇している。同時期に、中国、インドなどの新興経済体も急速な発展を遂げた。OECD 学者のアンガス・マディソン『中国経済の長期表現』の分析によると、この時期の中国の 1 人当たり GDP の伸び率は世界の主要国と地域より明らかに高くなっている。

　現代経済のグローバル化の第 2 段階は 2002 年から 2008 年までで、これは米国の金融と不動産のバブルが全世界の非理性的な繁栄を推進する時期である。米国の GDP は全世界 GDP に占める割合が 2001 年の 32%から 2012 年の 23.8%に下がった。2001 年に 3 つの事件が発生した。

　第一に、世界的な IT バブル崩壊が発生した。これは米国史上最長の持続期間となる新経済の繁栄サイクルが終了し、世界の直接投資額が前年比 53%減少した。しかし、米国は新しい経済調整を行うつもりはなく、新たな金融と不動産のバブルに入り、米国経済の空洞化とバーチャル化を激化させた。同時に全世界の非理性的な繁栄を牽引した。この時期の世界経済の年平均成長率は 4.5%に達し、1990 年の年平均 3.5%増で 1 ポイント上昇した。

　第二に「9・11」事件が発生した。経済のグローバル化時代に米国は自身の価値観と政治制度を強力に推進し、世界文明の衝突を激化させ、米国は全世界の対テロ戦争に転向し始めた。

　第三に、中国が正式に WTO に加盟し、中国経済の復興の道を加速した。[1]

1　経済協力開発機構事務総長のアンヘル・グリア氏「歴史学者が私たちの時代を振り返ってみると、ほとんどのことがわかってくるかもしれない。どの国の経済発展も中国の台頭のように注目されることはない。しかし、彼らが歴史の視野をさらに開放する時、彼らが見ているのは上昇ではなく、復興である」（AngelGurria、「序言」参照）アンガス・マディソン『中国経済の長期表現』、上

表 2-1 　　　　2003-2012 年ドルの為替レートで換算した GDP

（単位：万億ドル、%）

	2003	2004	2005	2006	2007	2008	2009	2010	2011	2012
世界	7.59	2.29	45.73	49.54	55.88	61.34	8.08	63.41	0.37	71.67
米国	11.09	11.80	12.56	13.31	13.96	14.22	13.90	14.42	4.99	15.68
中国	1.64	1.93	2.26	2.71	3.49	4.52	4.99	5.93	7.32	8.23
ブラジル	0.55	0.66	0.88	1.09	1.37	1.65	1.62	2.14	2.48	2.25
インド	0.62	0.72	0.83	0.95	1.24	1.22	1.37	1.71	1.87	1.84
ロシア	0.43	0.59	0.76	0.99	1.30	1.66	1.22	1.52	1.90	2.01

出典：世界銀行 WDI データベース。

表 2-2 　　　　2003-2012 年購買力で換算した GDP

（単位：万億ドル、%）

	2003	2004	2005	2006	2007	2008	2009	2010	2011	2012
世界	49.28	53.12	57.31	62.72	67.94	71.84	72.10	76.64	81.35	85.89
美国	11.09	11.80	12.56	13.31	13.96	14.22	13.90	14.42	14.99	15.68
中国	4.12	4.66	5.36	6.24	7.33	8.22	9.05	10.12	11.30	12.47
ブラジル	1.37	1.48	1.58	1.70	1.85	1.99	2.00	2.18	2.29	2.37
インド	2.01	2.23	2.52	2.84	3.21	3.41	3.73	4.18	4.54	4.79
ロシア	1.34	1.47	1.70	2.13	2.38	2.88	2.73	2.96	3.20	3.37

出典：世界銀行 WDI データベース。

海人民出版社、2008 年版。

中国が WTO に加盟する目的は、まず経済のグローバル化に積極的に参加し、世界に溶け込むためであり、その次に体制と国際ルールの統合を加速するためであり、再び国際分業と国際交流に参加する能力を高めるためである。当時、中国の各部門、各地区、各企業で一番多く話されていた言葉は「狼が来た」である。中国が WTO 加盟を申請し加入した 15 年は、「狼衝突」に積極的に対応した 15 年であり、改革を深化させてきた 15 年でもある。長期的な準備と積極的な対応を経て、中国経済は発展の黄金期に入った。市場の為替レートで計算すると、中国の 2003 年から 2012 年の GDP は 1.64 兆ドルから 8.23 兆ドルに増加した。購買力の平価計算によると、中国の 2003 年から 2012 年の GDP は 4.12 兆ドルから 12.47 兆ドルに増加した。

　現代経済グローバル化発展の第 3 段階は 2009 年からで、経済のグローバル化は交差点にまで発展した。開放駆動、市場化駆動、革新駆動の経済グローバル化を引き続き推進するか、それとも排他的な地域化、保護主義の現地化、政治・経済・軍事同盟の集団化に転向するか、世界の主要大国は明確な選択をしなければならない。

（三）現代経済のグローバル化の見通し
　現代の経済グローバル化の第 1 段階は、世界的な貿易と投資の自由化を推進することである。この時期の世界的開放は依然として実体経済競争を基礎としており、第 2 回世界大戦後に設立されたグローバル治理システムと制度の枠組みはこれに適応できる。しかし、経済のグローバル化が金融と貨幣の自由化の段階に入ると、貿易と投資の自由化とは全く異なるシステミック・リスクと制度リスクが現れる。世界の開放が仮想経済の領域にますます深く入り込んだ時、世界的な金融管理と金融監督システムの欠落、世界的なマクロ経済政策の協調メカニズムの欠落、世界近隣の溝と保護主義の傾向の制約メカニズムの欠落は、世界的な金融と通貨のシステミック・リスクと制

1　マーティン・ウルフ氏は、エリートたちは無謀な金融自由化の結果を正確に理解していないと考えている。リスクが発生した時、その災難的な結果は往々にして経済の崩壊、失業の激増、公債の急増である。（「失敗したエリートが未来を脅かしている」参照、イギリスフィナンシャルタイムズ、2014 年 1 月 14 日。

度リスクの上昇を招き、直接的な打撃を受けるのはまさに全世界の市場経済体制が最も完備し、内部統制構造が最も成熟し、システミック・リスクコントロール力と転嫁能力が最も強い米、日、欧の大三角地区である。発展途上国は世界の深刻で持続的な負の外部性の影響を直接受け、最終的には経済のグローバル化の見通しに危害を及ぼした[1]。

二、「十三五」時期の世界ルール変化の中にある大きな好機

（一）世界経済は世界ルールや秩序、構造が大きく変化している段階にある

危機後、世界経済はいくつかの新しい変化が現れた。例えば TPP（環太平洋パートナーシップ協定）、TTIP（大西洋横断貿易投資パートナーシップ協定）、BIT 2012（2 国間投資協定 2012 年モデル）、TISA（サービス貿易協定）、欧日の「日・EU 経済連携協定」、競争中立性など[2]。これらの変化の共通特徴の 1 つは、先進国が主導的な新しい場所での高基準規則の変局を通し、未来の世界経済の構造を再構築することである。米国のジョー・バイデン副大統領は、TPP と TTIP は規模から見るにどちらも歴史的な意味があると考えており、米国に世界経済を形成する機会を提供しており、米国のグローバルリーダーシップを強化している[3]。2 つ目の特徴は、今回のグローバルルールの変更は主に米国の意志・規則を基準にしている。受け入れる者は、引き続き開放的な利益を享受することができる。受け入れない者は追いやられ、リ

1 　数年来、国際貿易学者のジャグディッシュ・バグワティはずっと全世界の貿易と投資の自由化の発展の趨勢を推進することを促し、開放と市場化改革は世界経済の福祉を増進すると考えている。しかし、彼はずっと全世界の金融自由化の発展を推進することに対しては慎重であり疑問を持っている。

2 　TPP 12 のメンバーで、GDP と貿易額は世界の約 40% を占めている。交渉の議題には関税、知的財産権、競争、政府の購買、環境保護、監督管理障壁、労働権利などが含まれる。TTIP 交渉は 2013 年 6 月から始まった。内容は市場参入、政府購買、投資、サービス、監督管理の一致性、知的財産権、国有企業など。世界貿易額の 1/3 を覆い、世界 GDP の 1/2 は、人口 8 億人余りに及ぶ。欧日の "日 EU 経済連携協定" 交渉は 2013 年 3 月に正式に開始され、いったん建設されれば世界経済の全体の約 3 分の 1 を占めることになる。

3 　ジョー・バイデン、イギリス『フィナンシャルタイムズ』、2014 年 3 月 4 日。

スクに直面する。3 つ目の特徴は、米国の治理は世界的な治理規則の手本となり、そのリスクは国際経済秩序を溝とし、それぞれが自らの政治、四分五裂に導く可能性がある。このことから分かるように、今日の世界に現われる現地化、集団化と地域化の趨勢は、先進国と新興経済体との間の矛盾と相違を激化させ、世界の成長を改善する長期的な見通しではなく、さらに悪化させる可能性がある。

　世界経済ルールの変更について、中国共産党第 18 期中央委員会 3 中全会は経済グローバル化の新たな情勢に適応するように提案した。国際経済協力競争の新たな優位を育成し、牽引する。世界貿易体制の規則を堅持する。周辺をベースに自由貿易区戦略を拡大実施し、グローバル高標準自由貿易区ネットワークを形成する。内陸に拡大して開放する。全方位開放の新しい構造を形成する。中国の国際社会との共同努力を経て、2013 年 12 月 7 日にバリ合意に達したのは、WTO 成立以来、初めての多国間貿易協定で、貿易の利便化、農業、綿花、発展などの分野で積極的に進展した。[1]

（二）米国は世界経済のルール変更を主導している

　第一に、環太平洋パートナーシップ協定（TPP）、大西洋横断貿易投資パートナーシップ協定（TTIP）を推進することである。名目上は世界の高標準自由貿易区（FTA）の手本を作るので、全世界で公平競争の原則を提唱している。実質的には米国は自国の規則を世界標準に転化させ、未来の世界統治改革のために章立制を作る。

　第二に、2 国間投資協定 2012 年モデルの手本（BIT 2012）、サービス貿易協定（TISA）を推進することである。前者はリスト管理と参入前の国民待遇などの条項に組み入れられている。後者はすべてのサービス部門に対して、将来発生する可能性のある新型サービス業を含め、外資に対して平等に見る。合弁企業の設立に関する各種の要求を取り消し、外資の持ち株比率と経営範囲を制限してはならない。名目上は高い標準投資の自由化とサービス貿易の自由化の手本を作ることで、実質的に非対称な規則優勢を作ることで、

1　張琳『後巴厘島時期国際貿易規則治理走向何方？』、中国社会科学院世経政所内部草稿、2014年 1 月 6 日。

米国の投資とサービス業が全世界市場に進出するための大きな扉を開ける。

　第三に、「競争中立性」などの国際新規則を制定し、政府が優遇政策を利用して国有企業が民営企業に勝つ能力を支援することを制限する。同時に、より高い標準的な労働と就業、環境整備、知的財産権保護、政府の購買、競争政策、国有企業、産業政策などの新規則を強力に推進して行く。貿易投資の自由化を以前から推進してきたことから、競争政策の制約を中心とした公正競争規則が特徴である。

　第四に、再度世界の均衡調整を推進する事である。米中経済安全・評価委員会（USCC）は 2009 年度報告で、この危機の根源は世界経済の不均衡にあると指摘した。中米はそれぞれ不均衡のために責任の半分を負うべきである。このため、米国は中国に内需と消費を拡大し、輸入と開放を拡大させ、人民元の切り上げと非貿易部門の改革を拡大することによって、世界均衡においての責任をより多く引き受けさせ、世界経済の衰退からの脱却に貢献している。これによって、先進国が危機から脱出した時、新興経済体が苦境に陥った時、2014 年はこのような状況の 1 つの転換点となる可能性がある。

（三）世界ルールの変化が中国の発展にもたらす影響
1、中国の発展は未だ重要な戦略的機会期にあるのか、ないのか

　世界最大の 4 つの経済体において、TPP は米国を含み、その参加 12 カ国の GDP と貿易額は世界の 40％以上を占めている。TTIP は欧米を含み、その参加国の GDP と貿易額はそれぞれ世界の 1/2、1/3 を占めている。現在調整中の欧日「経済協力協定」も世界の GDP の約 1/3 の経済体となる。上記の自由貿易地区協定は中国だけが欠けている。

　スティーブン氏は、米国は戦後の多角主義を同士国家（同盟国）との間の特恵貿易と投資協定に置き換えており、多国間貿易協定を辺境に立たせていると考えている。米国の支持がないと、多国間秩序はさらに破壊が進み、グローバル化も破壊される。自由秩序の最大の受益国として、中国はグローバル化で一生を終える最大の敗者となる。[1] 同時に、中国の「米国化」という議

1　フィリップ・スティーブンス、イギリス・フィナンシャルタイムズ、2013 年 10 月 10 日。

論もあり、新たな新世界秩序を構築し、全ての国は大小、貧富に関わらず、その重要な利益は平等基礎において尊重と保護を受けている[1]。

では、中米関係は発展大国と新興大国間の衝突と対抗の伝統的手順を維持するだけであろうか？中米がグローバル化を分裂させる全面対抗へ向かうのは中米と世界の利益のためであろうか？中米は互いの協力へ向かうことはできるのであろうか？習近平国家主席は「中米は対話の強化、信頼の強化、発展協力、相違を制御する過程で、絶えず新しい大国関係を推進する必要がある[2]」とした。これによって、中米はゼロと対局を超えた新しい大国関係を構築し、経済グローバル化の発展を推進する協力が戦略的好機を勝ち取る鍵となる。

2、中国は TPP に参加する余地はあるのか

TPP は米国主導の中国抑制の道具であり、TPP の規則が定まった後にのみ中国は参加可能であるというのが一般的な考えである。その時、米国は厳しい条件を提示し、かつ中国の体制、産業、就業に全面的な衝撃をもたらす。他の観点からみると、TPP に早い段階で参加し、規則の制定に関わることは、中国の改革を強制する可能性がある。北京大学国家発展研究院の課題グループは CGE モデルを用い、2013 年を基点として TPP に参加した場合と参加しなかった場合の利害影響の試算を行った。研究でわかったことは、もし現在調整に参加している国が全て参加し、中国が参加しなかった場合、中国の輸出増加速度は 2013 年の予想より 1.02 ポイント下がり、GDP の伸びも 0.14 ポイント下がる。しかし、不参加の場合と比べて、中国は TPP 加入後、輸出の伸びが 3.44 ポイント上昇し、輸入の伸びは 5.58 ポイント上昇し、GDP の伸びは 0.68 ポイント上昇する。米国 NBER の研究報告によると、異なるコストのもとで、中国の TPP 加入は生産量が 3.816％、1.967％、0.59％増加する[3]。貿易コストが完全に消えた時、中国の生産量は 1.125％増加し、

---

1 新華社は 2013 年 10 月 13 日に英語の評論を発表した。米国のホワイトハウスで専門的に会議を開き、中国の公式通信社が発表した「米国化」の文章背景の政治的意味。

2 習近平『オバマ元大統領との共同記者会見における発言』、人民日報、2013 年 6 月 9 日。

3 北京大学国家発展研究院課題グループ、2013 年「中米経済対話」会議報告。

同時に中国の TPP 加入はその他の国の経済福祉の増加にも利益がある。[1]

　TPP は中国の経済と貿易の発展に対してすでに明らかな排他的利益の損失を生み出している。例えば、アメリカが提出した「紡糸最前線」の原産地規則のように、米国市場に入る紡績物は、紡績、織布、裁断から加工して衣類になるまで全て TPP 内で完成しなければならない。一部の中国の紡績服装企業はすでに一部の付加価値活動をベトナムなどの TPP 交渉国に移転させた。その一方で、TPP 加入の本当の障害は米国が中国に対して厳しい特殊基準と条件を掲示することであり、それは中国が WTO に加入した当時の WTO 議定書の 15 条のようなものである。中国の TPP 加入の交渉の難易度は WTO 加入交渉当時以上の難易度であると予想される。

　3、世界の再平衡の転換点となる「十三五」時期

　2014 年は世界経済が「双速」成長から「逆双速」成長に転じる転換点である。これに対して、新興国の成長減速の原因を内部構造と体制問題に帰する人もいれば、問題を外部要素に帰する人もいる。外部要素とは、例えば米国の QE の撤退による資本流出がもたらした外部衝撃である。事実上、米国、日本、ヨーロッパの経済復興は新興経済体のバブルを代価としている。

　第一に、グローバルインバランスは主にグローバル化に内在する矛盾によるものである。[2]すなわち、グローバル化がもたらす利益の配当は効果的な管理と統治を欠いている。そのため、世界の覇権と金融貨幣特権を持つ米国はさらにバブルを引き起こしてまでもグローバル化による利益を独占しようとする。1 回目は 1990 年から 2001 年の IT バブルで、その次は 2002 年から 2008 年の金融と不動産バブルである。これは世界の不均衡を加速させただけでなく、[3]米国産業の空洞化と経済の仮想化ももたらした。しかし、米国は危機の原因をグローバル化の暴走と中国、インドなどからの不公平競争に帰結し、中国などの新興経済体に危機部分の責任と再平衡の調整の代価を負担するよう求めている。

1　「ChundingLi,JohnWhalley」参照、米国 NBER 論文 18090、2012 年 5 月。

2　張燕生「世界経済不均衡の原因、中米のバランスをはかる調整責任」(内部文書)、2011 年 12 月。

3　米国の経常項目の赤字は 1990 年以来増え続け、特に 2001 年以降のほとんどの年で 1000 億ドルの加速度で増加し、2006 年には赤字が 8000 億ドルを突破する歴史的記録を作った。

　第二に、米国、日本、ヨーロッパなどの先進国経済の復興手段の一つは量的緩和と輸出拡大である。新たな世界的インフレ、資産バブル、保護主義の風潮をうみ、新興経済体資本の流入、資産価値の高騰、貨幣価値の上昇と輸入の増加を引き起こした。米国の量的緩和政策が終了すると、バブルのバランスは再び崩れ、新興経済体のアクロ安定に直接影響を与える。

　第三に、米国が経済と産業の空洞化から抜け出すために実施した再工業化、再刷新、再就職調整計画は、貿易保護主義と対外転嫁矛盾を通じて実現し、さらに新興経済体の外需萎縮、コスト上昇、生態環境の圧力増加、政治社会矛盾の激化という困難を増加させる。これは、世界経済は新たな調整周期に入っていることを表している。「十三五」時期、中国はもし改革と開放の拡大を全面的に進めることができなければ、新たな発展の苦境に陥る可能性がある。

三、「十三五」時期に新たな改革開放を全面的に深化させ、世界ルールの変化に対応する

（一）「十三五」時期が動かし始める新しい改革開放

　習近平国家主席は、改革開放は現代中国の運命を決定する重要な手段であり、「二つの 100 年」の奮闘目標を実現し、中華民族の偉大な復興の実現の重要な手段でもあるとする。鄧小平は、1980 年代にも「改革の意義は次の 10 年と次の世紀の初めの 50 年の健全な持続的発展の基礎である」[1]と述べている。

　現在、中国の改革開放はすでに重要な転換点を迎えた。過ぎ去った 35 年の改革開放は全党全国人民のたゆまぬ努力を経て、すでに輝かしい発展を遂げ、発展に成功し、中国は世界第 2 位の経済大国と世界一の貿易大国となった。しかし、その 35 年で成功した体制、発展戦略と構造が証明され、次の発展を支えるのは難しい。中国は歴史の新たな出発点に立ち、中所得の壁を

1　習近平「政治局第 2 次集団学習における話」（2012 年 12 月 31 日）、『中共中央弁公庁通信』、2013 年第 1 期。

乗り越える新体制、新戦略、新構造を模索し、「二つの100年」の奮闘目標と中華民族の復興大業を実現する。

第一に、より高いレベルの改革と一致する新制度の構築である。新時期には資金・人材・技術を集める基礎の上で、制度の導入を更に重視しなければならない。つまり現代市場経済規範を導入し、中国の具体的な国情、発展段階と価値体系に適応し、体制の革新と先行テストを通じて、中国の特色ある社会主義市場秩序と現代的な支配構造を漸進的に形成する

第二に、より高いレベルの開放と一致する新しい開放構造の構築である。新しい時期は輸出と輸入を並行し、「引進来」（海外からの外資などを積極的に受ける）と「走出去」（海外進出）を並行し、工業とサービス業、農業の発展を並行した上で、「3つの方面での開放」、「2つの大局」、「対内・対外開放」の間の協調的な発展関係をうまく処理しなければならない。中国共産党18期中央委員会3中全会の主旨に合わせて開放の優先順位と戦略重点を調整し、開かれた経済の新しい体制を構築し、全方位開放の新しい枠組みを形成し、国際協力・競争の新しい優位性を育成する。

第三に、より高品質の成長と一致する新しい成長構造の構築である。新しい時期は、経済成長速度とGDPの追求から成長品質と民生の保障へ転換す

1　鄧小平は当時3つの重要論断を提起した。1つ目は3つの方面での開放である。鄧小平は以下のように述べた。「対外開放についてまだはっきりと理解していない人がいる。その人たちはただの西洋への開放だと思っているが、実際は3つの方面での開放である。1つは西洋の先進国に対する開放で、中国が誘致する外資や技術は西洋からもたらされる。1つはソ連と東欧国家に対する開放で、これも1つの面である。そしてもう1つは第3世界の発展途上国に対する開放である。（「1984年11月1日、鄧小平による中央軍事委員会座談会における談話」参照。『鄧小平文選』第3巻、98 ～ 99ページ）。2つ目は「2つの大局」に関してである。鄧小平は以下のように述べている、「沿海地区は対外開放を加速させる必要があり、これは2億人の人口を持つ広大な地域をより早く発展させ、それによって内陸部のさらなる発展を誘発させる。これは1つの大局に関わる問題である。内陸部はこの対局を念頭に置かねばならない。逆に、発展が一定のレベルに達した時、沿岸部は内陸部の発展を大きく手助けしなければならないというのも大局である。その時沿岸部もこの大局に従わなければならない」（「鄧小平『民族の平等に立脚し、チベットの発展を加速させる』1987年6月29日」、『鄧小平文選』第3巻第246ページ）。3つ目は対内対外開放についてである。鄧小平は以下のように述べた「開放には2つある。1つは対内開放、もう1つは対外開放である」「対内開放とは改革である。改革とは全面的改革であり、経済、政治だけでなく科学技術、教育などの各分野も含まれている」

る。経済発展にプライオリティを置くことから、経済、社会、生態文明の統一的協調発展にプライオリティを置くことへ転換する。輸出と投資の奨励から内需拡大と経済グローバル化戦略へ転換する。さらに、短期的な安定成長、中期的な構造調整、長期的な体制変革の関係を統一的に調和させなければならない。中国の発展は一定の速度を維持しなければならず、そうでなければ多くの問題は解決し難い。また、発展は経済規律に従う科学的発展でなければならず、自然規律に従う持続可能発展でなければならず、社会規律に従う包容的発展でなければならない[1]。

（二）「十三五」時期は新しい改革開放を全面的に深化させる攻堅の時期である

「十三五」時期は新旧 35 年が交替し、新しい世代がスタートする重要な時期である。旧 35 年における未来の発展に適応できない旧体制、旧戦略、旧構造は徐々に歴史の舞台から退き、新 35 年の発展をリードできる新体制、新戦略、新構造を模索している。これは、改革開放 35 年以来の深刻な変化であり、国家と民族から個人と家庭まで、身も心も完全に入れ替えるモデルチェンジの痛みを受ける。

第一に、2020 年までに、改革を全面的に深化させる各項目の取り組みは重要な分野と重要な段階において決定的な成果を収め、法に基づいて国を治めることは重大な進展を遂げる。複製、普及可能な体制の革新は、先行的に活力を引き出し、段階的な進歩を獲得し、これによって新 35 年の発展に重要な制度と法律保障を提供する。

第二に、2020 年までに、小康社会を全面的に建設して完成させ、GDP と都市農村住民 1 人当たりの実収入を 2010 年より倍増させる目標を実現することである。これは中国が相手を追い越して世界責任大国、開放大国、革新大国、高収入大国に発展するために重要な物質と技術基礎を提供する。

第三に、2020 年までに、未来発展の重要な戦略時期を全面的に勝ち取ることである。中国は経済のグローバル化の受益国として、引き続き開放的な

---

1 2014 年 7 月 28 日の中央政治局会議告示を参照。

多国間主義と地理主義を推進する。自由貿易区戦略の実施を加速し、周辺を基礎として、グローバルに向けた高標準自由貿易区ネットワークを形成する。同時に、世界貿易体制の規則を堅持し、国際管理改革に積極的に参与し、世界の責任大国の責任を負う。

（三）「十三五」時期に新たな改革開放の重点方向と手がかりを全面的に深化させる

1、「十三五」時期に改革開放の重点方向を全面的に深化させる

まず、外向型経済体制はこれ以上続けられなくなった。改革開放以来、中国は絶えずの体制革新と改革実践を通じて、輸出奨励と外資誘致を主とする外向型経済体制を次第に形成し、改善してきた。人民元の為替レート、金利、税率、価格と通貨決定メカニズム及び関連産業政策、財政・税政策、金融政策、地域政策などは、長期にわたって輸出と投資を奨励することを主な激励方向としている。30年余りの間に、中国は外貨不足、資本不足、供給不足の重要な制約を解決し、比較的短い時間で「中国発展の奇跡」を創造した。中国は市場経済要因と外来競争の圧力を導入し、体制メカニズムを計画経済から市場経済への転換を加速した。中国は開放的な「実戦の中で学ぶ」プロセスを成功させ、全面的に改革を深化させることによって、国際経験と中国実践を結びつける「中国の特色ある社会主義」の道を模索した。しかし、過去に成功した外向型経済発展戦略はこれ以上続けられなくなった。なぜなら小国戦略であるため、引き続き実施すれば、中国経済と世界経済の間の矛盾と衝突が大いに激化してしまう。したがって、「十三五」の時期に開かれた経済新体制を構築することは、新たな35年の改革大計に関わる。

その次に、アンバランスな発展戦略はこれ以上続けられなくなった。改革開放以来、中国が実施したのは「まず少数人を豊かにする」ことであり、その後「共同富裕」を実現することである。まず東部沿海地区の発展の大局を念頭に置いて、中西部地区の発展の別の大局を考える。まず経済を向上させ、それから経済、社会と生態の調和がとれている発展を実現する。対外開放の優先順位には、「先」は西側先進国への開放を拡大し、「後」は旧ソ連・東欧移行国と発展途上国への開放を拡大するアンバランスな開放戦略も事実上存

在している。

　このようなアンバランスな発展戦略は「先」の発展と開放段階で大きな成功を収めたが、同時に発展のアンバランス、不調和、持続不可能な矛盾と問題をもたらした。そのため、「十三五」時期に全方位開放の新しい構造を形成し、それは新たな 35 年の開放大局に関わる。

　さらに、国際分業に低コストで参加する産業構造はこれ以上続けられなくなった。改革開放以来、中国は 2 億余りの農村の余剰労働力を非農業産業と都市に移転させ、低コスト要素構造、大規模生産方式、技術の簡単な模倣で世界競争優位を確立させた。経済のグローバル化が急速に進んでいる国際環境の下で、中国は積極的に多国籍企業のグローバルな工程分業あるいは製品内分業体系に参与し、製造業の代行方式を通じて、加工貿易生産体系を構築した。しかし、世界的な成長の減速に伴い、外需が萎縮し、国内外の要素価格が全面的に上昇、貿易摩擦と保護主義が激化し、中国が 35 年前に形成した低コスト、低価格、低水準を主とする産業構造と貿易構造はもはや引き継がれない。そのため、「十三五」時期に国際協力・競争の新たな優位を育成することは、新 35 年の発展の勢いに関わる。

　2、「十三五」時期に新たな改革開放の手がかりを全面的に深化させる

　まず、法治化、高基準、全方位、公平非差別性の開放型経済政策体系と激励方向を確立しなければならない。資源配置の方向を誘導する上で、もう輸出や輸入に偏らず、「引進来」（外からの外資などを積極的に受ける）または「海外進出」ことに偏らず、工業、サービス業または農業に偏らず、市場メカニズムが決定的な役割を果たす、合理的かつ効果的な資源配置パターンを形成する。

　第二に、内需拡大という戦略的支点をしっかりと把握する。国内消費と投資の成長を推進する長期効果的なメカニズムを構築するだけでなく、輸入と対外投資の成長につながる長期効果的なメカニズムを形成し、中国経済と世界経済の間の優勢補完、相互協力、良性競争、互恵共栄の開放型経済体系を構築する。

　第三に、経済の国際化戦略の実施を加速させなければならない。開放型経済新体制を構築する努力を領内から国境外に拡大し、全方位的な開放新構造

を形成する。人材の国際化、資本の国際化、産業の国際化、市場の国際化、都市の国際化プロセスを強力に推進し、世界最も優秀な人材、企業と優良要素を誘致し、中国が国際協力競争に参加する新たな優位を育成する。中国が国際協力競争の新しい優勢をリードすることを育成する。

第四に、国家ガバナンス体制とガバナンス能力の現代化を加速的に推進し、グローバル価格決定権、ルール制定権、責任担当権、逆サイクル調整能力を有する開放大国に発展させなければならない。

第五に、「走出去（海外への投資）」、「引進来（外国からの資本受け入れ）」と「現地化」戦略を統一的に調整し、開放的で革新的な国際協力の新たな優位を形成する。

（四）「十三五」時期に中国が責任ある大国として経済のグローバル化を推進する中で役割を果たしている

第一に、世界の開放型経済の発展を促進することは、全方位の国際協力を増進するための強固な基礎である。中国共産党第 18 期中央委員会 3 中全会は世界の高標準自由貿易区ネットワークを形成することを決定した。その中のキーワードは、高標準自由貿易区ネットワークである。高基準自由貿易区は、透明で公平な市場経済原則をより規範化した開放型経済新体制を構築するとともに、自国の発展段階と国情に適合した制度基準を確立することである。自由貿易区ネットワークは全方位国際協力システムを構築することで、両岸 4 地 CEPA/ECFA のアップグレード版を推進することを含む。中国・ASEAN 自由貿易区のアップグレード版。中韓自由貿易地区、中日韓自由貿易区、アジア太平洋自由貿易区、南南共有発展の自由貿易区は、中米、中欧、中インド、中露などの大国と異なる種類の自由貿易区を建立し、最終的に全方位開放の新しい構造を形成する。

第二に、世界の包容性の発展を促進することは、世界の公平と正義を守るための重要な条件である。世界史から見ると、発展途上国の発展の過程に参与する機会があるかないかは公平に発展成果を共有することであり、少数の国が発展の機会を独占して発展の成果を独占するのではなく、国際秩序が包容性発展か排他的発展かを判断する根拠の 1 つである。主要先進国は多く

の責任を負いたくなく、発展途上国が言語権と治理能力に欠けている場合、中国の果たす役割はとても重要である。中国は自国の実力に合致する全世界の公共製品の供給の責任を負って、全世界の包容性の発展を促進するべきだ。

　第三に、世界の均衡のとれた発展を推進することは世界の平和と発展を実現する根本的な保障である。今は 2 つの均衡の取れた発展観がある。1 つは開放型経済均衡量の世界不均衡と再均衡。2011 年 2 月と 4 月、G20 財務相と中央銀行総裁会議は、世界経済の不均衡を測るための一括指標を提示し、民間部門、公共部門、対外部門の 3 つのレベルに及んでいる。このような測定方法の欠陥の 1 つは、経済のグローバル化環境における製品内の分業または工程分業の問題を測定することが困難なことである。このため、先進国全体では経常項目の赤字が発生し、発展途上国全体では黒字であり、発展途上国は全世界の不均衡の源となっている。もう 1 つの均衡量は発展の観点から観察される。グローバル環境の中で、発達と未発達、貧富、都市と農村の発展の差が拡大していることが分かる。これに対し、中国は責任大国として、最も発達していない国と地域の貧困からの脱却を助ける。異なる文化と制度を尊重して人権、財産権と発展権を保護する。知的財産権の保護に基づいて、より多くの公共技術革新と公共技術移転サービスなどを提供する。

　第四に、世界の持続可能な発展を推進することである。現在、先進国はサービス経済と知識経済時代に入っている。彼らは高炭素、高エネルギー資源消費の高品質生活を有しており、低炭素発展技術と専門的な人材を持っているが、発展途上国に、より低い低炭素発展責任を負うように要求している。これに対して、中国は発展を基礎とする省エネ・排出削減、グリーン転換、低炭素発展を大いに推進し、特に持続可能な発展の全面的な経済と技術協力を強化するべきである。

（五）「十三五」時期に全方位開放の新しい枠組みを構築する

　「十三五」時期に、全方位開放の新構成の重点分野を構築する。まず、海陸空総合運送ネットワークシステムを構築し、中国と周辺の中央アジア、西アジア北アフリカ、南アジア、東南アジア、北東アジアとの間の通路建設と全面的な相互接続の推進を加速する。適切な時期に中国とアフリカ、南アメ

リカ、大洋州、北極大陸との間の通路建設と全面的な相互接続を推進し、最終的には中国と米日欧の大三角地域間の通路を構築する。通路建設と全方位の相互接続は、全方位開放の新しい構造を形成する。その次に、グローバル投資、グローバル生産、グローバル輸出、グローバルサービスとグローバル提携の国際ネットワークと生産システムを構築し、中国国内、国境を越え海外の三位一体の商流、物流、資金流、人の流れ、情報の流れの効率を向上させ、中国の越境生産と貿易供給体系を形成する。さらに上海港通、深港通の金融一体化開放模式を全面的に深化させる。金融の深化と開放、人民元の国際化、資本口座の開放、為替レートと国際収支の改革を基礎とする金融開放の新体制を確立する。

　「十三五」時期に、全方位開放の新しい構造の協力メカニズムを構築する。中国共産党第 18 期中央委員会 3 中全会は「中国上海自由貿易試験区を建設することは党中央が新たな情勢の下で改革開放を推し進めるための重要な措置であり、適切に建設し、管理し、改革を全面的に深化させ、開放を拡大するために新たな道を模索し、新たな経験を蓄積する」と打ち出した。上海試験区は中国国内の新たな高基準改革開放の内在的な要求に適応するため、TPP、TTIP などのグローバル規則の変化に対応して、グローバル高標準 FTA ネットワークに向けたモデルを形成し、より高いレベル、より広い範囲、より広い分野で中国経済の国際化、現代化、法治化の発展を推進していく上で重要な意義がある。上海などの試験地経験とモデルは中国の中西部地区で複製と普及に成功できるかどうかは、全方位開放経済体系の構築の大局にかかわる。第一に、資金調達の技術を基礎として、さらに制度の導入を重視し、東部沿海先進地区と中西部地区の体制改革、能力建設と人材交流及び協力を全面的に深化させる。

　第二に、上海などの試験区と中西部試験区との協力メカニズムを確立し、例えば、上海自由貿易試験区と寧夏内陸開放型経済試験区との協力を強化する。上海国際貿易センターの建設過程において、寧夏内陸開放型経済試験区をプラットフォームとして、両地は協力しアラブ地区に対する経済貿易関係を発展させることができる。

　第三に、上海国際金融センター、国際貿易センター、国際航運センターの

建設であり、新興経済体への貿易、投資、産業協力の拡大を優先的に試行するべきである。例えば、上海、天津、広東、福建などの東部沿海地区は、中国西部地域の協力プラットフォームを通じて、アジア、中央アジア、南アジア、アフリカ、南アメリカとの全面的な協力を発展させ、「共同発展」、グリーン転換、互恵共栄の南南協力の新しいモデルを構築するとともに、中国西部地域の対外開放と科学的な発展を促進する。

参考文献

① AndrewNathanandAndrewScobell, "TheSumofBeijing'sFears: HowChinaseesAmerica," ForeignAffairs, September/October2012.
② ChundingLi, JohnWhalley, 美国 NBER 工作論文 18090、2012 年 5 月。
③ G. JohnIkenberry, "GettingHegemonyRight," TheNationalInterest, Spring2001.
④ MarkLeonard, "WhyConvergenceBreedsConflict," ForeignAffairs, September/October2013.
⑤ RobertGilpin, "HegemonicWarandInternationalChange," inRichardK. ConflictAftertheColdWar: ArgumentsonCausesofWarandPeace, ThirdEdition, Pearson-Longman2008.
⑥ Elvin, Mark. ThePatternoftheChinesePast. StanfordUniversityPress,1973.
⑦安格斯・麦迪森『中国経済の長期表現』、上海人民出版社、2008 年版。
⑧彼得森国際経済研究所「内部報告」、 2013 年。
⑨北京大学国家発展研究院課題チーム「中美経済対話」、2013 年会議報告。
⑩馬丁・沃尔夫「失敗的精英脅威我们的未来」、英国金融時報、 2014 年 1 月 14 日。
⑪菲利普・史蒂芬斯、英国金融時報、 2013 年 10 月 10 日。
⑫新華社は 2013 年 10 月 13 日、中国国営通信社が評論を発表した。米国政府は会議を開いて「中国政府が発表した評論「アメリカ化を消す」の裏にある政治的意味を議論した。
⑬習近平『与奥巴馬共同接見記者時的講話』、人民日報、 2013 年 6 月 9 日。
⑭張琳「後巴厘島時期国際貿易規則治理走向何方?」、中国社科院世経政所内部文稿、2014 年 1 月 6 日。
⑮張燕生「全球経済失衡的起因、衡量及中美之間再平衡的調整責任」、内部文稿、2011 年 12 月。

第3章
「十三五」時期の経済体制改革の基本的な構想

【要旨】経済体制改革は「十三五」時期ひいてはもっと長い時期の中国経済の健全な成長の基礎である。発展戦略の需要と体制改革の備える条件に基づいて、「十三五」時期に重点的に4つの方面の改革を推進しなければならない。1つ目は土地、利率、為替レートなどの生産要素の規制を緩和することを重点に、新たな市場化改革の推進である。2つ目は国家ガバナンス能力の再建を重点とする政府改革の推進である。3つ目は社会保障基金の充実を重点とする社会保障体系の完備と国有企業の改革である。4つ目は国民の可処分所得の増加を重点とする所得分配改革の推進である。

　「十三五」期間中、中国の市場容量が大きく、国民貯蓄率が高く、インフラ整備などの発展に有利な条件は依然として存続し、加えて民衆と各級政府の「豊かさを求め、発展を謀る」という強い意欲も失わず、経済発展の空間は依然として大きい。しかし、発展を抑制する要素も累積しており、高齢化の早期到来は経済成長に貢献する人口の多さという利点は徐々に消滅し、経済成長の技術サポートが脆弱で、内需が足りなく、資源の制約が顕著で、環境が厳しく、社会矛盾が日増しに先鋭化している。もしこれらの障害を解決できなければ、「十三五」時期の発展目標は実現し難いだけでなく、「十三五」以降の発展もさらに難しくなる。したがって、体制改革を深化させてこそ、上述の発展を妨げる障害を打破することができ、「第13次五カ年規画」の戦略目標は初めて実現可能となり、中国経済はいわゆる「良くて速い」発展の軌道に戻ることができる。

一、生産要素の規制緩和を重点的に新しい市場化改革を推進する

　過去30年間、中国は製品の市場化改革を成功的に推進し、経済活力の釈

放に必要な制度基礎を築いた。しかし、このような市場化改革は不完全であり、産出物質の基礎である多くの重要な生産要素、例えば土地、鉱物などの資源配置は市場化していないため、資源配置の最適化には限界がある。例えば、指令的な管理を行なう土地使用の規制は、消費のアップグレードと産業の柱となるべき住宅業の正常な発展に深刻な影響を及ぼすだけで、多くの地域の経済拡張の主な障害となっている。また近年話題になっている資源性製品の価格は、多くが市場によって決定されており、主要な問題は製品の価格形成メカニズムではなく、コストの重要な一部としての資源価格が政府規制の影響を受けており、鉱物企業の多くは非市場の道で鉱物資源を獲得し、自然資源そのものの価格が歪んでいる。これは配置効率の損失をもたらすだけでなく、深刻な分配不公平と政治腐敗を招き、社会矛盾の激化の根源となっている。したがって、成長を促進するためにも、社会の公正を促進するためにも、生産要素の規制緩和を重点に、新たな市場化改革を推進しなければならない。

（一）土地制度の改革

土地は最も基本的な生産要素である。しかし中国の現行の土地制度は依然として計画経済の状態にあり、建設用地の「中央政府指令性計画のもとの地方政府の専営」を際立たせている。これと関連して、農村の土地所有権の不明確、農民の土地所有権の不完全、流通構造の不健全などの問題があり、同じ計画経済の理念に由来する。上述の問題の長期的な存在は、中国の「都市化」、「内需拡大」、「産業構造の最適化・アップグレード」などの重大発展戦略の実施に重大な影響を与え、社会不安を引き起こす重大な潜在的な危険となっている。経済体制改革の論理に基づいて、成熟した市場経済国家の土地制度と中国の一部の地区土地制度改革の実践を参考にして、市場化を目標にし、漸進的に土地制度改革を推進することを提案する。短期的には政府の独占的な都市建設用地の供給状況を打破し、土地使用権の流転を推進し、土地収用制度と都市の現行土地使用制度の改革を充実させ、都市と農村の土地所有権の多元化を推し進め、さらに土地資源配置の市場化を実現すべきである。

1、「十三五」の初期には都市と農村の土地使用制度の改革を深化させなければならない。

　第一に、土地供給に対する政府の数量規制をなくす。現行の中央政府の都市建設用地に対する指標規制制度は、市場メカニズムが資源配置において根本的な役割を果たすことに逆行している。「18億ムー耕地レッドライン」を維持するにしても、数量規制のような計画経済の手段ではなく、計画と税収を活用しなければならない。土地備蓄制度も本来の目的に戻らなければならず、すなわち公益に奉仕することであって、利益を得ることではない。

　第二に、農村集団建設用地の市場化を推進する。「同地、同権、同価格」の原則に基づき、農村集団建設用地の市場への直接な進出を推進し、都市と農村の統一的な建設用地市場の整備を加速し、宅地利用権の流通メカニズムを確立し、法定面積基準に符合する「1世帯1住宅」の宅地が農村内部で自由に流通できるようにする。土地の区域を跨る調剤使用制度を確立し、農村の建設用地と都市の建設用地の遠距離、広範囲の置換を許可し、都市の建設用地不足の矛盾を緩和すると同時に、辺境地域の農村が都市化・工業化のプロセスにおける土地の付加価値と収益を分かち合うことができるようにして、都市と農村の間、地域の間の「人と地の連結」を実施する。

　第三に、土地収用補償のメカニズムを完備する。公益性と経営性の建設用地を厳しく定義付け、同じ土地同じ価格の原則に基づいて、土地徴用者の集団経済組織と農民にタイムリーな足額の合理的な補償を与え、公益性用地の徴収の補償基準を高め、被収用土地の農民に都市部の住民と同等の社会保障を提供し、被収用土地農民の長期的な生活水準が低下しないようにする。用地取得の補償と落ち着き場所の配置に関する紛争協調・裁判制度を確立し、用地取得の公衆参与と取得過程の公開を推進する。公益性用地の「徴収を賃貸に代替する」を探索し、農村の集団土地が公益性用地に転換する時、政府は一度に買い切ることをやめ、賃貸方式を採用し、毎年村民組織と農民の家賃を払い、家賃は物価水準と地方の財力によって適時に調整する。

　2、「十三五」の末期には土地財産権制度の改革を加速的に推進しなければならない

　農村は国家、集団、個人の3つのレベルによって土地財産権の多元化を

推進しなければならない。国家が統一的に開発利用する土地を計画し、土地準備機構を通じて収用・開発・備蓄を始める。集団経済の成長、発展は比較的良い状態にあり、現行の経営体制を保ち続けることができるが、まだ「集団」が法律上の所有権を持つ必要がある。農民が所有する土地（宅地を含む）に適合し、農民の実有人口に応じて再分配し、財産権を個人の所有として明確にする。都市用地は不動産用地、工業用地、行政用地の分類をもとに財産権制度改革を推進できる。住宅、工業用不動産、商業用不動産を含む各不動産地の所有権を使用者に明らかにし、工業用地は使用対象をもとに国有か私有かを明らかにし、行政機関と軍事用地は国家の所有に属する。この考えをもとに、農民が購入した都市建設土地に市場価格に基づいて支払うべきである。過去の不動産用地はすでに1回で70年、50年、40年の土地譲渡金が政府に納められ、その土地の権利を確定する時、使用者が自由に借用か購入か選択できた。もし借用を選んだら、期限が来た後に借用か時価で購入するかを再度確定するが、借用期間は不動産税の徴収はない。もし購入を選択したら、どんな土地購入費用の追加もないが、法律に基づいて土地税を納めなければならない。

（二）金融体制の改革

　中国は金融分野の市場化改革が比較的遅れており、市場メカニズム作用を発揮すべき分野では依然として強い政府の干渉があり、金融資源配置が歪んでいる一方で、市場の失敗があった一定の分野では、市場の欠陥を補う政府の有効な干渉が不足している。金融市場化改革を加速し、金融仲介の多元化の発展を促進し、多段階の資本市場全体の参入の敷居を下げ、各経済主体の融資ニーズを効率的に満たし、金融資源の配置効率を向上させるべきである。

　1、金融業の参入規制を緩和する

　現在、中国の金融体制が経済発展を阻害している主な表現の1つは、中小銀行が少なく、中小企業の融資が難しいという問題が長期にわたり根本的に解決されていないことである。金融仲介システムを主導する少数の国有銀行は大きすぎて、階層が多すぎ、行政色が濃く、効率が悪く、リスクも高くなる。したがって、市場参入の制限を緩和し、地方の中小規模の株式制商業

銀行及び小口クレジット機構、合作金融組織などの「三農」の需要特徴に適応した中小金融機関を大量に発展させることによって、金融業の有効競争を真に促進し、金融資源の全体効率を向上させ、さらに金融資源の配置効率を向上させ、実体経済済の健全な発展を促進する。

　２、金融商品に対する規制を緩和する

　株式・債券の発行・上場における行政の関与を減らし、証券発行の市場化を進める。取引所市場以外のカウンター取引市場、財産権取引市場などを発展させ、資本市場のレベルを豊かにし、取引所市場の上場条件を達成できない企業に直接融資プラットフォームを提供する。各新型金融商品を適切に発展させ、リスクヘッジのツールを提供する。資本市場の多段的発展を通じて、経済構造の最適化調整を促進する。債券市場、特に地方政府債券市場、企業債券市場などの発展を加速させ、都市化に有効な金融支援システムを提供する。

　３、金融商品の価格に対する統制を解除する

　通貨・債券市場の金利市場化をもとに、預金金利の市場化改革を加速させる。貨幣市場の取引主体を増やし、市場の取引品種を豊富にすることによって、銀行間の同行分解金利を基準金利としての有効性を高め、預金基準金利の役割を段階的に弱体化させ、預金金利の規制をなくし、金融機関の自主的な定価を実現し、預金者の金融機関に対する選択空間を拡大する。

（三）自然資源体制の改革

「土地は財産の母である」と言われている。中国の大多数の利用可能な資源の１人当たり占有量は全世界の平均レベルより低く、従って資源の価値は更に貴重である。しかし、実際の状況は鉱物資源の略奪式採掘が盛んで、生態環境資源の枯渇が深刻である。資源開発企業の多くが非市場ルートで資源を獲得している。そのため、コストの重要な部分としての資源価格は、今まで市場評価メカニズムがない。非鉱資源の財産権もはっきりしていない。例えば、水電資源のどのような資源は中央に帰属し、どのような資源は地方に帰属し、今まで明確な言い方がなくて、水道・電気料金の過小評価、「走馬圏地」（土地を強引に占領する）、「関門打狗」（プロジェクトが完成した後、

地方政府の税金徴収が付随してきた）などの問題は、資源財産権の不明確さと直接関係がある。現行の自然資源体制は全体的に逆調整作用を持っていることが分かる。したがって、「十三五」期間は資源体制の改革を推進しなければならない。その基本的な考え方は「確権、市場」という 4 つの文字に要約され、すなわち権利と責任のはっきりした資源財産権制度を構築した上で、市場メカニズムが決定的な役割を果たす資源価格形成メカニズムを形成する。

1、資源財産権制度改革の推進

はっきりとした財産権は資源市場の前提である。中国も国際経験を参考にし、各種類の鉱物資源及び水資源の財産権の帰属を明確にし、この基礎の上で明確な権利と義務を形成し、資源所有者の権益を保障し資源開発の効率を高め、社会の公平と資源地の生態環境保護を促進しなければならない。

鉱物資源の初期所有権は「先手原則」に従うべきである。鉱物類の自然資源は土地に依存しており、流動性を持たず、古今東西で普遍的に使用されている占先原則を基本的根拠とすべきである。中国がすでに地下鉱物資源国有の制度を確立したことを考慮すると、現在の「確定権」の重点は国有資源の財産権の分画、即ちどれらが中央政府に帰属すべきか、どれらが地方政府に帰属すべきか（省以下の各級政府間の権利分配を含む）である。生態環境保護と資源最適化のための配置から、それらの資源は行政区画の範囲内に限定され、所有権は地元政府に帰属されるべきである。資源の埋蔵は行政区画にまたがるもので、隣接地区と上級政府が共有しなければならない。初期財産権は譲渡しても良いし、また借りる事もできる。これを基礎として、国有資源の価格、税金、費用体系を構築しなければならない。

鉱物燃料の貯蔵場所が固定されているのと違って、水資源は流動的であり、地下水は地表水と同じ流域にある地表水資源とも相互に影響している。したがって、水資源の初期所有権の配分は海外共通の「岸線所有権原則」に基づくものとする。流域は行政区内の河川に限られており、水資源は明確に現地政府の所有に属すべきである。流域が行政区を跨ぐ場合は、各沿岸および上級政府が共同所有すべきである。長江、黄河、珠江など省を跨ぐ水資源は、財産権は中央政府と沿岸各省および地方政府が共有すべきである。水資源の

開発収益は中央政府と各地方政府が享受し、水資源の所在地の政府は水資源の開発収益の大部分を得るべきである。中央政府の所有権の体現は主に水資源の統一計画権と流域の水エネルギーの分配権（現在すでに実行されている「水は電気に先行する」制度を含む）と水資源費の徴収と分配権である。

2、資源価格の市場化

資源財産権の基礎を明確にした上で、鉱業権と水利などの資源の有償使用と取引制度を構築する。鉱業権が指すのは鉱物資源の探査権と採掘権で、入札・競売などの市場化手段を通すべきであり、競争は政府の譲渡または賃貸の価格の形成をする。この基礎において、やはり鉱業権の2級市場を確立し、資源の配置効率をさらに高めなければならない。

二、国家ガバナンス能力の再建を重点に政府改革を推進する

改革開放から30年以上が経ったが、「政府と市場の関係」は依然として中国経済体制改革の核心問題である。政府の「オフサイド」と「地位不足」が併存していることは、現在経済の市場化改革を更に推進する主要な障害である。言い換えれば、現在の中国経済体制が市場化をさらに困難にしている根源は、まさに市場経済に基づいた現代的な政府を樹立していないことである。そのためには、国家ガバナンス能力の建設に重点を置いた政府改革を強力に推進しなければならない。

（一）政府組織と運営のルールを明確にすることを重点に政府の効率を高める

1、市場経済の要求に基づいて、政府の構築と運営のルール体系を確立する

政府万能の観念を打破した上で、市場経済に基づいた現代的な政府組織システムを構築すべきである。全ての公共利益に関わらない、かつ非市場の失敗の分野では、政府は投資も投資も認めてはならない。すべての政府機関は法律に基づいて設立し、法律に基づいて権限を付与し、政府の意思決定、執行などの権限の帰属及び直接に経済の運行に干渉する条件と方式は規則に基

58

づいて行われるべきである。部門間の機能交差と相互ブレーキの局面を完全に転換しなければならず、「部」制は大きさではなく、役割が明確で、役割分担が合理的である。公共政策の公正性と実行可能性を高めるために、公共参加を広く導入し、政府に対する監督メカニズムを強化しなければならず、公共政策の公正さと実行可能性を高める

2、市場経済に基づいた現代的な監督管理組織システムを確立する

今まで、中国には現代的な意味での監督・管理の実践がない。社会性監督の低パフォーマンスはすでに「メラミン」、「鉱難」などの類似事件の頻発により世界的に有名になった。経済的な監督管理の効果は、国民の称賛もまれである。近年の独占業界は「低効率、高収入」のために「矢面に立つ」となり、国有資産の売却、特許権の競売を中核とする公共事業「市場化改革」が進んでいるが、それに応じた監督管理システムがないため、一部の地域で公共事業の価格が急激に上昇し、政府に対する不信感が高まっている。監督管理は市場経済国家の基本的な機能である。中国の監督管理の現代化は、まず監督管理の業務と監督管理者の決定が独立性を保ち、監督管理機構が独立して有効な監督管理機能を行使できるようにすべきである。階層的なシステムの規則設計があって、監督・管理の規則体系を確立・改善しなければならない。業界の技術経済特性と財政責任を主な根拠として、監督レベルを設定すべきである。機能完備、分業合理的な監督管理組織システムを確立する。被監督企業の経営情報、監督者の決定情報はすべて公開しなければならない。新しい消費者組織を設立し、実際に監督管理者の公開、透明と公衆参加を実現し、監督管理者に対する監督制度を形成する。

3、多元共治の社会公共サービス体系を構築する

政府は社会に権限を返済し、権限を与え、社会組織の自主管理の能力と役割を充分に発揮すべきである。契約アウトソーシング、フランチャイズ経営、公共サービス証明書の発行及び民間部門の公共プロジェクト投資を補助するなどの市場化方式を採用し、基本的な公共サービスの供給量と品質を向上させ、上質な非基本的な公共サービスを市場から提供する。公共衛生、社会安全など突発事件の応急管理と問責制度を充実させる。末端資源をさらに統合し、都市農村コミュニティサービス体系を強化し、新型コミュニティ管理と

サービス体制を健全化する。

（二）基本的な公共サービスの均等化の推進を目標とした政府財政の調整
　政府の財政行為は国家ガバナンス能力の物質的な基礎である。中国が中所得国の隊列に入るにつれ、基本的な公共サービスの均等化は国家全体の素質向上の必要条件及び社会公平公正の主要標識となり、「十三五」期間には明らかな進歩が必要である
　1、財政機能の重心を調整する
　「十三五」戦略目標の新たな要求に対応するために、財政機能の重心もそれに合わせて調整しなければならない。基本的な公共サービスへの投入を更に強化し、教育、衛生、医療、社会福祉と救済及び社会保障などの分野の支出規模を増加し、補助金の基準を高め、保障範囲を拡大し、中低所得層の支出圧力を確実に軽減し、その消費の期待を安定させ、内需拡大のために有利な条件を創造する。資源・環境保護への投資を強化し、川・湖・海の汚染管理を強化し、持続可能な発展のための条件を創造しなければならない。
　2、政府は公共事務とサービスの中で負うべき任務と職責の合理的な区分に基づいて、中央と地方の財政関係を調整する
　教育、社会保障などの基本的な公共サービスの支出責任を中央や省に適切に移転し、末端の財政負担を軽減しなければならない。地方政府、特に省レベルの政府に共通サービスの均等化を実施するために必要な財政権力を与え、地方税の立法権、減免権を含む。移転支払い制度を更に改善し、税収の還元と付加価値税の分配制度を改革し、更に一般的な移転支払い項目の規模を拡大し、規範項目の移転支払い項目を減少し、規範項目の移転資金の規模を拡大し、規範、透明、期待できる中央、省の2級の2種類の移転支払いシステムを形成する必要がある。
　3、予算制度の改革を深化させる
　立法、行政、監督の「3権」分立と均衡のとれた現代化予算の新構造の構築が必要であり、中央政府及び各部門の支出は人民代表大会専門委員会の審議に従うべきであり、各移転支出も専門委員会に報告し、必要な議論や聴取がなされた上で批准しなければならない。特別移転支出は当委員会が第3

者機関に委託して業績評価を行う。

三、社会保障基金の充実を重点に社会保障体系の完備と「国有企業」改革に対して統括的な計画を立てる

　市場経済体制の確立と改善の要求から見ると、中国の国有企業の改革はまだ未完成で、国有経済は「有進有退」のレイアウト調整戦略の中に過剰に入り、退出が不足している。「公益性」という看板を掲げて、独占地位をさらに強化しており、多くの要因が国有企業の資産を「全民共有」の目標との差から大きくなっている。一方、中国の社会保障システムには大きな資金不足が存在しており、膨大な国有企業の資産を利用して社会保障資金を適切に充実させ、国有資産を真に公共の利益にサービスさせ、市場化改革のあるべき姿に合致させることは、国有資産の国民的属性を体現し、社会保障システムの完備、民生の改善、潜在的な需要の解放、都市化、企業の激励に有利である。

（一）国有企業の論理境界を合理的に位置づけ、区分する
　本当の意味での国有企業は市場の機能を失った公共財と準公共財の生産分野に存在し、社会公共利益の実現を目標としなければならない。その意味で、現在、中国の国有企業とその主管部門はすべて過渡的な属性を持っている。「十三五」期間中、国有企業改革の方向は国有企業の数を減らすだけではなく、国有企業の資本と市場シェアを大幅に下げ、民営経済の生存発展空間を拡大すべきである。合理的に国有企業の機能を定位し、国有企業の論理境界を確定し、近中期に競争分野の国有企業を徐々に退出させ、株式多元化の混合所有制会社になる。独占的な国有企業に対して独占的な業務と競争的な業務を合理的に区分し、競争的な業務をできるだけ早く分離し、自然独占的な業界に対する政府の監督・管理を強化し、技術の進歩と市場構造の変化により、ある業界が自然独占の属性を持たなくなったことに対しても、その市場化改革を加速すべきである。最終的には、本当の意味での国有企業を非営利、公法上の制約を受ける企業に転換し、効率的な支配構造を構築しなければならない。

（二）「国有企業」から脱退した国有資本は、主に社会保障基金の補充に使われる

「国有企業」は国民の企業として、得た利益も完全に企業に支配されるのではなく、政府の社会保障への投資として適切に上納しなければならない。これで社会保険資金の不足を効果的に補足し、基本的な公共サービスの効果的な供給を増やし、低所得層の税金負担を大幅に減らすために、条件を創造する一方、「国有企業」の投資規模を効果的にコントロールし、投資ミスを減らし、さらに「国有企業」の改革で社会保障システムの整備を推進し、社会保障システムの整備で「国有企業」の改革を促す良性インタラクティブな構造を形成する。具体的な方法は以下の３つが考えられる。

１、「国有企業」収益の社会保障システムへの還元

原則として、「国有企業」のすべての収益は財政に収められるべきであり、必要な発展資金は主管部門の審査を経てから財政によって支払われなければならない。自分の血と汗であるお金を他人に任せて損益を受けるのは賢くなく、したがって「国有企業」が損益を受ける体制は初期の国有企業改革によってのみ適用され、すでに改革から 30 年以上たった「国有企業」は「国有企業」本来の姿となるべきである。このため、国有資本金の予算改革の推進を加速させるにはすべての「国有企業」が徐々に利益の国民への還元率を高めなければならず、その割合は現在の 5％〜 10％から 50％以上に引き上げなければならない。さらに、国有資産監督管理委員会システムの内部消化内部消化が認めず、主に社会保障基金の充実に使わなければならない。

２、国有企業の資産を現金化して振り替える

「十三五」期間は引き続き「国有企業」の制度転換を推進し、「混合所有制」または財産権全体の譲渡を実行するに関わらず、「国有企業」の制度変更後に現金化された全部または一部の国有資本を社会保障システムに組み入れるべきである。

３、国有株は社会保険基金が保有する

今後の「国有企業」の株式化改造では、国有株式は社会保障机関が持つことになる。すでに上場され、明らかに国有株の「1 株独大」問題の国有持株企業が存在し、国有株も徐々に社会保障機構に移管されなければならない。

（三）「国資委」の機能を見直す

「国有企業」の改革方向は「国資委」（国有資産監督管理委員会）が明らかな移行性質を持っていることに決定した。しかし、過渡期の「国資委」の機能も見直さなければならない。「国資委」は「姑と主人」の性格を捨て、「価値の維持と増加」を中心とする国有資産管理方式を変えるべきである。「十三五」期間、「国有企業」の株式化改造の推進を中心とし、国有資産が現金化された「原価——収益」関係の位置基準で、「国資委の職責と業績の審査基準」を定めなければならない。そのために、「国資委」は国有資本の現金化予算と経営予算を組み合わせた国有資本予算システムを構築すべきであり、また、「国有企業」幹部の報酬支給と職務消費行為を有効に制約し、「国資委」を真の国有資産の管理者とすべきである。

四、住民の可処分所得の増加を重点に、所得分配改革を推進する

マルクスは社会主義運動の主要任務が公平な分配であることを批判した際、分配関係は生産関係の裏面に過ぎず、資本主義の分配関係は不合理であり、その根底には生産資料が私的に占有している所有制関係は不合理であると指摘した。現代中国の貧富の格差はすでに世界トップレベルに開いており、分配の不公平の問題は際立っている。「十三五」期間がもしその格差を拡大させれば、おそらく社会矛盾のさらなる激化を招き、経済発展戦略目標の実現は遠のくであろう。「十三五」期間の収入分配改革は国民の可処分所得の増加に着眼しなければならず、重要なことは、住民の財産性収入分配の合理的な調整とその基礎である財産権制度改革において突破を勝ち取り、国民は本当の経済成長の成果を分かち合い、住民の収入増加と経済発展の同期を図ることである。前述した 3 つの方面の改革は、現在の国民収入構造改善に役立ち、特に国有企業の改革と社会保障体系の完備を統一的に計画し、中低所得層の社会保障費用支出を減らし、社会保障水準を高め、「国資委」を真に国有資産の所有者とする。したがって前述の 3 つの方面での改革は収入分配改革の根幹とすべきである。これと同時に、以下の措置をとるべきである。

（一）国有企業管理層の給与水準を厳格に制限する

　ここ数年来、中国国有企業の経営陣、特に上層部の給与水準は先進国の大企業、更に多国籍企業に見做す傾向がある。しかし、負担するリスクのレベルから見れば、国有企業の管理者と私企業の管理者の差は非常に大きく、不合理な高額年俸は人力資本市場の運営の基本原則に反し、公共の利益に対する横領でもある。そのため、国有企業の経営陣の給与水準を厳格に制限しなければならず、国有企業の性質と特徴に相応する賞罰メカニズムを確立するだけでなく、全体の給与水準を大幅に下げるべきである。

（二）自然資源財産権制度の改革を推進する

　前述のように、中国の現段階の自然資源の財産権は不明確であり、自然資源利用における大量の無駄を招いているだけでなく、一部の人に鉱業権のひそかな授受によって私腹を肥やして、権力腐敗と社会分配の深刻な不公平の温床となっている。国有の自然資源の財産権がはっきりしないため、資源の産地に属する収益が中央政府あるいは「中央企業」の不合理な占有となり、地域間の不合理な収入格差を形成する。そのため、「十三五」の時期に公共資源の合理的な収益共有のメカニズムを確立することを制度建設の重点とすべきである。

（三）マクロな税負担を適度に下げる

　まず、科学的かつ効果的な予算管理体制を確立し、財政予算の管理を厳格化し、制度的にマクロな税負担の合理的な低下を保障することである。その上で、構造的な減税を主な方法として、マクロな税負担を適度に低減し、企業と住民の税負担を軽減し、住民の可処分所得を増加させなければならない。また、所得分配調整税制を健全化し、所得税改革をスタートさせ、総合申告と分類控除を組み合わせた混合所得税制を確立し、健全な財産税制体系を確立し、収入と社会財産の分配に対する調整を強化する。

（四）金利市場化の改革を推進し、資本市場の監督管理体制を充実させる

　中国政府統制下の預金金利は長期にわたってインフレ率を下回っている

が、これは法定預金者（主に国民）の利益の剥奪である。預金者の正当な利益を維持し、国民の財産性収入の合理的な増加を保障するため、国有銀行の資質を本当に高めるために、預金金利の市場化改革を推進し、市場の需給関係によって預金・貸付の金利関係を決定しなければならない。また、規則の改善、厳格な法執行、公衆参加の拡大の 3 つの方面から中国の資本市場の監督システムを改善し、有効な資本市場の監督を実現し、資本市場での過度な投機行為を抑制し、上場会社の質を高め、資本市場の投資増殖機能を明確にし、中小投資家の利益を保護しなければならない。

（五）土地権益保障の仕組みを構築する

　前述のように、中国の農地は集団所有であるが、政府は農民の土地処分権に対して多くの制限を与えている。特に、現在の土地住宅建設用地の管理は弾力性に欠けるだけでなく、政府の専門経営にまで進展し、地方政府の「財産の母」となった。したがって、農民が付加価値のある財産を持っていても、財産性収入は得がたい。これも住宅価格が高すぎて、都市部の住民の可処分所得が低下する原因の 1 つである。土地権益保障が国民の所得分配構造を合理的に調整し、土地資源の配置効率を向上し、社会の調和を促進する基礎的な役割を発揮するために、土地管理制度は緩和し、土地権益保障に対して社会主義市場に適した制度設計が必要である。長期的に見て、都市住宅建設用地の供給と価格は、政府の都市建設計画のもとで、土地所有者と使用者双方が自主的に決定すべきである。農村土地の交易は、所有権もしくは使用権の移転にかかわらず、法により売買する者双方が直接取引し、政府は関与すべきではない。

（六）競争の属性を持つ業界の市場化改革と現代監督管理システムの建設を推進する

　独占的な業界の効率と価格は国民の収入の公正分配と関係しており、高すぎるコストあるいは高すぎる利潤は全て公共利益の侵害である。ここ数年来、中国の独占的な業界のコスト上昇があまりにも速いという問題は普遍的に存在し、一部の業界の利益があまりにも高いことも否定できない事実である。

このためには、独占業界の市場化改革の継続的な推進が必要である。市場参入を緩和し、参入条件を低くすべきで、社会資本の電気通信、石油、銀行などへの投入を奨励し、寡占経営産業を本来の競争状態にしなければならない。価格統制の弾力性は高めるべきで、すでに形成された競争的市場構造の業界においては、すぐに価格を開放しなければならない。同時に、市場経済に基づく現代的管理体制の構築を加速させ、独占企業の高利潤あるいは不合理なコスト支出を制限し、その製品やサービス価格の不当な上昇による消費者への搾取を抑制しなければならない。

参考資料

①青木昌彦、呉敬璉『従威権到民主：可持続発展的政治経済學』、中信出版社、2008 年 9 月版。
②白重恩、銭震傑「国民収入的要素分配：統計數據背後的故事」、『経済研究』、2009 年第 3 期。
③呉敬璉「讓歴史照亮未來的道路：論中國改革対市場経済方向」、『経済社會體制比較』、2009 年第 5 期。
③國家発改委経済所「面向 2020 年的我國経済発展戦略」、 研究報告、 2011 年。
④劉樹傑、王蘊「合理調整國民収入格局研究」、『宏観経済研究』、2009 年第 12 期。
⑤劉樹傑『論現代監管理念與我國監管現代化』、『経済縦横』、2011 年第 6 期。

第 4 章
「十三五」時期の生産要素市場改革

　生産要素は要素と略称され、製品（サービスを含む）を生産する資本、労働、土地や資源などの投入品を指す。完全な市場体系は製品市場（商品市場とも呼ばれる）を含むだけでなく、資本市場、労働市場、土地市場や資源市場などの要素市場も含む。改革開放以来、中国の製品市場改革は順調に進んでいる。しかし、要素市場改革には深刻な遅れがあり、要素価格統制は中国経済を高速で発展させるとともに、中国経済に深刻な歪みをもたらしている。したがって、要素市場改革は現在と未来の改革の重点と難点であり、その核心は要素改革の市場化を実現することにある。2013 年に開催された中国共産党第 18 期中央委員会 3 中全会は要素市場改革の高度な重要性を示した[1]。

　しかし、現在論争となっているのは金融改革、戸籍改革や土地改革などの要素市場改革の推進が国民に与える感覚としては影響が小さいということである。この現象が発生した原因はおそらく多方面にあり、その中でも非常に重要な 1 つはこれらの改革に対する認識が不十分であり、要素市場改革と商品市場改革の関係を深く考えていないだけでなく、グローバルな視点から各要素市場改革の間の違いと関係を分析していないことである。要素市場改革に対する認識が深くなれば、長期的利益を見据えて短期的な不利益に耐え、政策決定をすることができ、要素市場改革の推進と改革の着実な実施を達成できる。次に、要素市場改革はなぜ遅れたのか、現在なぜ要素市場改革必要なのかおよび如何にして要素市場改革を進めるべきかという 3 つの重要問題に焦点を当てる。

1　中国共産党第 18 期中央委員会 3 中全会は以下のことを提起した。「統一開放、競争秩序のある市場体系の構築は資源配置において市場が決定的役割の基礎となる」「企業の自主経営、公平競争、消費者の自由選択、自主消費、商品と要素の自由流動、平等交換の現代市場体系の形成を加速させる必要がある」「財産権制度の完備を通して各所有制経済が法に基づいて生産要素を平等に使用することを保証する」

一、要素市場改革が深刻に遅れ、製品市場の改革は基本的に実行された深刻な原因は、このような改革の組み合わせが低コスト方式で高速経済成長を追求でき、しかも国民の基本的な生活需要をほぼ満足させることができるためである

　現在すでに基本的に行われていた製品市場改革のプロセスは平坦ではない。1984 年の中国共産党第 12 期中央委員会 3 中全会で、中国の社会主義経済は計画経済ではなく、公有制に基づいた計画的な商品経済であることが初めて明確にされた。第 12 期中央委員会 3 中全会は商品経済と価値規律という重大な問題において「左」の思想的束縛を破り、製品市場改革を全面的にスタートさせた。20 世紀 80 年代のダブルトラック価格体制は、早期に一定の過渡的な役割を果たしたが、資源配置の効率が低下したことや、レントシーキング（rent-seeking）が腐敗を繁殖しやすいことなどの問題点をもたらした。1988 年、中央は物価の「難関を突破する」を提案した。「難関を突破する」とは一種の比喩であり、短期間で急速にダブルトラック価格体制の統合を行うことによって均衡価格が経済を均衡状態に調節することを指す。これは難関であることを事前に知っていたが、物価の暴走は予想をはるかに超えており、中央は直ちに物価改革の一時停止を宣言した。「難関を突破する」が失敗したのち、ある程度態勢を立て直して 1992 年に改革が再開され、製品のダブルトラック価格は次第に平行線になった。1993 年の中国共産党第 14 期中央委員会 3 中全会で社会主義市場経済体制の構築を提案し、価格改革を核心とする製品市場改革はやっと順調に完成した。1 つは大部分の商品の価格は政府ではなく市場に委ねられ、1992 年時点で中国の 90％前後の商品は政府決定の価格から解放され、現在はさらに高い比率となっている。2 つ目はほとんどの商品の市場主体は多元化を実現し、これによって、形成された均衡価格は独占価格ではなく競争価格であると言える。

　製品市場の改革はすでにほぼ完成し、そのダブルトラック価格体系はすでにほぼ平行しているが、要素市場の改革はずっと遅れており（更に複雑な財産権の価格改革も当然遅れている）、依然として計画と市場の併存する「ダブルトラック」価格体系が存在している。要素市場改革が深刻に遅れ、製品

市場改革が基本的に完成した原因は多重的かもしれない。例えば，製品市場よりも、要素市場価格ダブル・トラックの既得利益集団が強く、改革の進展はきわめて遅い。また、物価の「難関を突破する」さえ失敗しており、要素価格の開放は全体に影響し、経済と社会に対する衝撃も大きいため、簡単には実行に移せない。これらの原因のほかに、要素市場改革と製品市場改革が同期していない深刻な原因は、このような改革の組み合わせが低コスト方式で高速経済成長を追求し、国民の基本的な生活ニーズをほぼ満たすことができることにあると筆者は考える。一方、制品市場改革は市場化の制品価格を形成し、企業の生産意欲を奮い立たせ、効果的に商品の市場供給を増加させた。中国は、改革開放当初から商品が深刻に不足している売り手市場から、商品の供給量や種類が豊富になっている買い手市場に変わった。商務部が重点的に検査した600余りの商品のうち、供給が需要の3分の2より大きく、不足の1/3も供給バランスを実現した[1]。またその一方では、要素市場に対して価格統制を行い、要素価格を低く抑えて投資コストを下げることができ、投資と輸出を大いに刺激し、高速経済成長の重要な支えになった。

　各要素市場の具体的な状況は少し違うが、各要素の価格規制は過度な投資を促す効果がある。第一に、資本市場の場合、金利規制政策は貸出金利を下げ、資金コストを下げた。経済成長の理論と国際経験によると、一国の経済成長率が高いほど、実際の融資金利も高くなる。1980〜2010年、中国の実質GDP成長率は10%であり、理論上の実質融資金利は7%前後であるはずだが、金利規制下の1年物の実質融資金利は平均2%にすぎなかった[2]。これに比べて、ドイツの実質融資金利は8%を超え、米国、カナダ、フランスは5%前後、日本とイギリスの実質融資金利も中国の2倍前後に達しており、これらの国の実質融資金利は経済成長率を大きく上回っている。金利規制は企業、特に国有企業の資金コストを大幅に下げ、企業の投資活動に大きな激励を与えた。

　第二に、労働市場についてだけ言えば、低賃金政策と戸籍規制が労働力の

1　張卓元「2008『中国価格改革30年：効果、過程と展望』、『紅旗原稿』、第23期。
2　理論ローン利率の計算方法について、陳彦斌、陳小亮、陳偉澤「2014「金利管理と総需要構造のバランスの崩れ」、『経済研究』、第2期。

価格を大幅に下げた。人口ボーナスの下、中国の労働力供給の相対的な余裕と労働力市場の賃金交渉メカニズムの不備などの要因が中国の低賃金政策を長期的に実行させた。低賃金政策の作用下で、中国は明らかな労働力価格の優位性を有し、企業投資の労働力コストを大幅に削減した。製造業の労働者の賃金を例にとると、中国の労働者の賃金水準は米国、日本、OECD 諸国に比べて大幅に低いだけでなく、他の東アジア諸国やブラジルなどの新興国に比べても著しく低い。2002 年の中国製造業労働者の 1 時間当たり賃金は 0.6 ドルで、米国製造業労働者の 1 時間当たり賃金の 2.2%に過ぎず、東アジア（日本を除く）国家賃金の平均水準の 6.7%に過ぎなかった。その後、市場の調整力がさらに強化され、経済規模がさらに拡大されたことで、中国の労働力コストは高まったが、2010 年までの中国製造業の時間給は米国の 5.7%、OECD 諸国の平均の 7%に過ぎなかった。[1]

　第三に、土地市場についてだけ言えば、政府は土地市場における独占的な地位を利用して、企業に大量の安価な工業用地を提供し、企業の投資意欲を大いに刺激した。中国の土地市場は高度に歪んでいる。一方、中国の特色ある土地徴用制度と入札制度を通じて、商業用地価格と住宅用地価格を高位に上げて、土地を売って巨額の収入を得る。2013 年の中国全国の土地の譲渡所得総額は 4.13 兆元に達し、2011 年の土地の譲渡所得総額 3 兆 1500 億元の歴史を更新した。土地の譲渡所得が全国の財政収入の 32%を占め、地方政府の財政収入の 60%を占める。また一方では、土地収用コストが低いことに加え、地方政府間では投資を誘致するための熾烈な争いが存在し、相次いで地価を低下させ、工業用地価格を低いレベルに置いている。2000 ～ 2011 年、工業用地価格は 451 元から 807 元に 1.8 倍上昇しただけで、2012 年 670 元、2013 年 700 元に下がった。[2] また、同時期の商業用地と住宅用地の価格はそれぞれ 4.5 倍と 6.7 倍となった。[3] この 2 つの方面はそれ

1　外国データは米国労働部のウェブサイトから引用，中国 2010 年のデータはは以下より引用：BostonConsultingGroup. 2011. Madein America, again: whymanufacturingwillreturntotheU.S., WorkingPaper.

2　中国地価ネットワークより。

3　同上。

それ不動産投資と工業投資を有効に刺激した。

　第四に、資本市場についてだけ言えば、政府は企業が負担すべき資源コストを抑え、企業の投資拡大を刺激した。長年に渡って、企業の生産に必要な水、電気、天然ガスなど重要な資源品の価格は全て政府の統制を受け、これによって中国企業の負担すべき資源コストは国際水準より明らかに低くなった。水の価格については、国際水務情報局の 2011 年の調査結果によると、中国の 25 の主要都市の平均水価格は 0.46/ 立方メートルであったが、国際平均は 2.03/ 立方メートルで中国の 4.4 倍に及んだ[1]。電気価格については、発電企業の生産コストは絶えず上昇中であるが、電気価格は相変わらず低い水準にあり、2007 年の中国の工業用電気価格は 0.068/ キロワット時で、OECD 国家の工業用電気価格の 72％に相当し、さらに、日本（0.12/ キロワット時）とイギリス（0.13/ キロワット時）より著しく低かった[2]。天然ガスの価格については、2007 年の中国の天然ガスの価格は 281.9 ドル /GCV[3] で、OECD 国家は 336.6 ドル /GCV であったが、フランスと韓国はそれぞれ 414.1 ドル /GCV と 551.1 ドル /GCV に達した（それぞれ中国の 1.5 倍と 2 倍）[4]。

　第五に、環境市場については、地方政府は生体環境より経済成長を明らかに重要視しており、企業の環境汚染コストはとても低い。各地方政府は速い経済成長のために、他の地方政府との競争に勝つために、高汚染企業の設立と存在を黙認し、高汚染企業の「保護傘」にまでなっている。これは中国が制定している環境保護に関する法律がお飾りとなっており、実用できていないことを表している。統計によると、1998 〜 2002 年の間、中国で発生した極めて重大な環境汚染事故は 387 件であったが、法的責任を問われたのは 25 件のみである。2003 〜 2007 年においては 90 件の極めて重大な環境汚染事故が発生し、そのうち 12 件しか法的責任を問われていない[5]。また、

1　中国の段階的水価制度の実施、ウォールストリートジャーナル、2014 年 1 月 3 日。

2　王乾坤、胡兆意、李瓊慧、2009「中国と世界の主要国の電気価格比較分析」、『電力技術経済』第 6 期。

3　GCV は総熱量を示す天然ガスの単位。

4　王乾坤、胡兆意、李瓊慧、2009「中国と世界の主要国の電気価格比較分析」、『電力技術経済』、第 6 期。

5　郗建栄「政府は環境汚染の主要原因ではないとする」、『法制日報』、2011 年 11 月 15 日。

米国などの先進国と違い、中国の法律は企業の環境破壊と生態破壊行為に対して最高罰金上限を設けており、さらに、企業の継続的な違法汚染行為のみを処罰の対象としている。これは企業が環境汚染によって処罰される機会を大きく減らしている[2]。

　要素価格規制の高成長に対する役割は、企業投資の刺激においてだけでなく、製品の国際競争力も成長させ、輸出を明らかに促進する。中国が「世界工場」となれる理由は、低生産コストによる輸出商品の価格優勢である。労働力、資金、主要資源品など生産要素の低価格は輸出企業に低コストという優勢をもたらし、その中でも、低労働力コストが鍵となっている。2004～2010年の間、中国の単位産出労働力コスト[3]はドイツの8.4％、日本の11.7％、米国の15.8％であり、メキシコやフィリピンなどの競争相手と比較しても労働力コストの優勢は明らかである。「両端は国外にある」という加工貿易について、労働力コストは最終コストの決定に大きく関わる。低労働力コストによって、中国は加工貿易の発展に大きく力を入れることで、国際市場におけるシェアを増加させ、世界最大の輸出国となった。加工貿易は中国輸出貿易総額に占める割合が、1981年の5％から1996年には56.8％に上昇し、その後長期にわたって50％前後を維持している。2006年から加工貿易の比率はやや減少しているが、依然として2012年には42.1％を占めている。

　要素価格の統制は中国の高投資に大きな刺激を与えただけでなく、中国の輸出に明らかなコスト優勢をもたらし、中国に高投資・高輸出の2つの成長モデルを形成させ、それは中国経済の高成長の重要な柱となった。強

1　「水質汚染防止法」では、重大な水質汚染事故発生企業の最高罰金を100万元とし、「大気汚染防止法」では重大な大気汚染事故発生企業の最高罰金を50万元と定めている。

2　比較すると、米国の「有毒物質制御法」では企業の違法行為は1日ごとに新たな違法行為であるとし、毎回の違法行為に対して3.25万ドル以下の罰金が課せられ、そのそう罰金額には上限はないと定めている。

3　国家間の労働生産率には大きな差があるため、労働生産率の変化の動向も異なる。よって、給与の比較だけでは国家単位の労働力コストの正確な差異は的確には反映できない。そのため、国際労働組織は単位産出労働力コストという指標を作り、それに一国の労働力コストと労働生産率の相互変動状況を反映させ、労働力コストの国際比較を可能にした。

調すべきは、中国の輸出と投資の間には相互関係があり、輸出の急速な成長は投資規模をさらに拡大させ、さらに、投資拡大によって形成された大きな生産能力を消化し、見てとれる投資収益を維持し、高投資発展モデルを持続的に運営させる。特に 2001 年の WTO 加盟後、中・低端製造業などの産業は先進国と地域から安価な生産要素を提供できる中国大陸に移り、安価な中国製品は国際競争力が強くなり、輸出志向型の経済が形成されていた。中国はこれによって世界に注目された大きな成果をあげた。中国の GDP が世界の GDP に占める割合は、1980 年の 1.9%から 2012 年は 11.3%に上昇した。1978 年の GDP は世界で 10 位であったが、現在は 2 位となった。購買力平価で計算した 2014 年の GDP は、米国を抜いて世界一になった。したがって、客観的に見ると、製品市場の改革が人々の基本生活需要を満たすことができるという前提のもとで、要素価格の統制は経済の急速な成長を支え、明らかに政権与党が国民のための核心理念に合致しており、政権の安定性も強力なものとしているため、その歴史的意義と段階的価値は否定できない。

二、要素市場の歪みは、中国の所得分配構造のアンバランス、総需要構造のアンバランス、消費構造のアンバランスなど構造の歪みをもたらす

　要素市場規制の積極的な役割を認めたことは、それがもたらす顕著化した巨大な代価を無視できることを意味しない。要素市場価格のダブル・トラックは、資源配置効率の低下や、レントシーキングの腐敗が発生しやすいなどの問題が避けられない。さらに深刻なことは、要素市場の規制は、所得分配構造のアンバランス、総需要構造のアンバランス、消費構造のアンバランスなど、中国経済の多方面で深刻な歪みを生み出している。

　1、収入分配構造の深刻なアンバランス

　現在、中国の所得格差は広がっている。国家統計局のデータによると、1981 年の中国の住民所得のジニ係数は 0.29 に過ぎなかったが、2000 年以来、この指標は迅速に国際警戒線である 0.4 を突破し、長期的に 0.47 以上を維持しており、2008 年には 0.49 の歴史的なピークに達した。2005 年の OECD 加盟国の平均は 0.31 だった。さらに、2 つの証拠は、公的収入のジ

ニ係数が過小評価されている可能性を示している。第一に、一部機関の調査の結果は、中国所得ジニ係数より大きく。北京大学中国社会科学調査センターと中国人民大学調査データセンターの調査によると、2009 年ジニ係数が 0.5 を超え、西南財経大学中国家庭金融調査研究センターは 2010 年ジニ係数が 0.61 に達したと指摘した。第二に、「隠れた収入」を考慮すれば、中国の所得格差はさらに広がるだろう。研究によると、「隠れた収入」を考慮した 2008 年の中国都市部世帯の最高所得グループと最低所得グループの収入格差は 26 倍で、政府の 9 倍よりはるかに大きい。近年、低所得者世帯の収入増加が加速したため、2011 年の都市部世帯の最高所得グループと最低所得グループの実質所得格差は 20.9 倍に縮小したが、依然として公式の 8.6 倍を上回っている。

　筆者はかつて中国収入格差拡大の原因を 6 つに分類した。それは、アンバランス発展戦略、1 次分配のアンバランス、2 次分配の逆調整、イノベーションのない巨大な富の発生、不動産市場の特異的な発展と貧富格差の世代間での継続である。その中でも非常に重要なのが 1 次分配のアンバランスであり、要素市場の統制はその重大な原因となっている。現在、中国の 1 次分配のアンバランスはすでに深刻な状況にあり、国民の可処分所得の総収入に占める割合は 1993 年の 63.2％から 2007 年には 50.6％まで大幅に減少した。企業と政府の収入比率はそれぞれ 19.8％と 20％から 24.6％と 24.7％に増加した。1996 ～ 2006 年の間、ほとんどの OECD 国家の住民部門の可処分所得の割合は 72%～ 80%の範囲内だった。

　では、要素市場の統制はどのようにして 1 次分配のアンバランスを招くのであろうか？中国都市住民の所得は給与性収入、経営純収入、財産性収入、移転性収入などにより構成され、農村部住民の所得は給与性収入、家庭経営収入、財産性収入、移転性収入などから構成される。そのうち非要素収入に属する移転収入以外の収入は要素性収入に属する。長期にわたって、中国国

1　王小魯、2010「灰色の収入と国民所得の分配」、『比較』、第 4 期。王小魯、2013「灰色の収入と国民収入の分配、2013 年報告」、『比較』、第 5 期。
2　陳彦斌「中国の貧富の格差の体制原因と改革構想」、鳳凰網、2013 年 11 月 2 日。
3　梁季、2012「国民所得分配構造の国際比較と分析」、『地方財政研究』、第 8 期。

民所得の大部分は要素性収入である。中国国家統計局によると、2012 年の都市部住民の所得のうち要素性収入が占める割合は 76.4％で、農村部はさらに高い 92.4％であった。その原因をみると、国民は資金、労働力、土地などの要素の提供者であり、要素価格の規制は、国家と企業が低コストで投資を増やすのには有利だが、住民の所得は大きく萎縮している。

　資金市場では、金利規制により、家計の収入が損なわれる。中国の金融市場はまだ完全ではなく、銀行の預金以外にもっと魅力的な投資ルートが不足しているため、中国住民の預金率は非常に高い。2012 年の中国都市部の家庭が預金の形で資産を保有する割合は 23.7％に達し、都市部貧困層の 10％の家庭ではその割合は 33.5％に達した。一方、2010 年、米国の家計は預金と現金で保有している資産は 4.3％に過ぎず、米国の最貧家庭の 10％は預金と現金が 16.5％に過ぎなかった。[1] 金利の規制が預金金利を厳しく引き下げため、中国の家計は金利収入が低い。1996 ～ 2003 年の実質預金金利は3％水準で、家計の利子所得が GDP に占める割合は 5 ～ 6％だった。しかし、2004 ～ 2012 年の実質預金金利はマイナス（－ 0.3％）に下がった。GDPに占める住民の貯蓄の割合が 45％から 70％に高まった状況で、利子所得に占める GDP の割合はむしろ下がり、2009 年の利子所得に占める GDP の割合は 2.5％に止まった。[2]

　労働市場においては、労働市場の歪みは普通労働者の給与収入の低下を招いた。上述の製造業就業者の給与を例として中国労働者の給与収入は明らかに低いことが分かり、米国や日本などの先進国より低いだけでなく、ブラジルやメキシコなどの新興経済体よりも低い。国際比較を通して明らかとなったことは、中国労働者の報酬が GDP に占める割合も同様に低く、これは給与収入が低いという事実を反映しているということである。2011 年、中国労働者の報酬が GDP に占める割合は 44.9％であったが、米国は 55.4％に達しており、フランス、ドイツ、イギリス、日本もそれぞれ 53.5％、51.6％、53.7％、50.6％に達していた。[3]

1　中国データは Aordo(2012)、米国データは SCF（2010）に基づく。

2　出典：Radi、金利市場化での中国経済の成長の促進、21 世紀経済報道、2013 年 5 月 25 日。

3　中国データは「中国統計年鑑（2013）」、外国データは「国際統計年鑑（2013）」に基づく。日

土地市場においては、地方政府が土地収用権を独占しており、農民には土地処分権がなく、地方政府は土地収用の過程で農民の権利に対する保護や補償を大きく欠いており、農民の請け負った土地からの収入が低いという事態を招いている。孔祥智など（2006）の中国全国で行なった失地農民に対する調査の結果によると、平均土地収用補償と失地農民の望む補償額の平均の差は5倍に上ったことがわかった[1]。葉剣平と田晨光（2013）の調査ではさらに、失地農民の平均補償受給額は1.7万人民元／ムー（中央値は1.2万人民元）で、中央政府が収容した土地の平均価格は77.8万人民元（中央値1.2万人民元）に上ったということが判明した[2]。

　2、総需給構造の深刻なアンバランス

　要素市場の歪みは投資と輸出にメリットがあるが、消費にはデメリットがある。主に3つの構造が存在し、1つは要素市場統制下での低要素コスト、特に低利率は投資の刺激に役立つというものである。2つ目は要素市場統制下での低要素コスト、特に低賃金の労働力に優位性は、中国製品の国際競争力を高め、輸出に役立つというものである。3つ目は要素市場統制下での国民の要素収入が低いことによって可処分所得も低くなり、最終的に国民消費を抑制するというものである。

　以上の3つの構造のもとで、中国の総需給構造は大きなアンバランス状態となり、投資率の異常な高騰と国民消費率の過小という事態を引き起こした。投資率はすでに2000年の35％から2011年には48.5％と大幅に増加した。これに対して、世界の平均投資率は20％前後で、歴史的に見ても、各国の投資率の最高値は明らかに中国より低い。OECD加盟国の最高投資率は26％で、日本、韓国、シンガポールの最高投資率はそれぞれ38.8％、39.7％、46.9％である。ブラジル、メキシコ、インドの3ヶ国の新興経済体の最高投資率はそれぞれ26.9％、27.4％、38％であった。中国の投資率

本のデータは2010年のもの。

1　孔祥智、顧洪明、韓紀江、2006「わが国の失地農民状況及び補償願望調査報告」、『経済理論と経済管理』、第7期。

2　葉剣平、田晨光、2013「中国農村土地権利状況：契約構造、制度の変遷と政策最適化——中国17省1956人の農民の調査データ分析に基づいて」、『華中師範大学学報（人文社会科学版）』、第1期。

が高いということは明らかな事実で、中国は過剰投資状態にあるとする研究がどんどん増えている[1]。投資率の継続的高騰と同時に、中国国民の消費率は低下しており、現在すでに国際的にも歴史的にも低い値となった。中国国民の消費率はすでに 1970 年代の 65％から現在は 34％まで下がり、世界の平均（60％以上）より大幅に低い数値となっている。間違いなく現在の中国の総需給構造のアンバランスレベルは非常に深刻なものとなっている。投資率の高騰を主とする特徴的な総需給構造のアンバランスは経済の過熱、資産バブル、生産能力過剰のリスクを大きく引き上げ、経済成長の持続可能性を弱めた。高すぎる投資率は国民消費を「押し出し」して、国民福祉水準が経済成長に伴って向上しないという事態を招き、長期にわたる社会問題となった。

　3、消費構造のアンバランス——海外消費が国内消費に取って代わる

　中国の消費需要は依然として可処分所得の過小さや予防性貯蓄の過剰が招く消費力の弱さなどの問題が存在しているだけでなく、消費移転という新現象も現れ、海外消費が国内消費を代替することとなった。統計によると、中国国外の旅行客の消費支出はそう消費の 3 分の 1 を超えている。さらに、消費移転は富の流出の可能性も含んでいる。「中国贅沢品レポート」によると、2013 年の世界高級品市場の総額は 2170 億ドルで、そのうち中国本土での消費が 280 億ドル、国外消費が 740 億ドルで、中国人の高級品消費は世界の高級品消費総額のうち 47％を占めた。

　消費移転の表面的な原因は人民元の「外昇内貶」である。一方では、2005 年の為替改革から 2013 年末までに、人民元のレートはドルに対して合計で 35.7％上昇し、人民元の対外価値の上昇は海外での買い物を容易にした。その一方で、同時期の中国の CPI は 25％上昇しており、不動産価格の上昇などを考慮すると、CPI の上昇幅はさらに驚くべきものとなる。これ

1　李稲葵など（2012）は中国の実際投資率が福祉の最大化投資率より 15 ポイント高いことを発見した。Leeetal.（2012）は現在の中国の投資率が金率水準を 12 〜 20 ポイント上回っていると計算した。李稲葵、徐欣、江紅平、2012：「中国経済国民投資率の福祉経済学分析」、「経済研究」第 9 期；Lee、H.M.SyedandX.Liu、2012、「IsChinaOver-Investingand DoesitMatter ？」、IMFworking paperWP/12/277。

によって、国内での消費と比べて人民元は国外商品の購入がより簡単となり、中国国民の海外消費意欲を刺激した。

　消費移転の深刻な原因は要素市場の統制にある。利子統制と為替統制（為替統制も資本市場統制の重要な一部である）は巨額の貨幣投入をもたらし、インフレがさらに人民元の国内購買力を弱めている。これによって、人民元の対外価値上昇という背景のもとで、国民はさらに様々なルートでの海外消費を望むようになった。

　消費移転の結果は中国国内企業の生存圧力を高め（1例としては、2012年3月以来CPIはプラスであり、PPIはずっとマイナスである）、国内消費を抑制した。そのほか、富裕層が貧困層よりも多くの海外購入ルートを持つことで、この変化は富裕層に利益があり、貧困層には不利益なものとなった。これは貧富の差が激しい現代中国で社会の安定に不利益となる社会矛盾をさらに増大させた。

三、どのように要素市場改革を推進すれば改革を確実に行い、かつ再び物価の「難関を突破する」の過ちと中国経済崩壊を引き起さずに済むのか

　現在、改革に関する共通認識はそれほど多くなく、幸運なことに要素市場改革については初期段階の共通認識が形成されつつある。ようやく形成できた改革の共通認識のもとで、要素市場改革は新たに動き始めた。しかし、要素市場改革の確実な実施と中国経済の崩壊や改革の失敗を避けるには、以下の点に注意が必要である。

　1、要素市場改革は価格統制の簡単な緩和ではなく、完全な競争性要素市場体系の構築である。

　1つの誤った観点は、政府が価格統制を緩めて市場の価格を自由に設定すれば、生産要素価格の市場化が実現できるということである。完璧な競争性要素市場体系は4つの部分から構成されている。公平な生産要素取引市場、政府の指示ではなく市場の需給を基礎とした生産要素価格形成メカニズム、市場主体の多元化は市場価格が独占価格ではなく競争性を確保するもの、生産要素の財産権が明確であること。現在、中国は「生産要素取引市場」（第1点）

で比較的良い結果を出しているが、残りの3点は全てうまくいっていない。政府の価格規制を緩和するだけで（第2点）、残りの2点についての改革を深めようとしないなら、依然として完全な競争要素市場体系を形成することはできない。

1つは、市場化改革は競争性市場の市場化を指し、市場主体の多元化によって市場価格が独占価格ではなく競争価格の状態にあることを確保できる。市場構造は主に4つの部分に分けられる。それは独占市場、寡占市場、独占競争市場、完全競争市場であり、独占市場と寡占市場の構造が形成する価格は市場化価格ではあるが、競争的市場価格ではなく、独占競争市場と完全競争市場が形成する価格をようやく競争的市場価格と呼ぶことができる。要素市場について、市場主体が少数もしくは単独であれば、政府が価格統制を緩和すると市場価格は自由に決定され、本当の競争性市場価格は形成されない。これは非常に注意が必要な点である。

利率市場を例にとると、預金利率の開放はまだ完全なる利率市場化ではなく、言い換えるなら、預金利率の開放は利率市場化改革の最後の一歩ではない[1]。利率市場化の前提条件は、市場主体の多元化、預金保険制度、金融機関脱退制度、高層経営管理者の市場化任命制度など一連の基本制度の構築と完備である。これらの基本制度の改革は預金利率の簡単な開放よりも複雑で困難で多くの人の労力を必要とする。特に、銀行の市場準入を打破し、国有銀行の独占を解除し、多くの民間資本を民間銀行、特に大型民間銀行設立へつぎ込み、市場主体の多元化を推進してこそ利率市場化は動き出す。これによって、預金利率を開放しても、利率市場化への道は長く、1、2年で完全に実現できるというものではない。もちろん、預金利率を開放するだけでも中国経済への衝撃はかなり大きく、国有銀行の利潤のうち利息収入が占める割合はとても大きいため、国有企業と地方政府が融資するプラットフォームの存続と発展にも金融抑制のもとでの低コスト資金が必要となる。

2つ目は、生産要素の財産権は明らかに要素価格市場の前提であるという

1　2014年3月12日、中央銀行の周小川総裁は「預金利率の開放は1、2年で実現可能であり、これは利率市場化の最後の一歩である」とした。

ことである。財産権は明らかに生産要素が自由に流動して市場交易を促進する基本前提であり、財産権の不明確さは所有者利益と外部資本が要素価格において現れ難くなるという事態を招き、厳格な意味での市場化要素価格を形成できなくする。財産権は土地と鉱物資源の価格市場化の過程において重要な鍵となる。土地において、もし土地所有権の帰属が不明確で、農民の土地使用権を全面的に認めないまま、地方政府に土地収容された農民が土地を市場価値に照らした補償を要求しても（これまでの土地本来の用途補償の規則と比較して、価格統制を開放することに相当する）、地方政府は依然として土地所有者の身分を強制的に剥奪し、農民は満足な価格交渉能力を持ちえず、土地価格は当然のように正しく市場化されない。鉱産資源においては、現行の法律は鉱産資源の所有権は国家に帰属すると大まかに規定したのみで、使用権と収益権の規定が不明確であるため、鉱産資源の所有権と収益権の分離を引き起こしている。少数の国有企業が無償で鉱産資源の使用権を独占し、国民全体の収益権を独占的に享受する一方で、鉱産資源企業はしばしば直接的な採掘コストを負担するのみで、環境整備や生態補償などの間接コストを負担する必要がないという事態を引き起こしている。もし財産権改革が進まないまま簡単に価格統制の開放のみをおこなえば、高確率で現れる局面は少数の国有企業が継続して無償もしくはかなり低いコストで鉱産資源を獲得するというものであり、さらに彼らは依然として生産活動がもたらす環境汚染と生態破壊などの外部効果を考慮せず、最終的に完全に市場化された鉱産資源価格の形成は不可能となるであろう。

　２、それぞれの要素市場の状況は異なり、それぞれで対応、分類改革、秩序の形成をすべきであり、各分野の話を混同し、市場化の完成を焦ってはならない。

　今のところ、改革の難易度と失敗の可能性を考慮すると要素市場改革は大きく３つに分類できる。その３つとは区別的改革、分類改革、秩序の形成であり、これらを欠いてはならない。

　区別的改革に関しては比較的難易度は低く、改革の方向性も明確であり、例えば利率市場化、為替市場化、人民元の自由兌換を中心とした金融市場か改革がこれにあたる。表面上は、これらの改革の実施は政府や国有銀行、国

有企業の損失が大きく、既得利益集団も大きいため難しいと思われるが、その他の要素市場改革と比べると、改革によって損益を被るのは国家だけであるため、その点では実施しやすいと言える。中国共産党の根本的な主旨は誠心誠意国民に尽くすことであり、党規約は明確に以下のように規定している。「党は労働者階級と最大多数の民衆の利益を無視して、己の利益は求めない。党はいかなる時も国民の利益を第 1 とし、……、全ては国民のため、全ては国民によるもので、全ての国民のためのものである」以上の論理に基づいて、「壮士断腕」（物事をするには即断すべきで、ぐずぐずしてはいけない）の改革の決意をすれば、この改革は真っ先に成功するであろう。

　分類改革の要素市場改革は難易度が比較的高く、主に法律における障害が多いことが現在の見通しの不明確さとテスト経験の不十分さを招いており、土地改革と資源市場改革がこれにあたる。この改革の難点は財産権が合理的でないことにあり、中期的なものも合理的でない。土地市場改革を例とすると、法律に不備があるために土地所有権と使用権を有効に行使できず、農民の土地権益は幾度となく侵犯されている。例えば、『土地管理法』が規定するのは「農村土地は農民集団お所有に属する」「国家は公共の利益のために、法に基づいて土地を収用もしくは収用し補償できる」ということである。しかし、「集団」と「公共の利益」の解釈が不明確であり、各級の政府全てが「集団」と「公共の利益」の名の下に農民の土地を収用するという事態を招いている。また、「物権法」は「耕地、宅地、自留置、自山地などの集団所有の土地使用権は担保にできない」ということを規定しており、農民の土地使用権が持つ金融効果も制限しており、土地使用権が農民の農業生産資金集めに助けとなることはない。このような改革は事が立法の調整や改善にまで及ぶ

1　マルクスとエンゲルスは「共産党宣言」の中で、「過去のすべての運動は少数の人や少数の人の利益を図る運動である。プロレタリア階級の運動は大多数の人の、大多数の人の利益を図るための独立した運動である」
2　誠心誠意人民に奉仕し続ける主旨は、党の最高価値観である。人民の利益を実現し、広範な人民大衆の支持を得ることは、党の路線、方針、政策が正しいかどうかを測る最高基準である。中国共産党が 90 年以上奮闘してきた過程の基本的な経験の 1 つは、誠心誠意人民に奉仕するという趣旨をしっかりと心に銘じ、人民大衆に依存し、誠心誠意人民の利益を図り、人民大衆の中から前進する絶え間ない力を汲み取ることである。

ため、難易度は比較的大きくなっている。

　秩序の形成は簡単なようで要素市場改革における最大の難関であり、労働市場改革でそれは見られる。労働市場改革の主要内容は戸籍制度改革であり、戸籍制度改革は利益構造の大きな調整に関わるものであるため、地方政府の抵抗にあうだけでなく、多くの都市部移民の抵抗もある。よってこの要素市場改革は最も難しいと言える。第一に、戸籍制度改革は地方政府の負担を増加させるため、地方政府は改革の推進に積極的でない。地方政府は戸籍を理由として、出稼ぎ労働者を都市公共サービスの対象外とし、財政負担を軽減し、かつ安価な労働力を利用して経済発展を促進できる。もし戸籍制度改革が進めば、政府は新たに市民となる住人に医療、教育や社会保障などの公共サービスを提供しなければならないと同時に、安価な労働力を失うこととなるため、地方政府にメリットはないと言える。第二に、戸籍制度改革はすでに都市部に住んでいる国民の「利益」に関わる。その中で最も大きな問題なのが教育に関してであり、新たに都市部に移り住んだ子供はすでに都市部に住んでいる子供達と有限の教育資源を分け合うこととなる。現行の大学入試募集分配制度のもとで、都市部の子供の増加はすでに都市部に住んでいる子供の大学入学の可能性の一部を「奪い取る」ということであり、それによる戸籍制度改革への抵抗は避けられない。以上より、推進中の改革においては、都市部の住民の思想をさらに開放する必要があり、中央政府のトップレベルの計画が必要である。さらに、中央政府と各級地方政府は改革に伴う支出もあるため、戸籍改革は最大難易度の案件となっている。

　3、積極的に民間経済を発展させさえすれば、要素市場改革の中国経済に対する衝撃は有限で、中国経済を崩壊させることはない。

　要素市場改革の先延ばしは新旧2つの考え方に基づいている。昔の考え方とは、要素価格統制が生産コストを下げることで投資と輸出を促進し、高速経済成長を維持するというもので、新しい考え方とは、要素市場改革の推進が中国経済の崩壊を招くことを恐れるというものである。すでに非常に重大な経済の歪みや成長の継続不可能生などの問題が発生しているため、昔の考え方はさほど意味を持っていない。新しい考え方は合理的で、特に現在の中国経済成長は緩やかな時期の次の高速成長時期に入っている。中国経済に

は特徴があり、その特徴とは状況が良い時は経験を生かして経済成長は最高速度まで達するため当然その時期は改革を好まず、状況が悪いときにも改革による経済への打撃を恐れて改革をしようとしないことである。これによって改革の機会を失っている。この論理に従えば、中国経済の深刻なゆがみをもたらす要素市場は永遠に改革されないのではないか。明らかにこれは間違っている。このような改革遅延の憂慮を払拭させる必要がある。

　要素市場改革による利益は長期的に見てようやく現れ、短期的には確認しがたい。さらに、短期的にはおそらく改革による負の側面が目立つであろう。要素市場改革による中国経済への衝撃は確実に存在し、国有企業に対する衝撃は極めて顕著である。利率市場改革を例として、利率市場化の後、中国の実際の貸出金利は上昇するため、企業の資金コストも上昇し、社会全体の投資活動を抑制すると考えられる。筆者の研究結果によると、利率市場化後、実際の貸出金利は 3.66％から 4.59％に上昇し、上げ幅は 25.4％にまで達する。この影響下で、社会全体の生産規模は明らかに萎縮し、社会全体の資本の保有量も 10.3％まで低下することで、そう生産レベルの下げ幅は 7.2％に達するだろう。利率市場化後、国有企業は真っ先にその影響を受ける。優遇貸出金利を受けられるため、2001 ～ 2009 年の国有企業が負担する実際の貸し出し利率は 1.6％に過ぎなかったが、市場貸し出し利率は 4.68％であった。もし国有企業が市場の金利に基づいてお金を借りれば、国有企業は 2.75 兆元の利息をさらに支払う必要があり、これは同時期の国有企業の純利益の 47％を占めることとなる。利率市場化改革の後に実際の貸出金利がさらに引き上げられると、国有部門の生産規模はおそらく急速に萎縮する[1]。もし同時に労働、土地、資源などの要素市場改革も行えば、企業（特に国有企業）の投資コストはさらに上昇し、総生産の下げ幅はさらに大きくなると予想できるため、要素市場改革の中国経済に対する衝撃は無視することはできない[2]。

1　盛洪、2012「国有企業の性質、表現、改革」、『中国民営科学技術と経済』、第 6 期。
2　要素市場改革の実施過程において、投資の増加と経済の成長はおそらく短期的に著しく低下し社会の安定性に影響を与える。しかし改革の方向は揺らぐことはなく、要素市場改革を遅らせることはできない。改革の実施がもたらす社会の安定性の問題については、社会政策の底力を十分に発

要素市場改革と国有企業改革の同時進行は改革によるデメリットを最大限まで減らすことができる。要素市場改革が中国経済にもたらす上述の衝撃の前提は、要素市場改革を単独で推し進め、ほかの条件が変化しないということであり、もし中国の要素市場改革が単独で行われず、国有企業改革など他の改革と連動させて行い民間経済を積極的に発展させたなら、中国経済の崩壊を招くことはないだろう。中国改革の主な内容は経済体制改革、政府改革[1]、法制度・体制改革などであり、経済体制改革は主に要素市場改革と国有企業改革などである。要素市場改革と同時に国有企業の独占力の制限、民間経済の積極的発展を行えば、要素市場改革の中国経済に対する衝撃は有限なものとなる。利率の市場化を例とすると、改革後の貸出金利は改革前より高くなり、貸出金利が低かった国有企業には逆の衝撃があるが、利率の２重性市場において高利率でお金を借りていた民営企業にとっては、改革後の貸出金利はおそらく逆に改革前より低くなるだろう。したがって民間企業にとってはメリットがあり、特に優秀な民間企業はより高い要素価格でも受け入れることができ、大きな利益を得られる[2]。このように民間経済の発展は利率市場化による衝撃を軽減することができる。長年にわたって電力、電気通信、石油、金融などの重要産業は全て国有企業に独占されており、「旧36条」と「新36条」は、理論上は独占産業の民間経済への開放を大きく進めたが、実際は普遍的に存在している「ガラス戸」や「バネの門」などの見えない障害が民間中小企業の業界への参入を防ぎ続けている[3]。民間経済の真の発展に

挿し、適当な社会政策をもって解決すべきである。

1　政府の機能を「発展主義型政府」から「公共サービス型政府」に変え、要点は地方政府の業績審査体系改革、財政体制改革、行政審査制度改革などである。

2　李建軍と胡鳳雲（2013）の研究によると、中小企業の銀行などのルートによる平均融資コストは9.7％で、影のルートによるものは18.28％で基準貸出金利を大きく上回っていた。李建軍、胡鳳雲、2013「中国中小企業融資構造、融資コストと影信用市場発展」、『マクロ経済研究』、第5期。

3　石油業界を例とすると、商務部が発行した「石油製品卸売企業管理技術規範」での規定は、石油卸売りの設立を申請した企業の登録資本金は3000万元を下回ってはならず、原油の1次加工能力は100万トン以上必要であり、これらの参入敷居は民間中小企業にとっては乗り越えられない。多くの民営中小企業は限られた業界で激しい競争や悪性競争を繰り広げ、発展空間は大幅に圧迫されている。データによると、中国の民営持株投資は金融業界では9.6％しか占めておらず、交通運輸、倉庫、郵便業では7.5％しか占めていないが、水利、環境、公共施設管理業ではさらに6.6％しかない。

は、国有企業改革の深化が必要で、国有企業の独占力を制限し、民間企業に
十分な発展余地を作らなければならない。

四、結論

　総合的に見れば、改革開放以来 30 年の中国経済の業績は著しいが、中国
経済構造には大きな歪みがあるという点も忘れてはならない。客観的に見て、
中国経済の直面している収入分配構造のアンバランスや総需給構造のアンバ
ランスなどの構造の歪みは成長モデル、成長段階、国際分業などの多くの要
因がもたらした結果であり、歴史的必然生のあるものだ。しかし、今日の中
国はすでに 1978 年の中国ではなく、2013 年の 1 人当たりの GDP は 7000
ドルに迫っており、改革開放初期の低収入国から中所得国となり、高収入国
となるための努力を始めている。「険しい道は鉄のようであり、千里の道も
一歩から」。新しい歴史の階段に立ち、経済の歪みの巨大な代価と国民の幸
福感への侵食を認識しなければならない。発展の目標は成長のための成長で
はなく、国民全体の幸福感の増加だと認識しなければならない。要素市場の
歪みは経済の歪みを引き起こす多くの原因のうちの最も大きな原因で、その
改革は歪みをなくし構造調整の鍵となることを認識しなくてはならない。要
素市場改革の実施において、完全な競争性要素市場体系を構築する必要があ
り、それぞれの要素市場に違った対策と分類改革が必要で、国有企業改革な
どの改革と連動させなければならない。そうしてようやく物価の「難関を突
破する」の前例を繰り返すことなく、中国経済の崩壊を引き起こすことなく
要素市場改革を実施できる。

参照：辜勝阻、2010：「民間資本の独占業界への参入のラッパを鳴らす」、人民網、2010 年 3 月 31 日。

第5章
「十三五」時期の経済成長の環境条件と形勢特徴

【要旨】「十三五」時期は、中国が小康社会を全面的に建設する決定的な段階であり、改革を全面的に深化する攻堅段階であるだけでなく、中国が世界第1位の経済体になるためのラストスパート段階であり、高所得国になるための重要な段階でもある。中国は総体的に重要な発展戦略のチャンス期にあり、経済は引き続き比較的に良い発展の勢いを呈し、最後の高速成長期に入っている。しかし、このチャンス期間の内包とその意義は今まさに変化している。高成長期にはさまざまな矛盾が隠されており、それら問題は徐々に浮き彫りになり、各種問題が続々と暴露され、経済成長に対する制約が日増しに明らかになっている。経済社会の発展の基礎はますます強固になり、発展の見通しもますます安定しているが、発展環境はますます厳しくなり、発展の制約もますます厳しくなっている。一方、中国の全面的な改革の深化による配当金の大放出、都市化の発展と内需の底力の向上、自主革新の配当金と地域の新成長が形成されたこと、及び世界経済が新たな上昇周期に入り、新たな発展動力をもたらすことなどによって、中国は依然として比較的速い成長速度を維持している。また一方で、中国の生産要素の数が減少し、伝統的な国際競争の優位性が弱まり、世界の政治経済構造がグローバル化の兆しを見せている。さらに、主要国の態度の変化や転換に加え、中国の経済成長環境や条件が厳しくなりつつあり、中国の経済発展は新たな段階に入るだろう。経済成長に伴い、超高速から中高速または次高速の成長に転換し、中国は世界第1位の経済体への追い込みと高収入国への進出の鍵となる段階に入る。経済成長方式の転換と経済構造、特に産業構造の調整が加速され、工業化が中後期段階に入ると、産業構造は第2次産業を中心とするものから、第3次産業を中心とするものに転換し、需要構造は投資主導から消費主導に転換している。都市化のプロセスは労働力の都市化を主とするものから、

消費者の都市化の加速発展段階に転換し、生産力の勢いは「安定」の段階に向かっている。「海外進出」は更に加速し、商品の輸出を主とする資本の輸出を主とする段階に転じ、全面的な対外経済開放の新しい構造を形成した。新しい環境条件の変化と新しい特徴の形成に応じて、対応性、展望性のある戦略構想と相応の政策措置を制定しなければならない。「第13次五カ年計画」と中上位の収入段階を包括する中長期計画の策定を検討し、「第13次五カ年計画」を2030年まで延伸することも考えられる。そのため、階段式減速を回避する「持続的な安定成長」戦略、革新とアップグレードが主導する産業構造調整戦略、消費者の都市化を主とする新型都市化戦略、商品の輸出と輸出を並行する対外経済戦略、およびより積極的かつ能動的な資源節約と環境友好戦略を実施すべきである。

一、「十三五」時期の戦略的位置づけと歴史的使命

総合的に見て、「十三五」時期は中国の経済発展と近代化の過程の中で最も重要な段階である。中国が全面的に小康社会を作り上げた決勝段階と全面的に改革を深める堅塁段階であるだけではなく、中国が世界第1規模の経済体となった追い込みの段階と高収入国家への鍵となる段階でもあり、更に中国の経済発展方式の転換と成長模式の更新が昇華された加速段階でもある。

1、世界第1規模の経済体への追い込み段階

2010年中国の経済総量は日本を上回り、米国に次ぐ世界第2の経済体になった。中国は米国人口の数倍であるため、現段階の1人当たりの収入水準は米国の1/9で、21世紀中ごろ1人当たりの収入が中先進国のレベルの戦略目標到達を実現させることで、中国の経済総量はおそらく2030年前に米国を上回って第1の巨大な経済体になるだろう。経済総量が米国を上回ることは中国の主観的な目標ではないが、中国の発展過程における副産物として或いは段階的な客観的な結果として避けられない。いずれにしても未来8〜10年、特に「十三五」時期は中国が世界一の経済体になるための追い込み段階になる。

２、高収入国家に入るカギとなる段階

　中国は 2010 年に世界銀行の中低所得国と中高所得国の境界を越え、中上位所得国の列に入ることに成功した。中上位所得国の隊列に入ることは、重要な発展チャンスを迎えると同時に、かつてない挑戦を意味している。歴史的に見て、日本、韓国などの少数国家を除き、戦後多くの非西洋国家が中所得国、特に中高所得国に進出した後、念願の高収入国の仲間入りをしたわけではなく、中等所得の罠に陥ってしまったのである。私達の予測によると、中国は 2025 年頃に中所得段階を超えて高所得国の仲間入りをすることに成功する。その中で、基準の見通しの中では、中国は 2024 年に高所得国になる見込みである。楽観的な見通しの中では、中国は 2022 年に高所得の国家になる見込みである。したがって、今後 10 年前後、特に「十三五」時期は、中国が中間所得段階の最後の時期のカギとなる段階を越えることになる。いわゆる中所得の罠を乗り越え、未来高所得国家の列に加わることに成功するかどうかは、今から「十三五」時期の発展質量にかかっている。

　３、経済発展方式の転換と発展モデルの再構築の昇華段階

　中等収入の落とし穴はある意味で成長動力転換の落とし穴であり、発展体制と発展モードの落とし穴でもある。中所得の落とし穴を乗り越えることができるかどうかは、発展の動力メカニズムの転換に成功したかどうかであり、動力メカニズムの転換に成功したかどうかは、発展方式の転換と経済構造調整に健全で有利なメカニズムを構築したかどうかである。中国従来の発展モデルは、中国の初期段階の発展に積極的な役割を果たし、中国の低所得国家から中等所得国家の行列に入るにはいいことであるが、しかしアップグレード版の中国経済を作るには、アップグレード版の中国模式を探さなければならない。具体的には、2 次産品を主とする産業構造から第 2、3 次産業の調和のとれた発展の産業構造に転換できるかどうか、投資と輸出を主とする需要構造から投資消費の協調と重要な需要構造に転換できるかどうか、アンバランスの地域、都市と農村の構造と経済社会の発展模式からバランス、調和のとれた地域、都市と農村の関係及び協調的な経済社会の発展関係などに転換できるかどうか等、中国の今後数年間の経済が持続的かつ安定的な発展を維持できるかどうかだけでなく、中国が中等所得の罠を乗り越えられるかど

うかにも関係している。これらの転換を行うには、改革をさらに深化させ、新たな大きな改革配当金を放出する必要がある。したがって、「十三五」時期は、間違いなく中国が全面的に改革開放を深化させ、発展方式の転換を推進し、経済構造のアップグレードを推し進め、経済発展モードの再構築を推進し、中国経済のアップグレード版を作り上げる重要な時期である。だからこそ、「十三五」の時期は現段階の他のどの時期よりも重要になるかもしれない。

二、「十三五」時期の中国経済発展の条件とチャンス

　改革のボーナスの釈放、都市化と内需の潜在力の強化に伴って、中国経済・社会の発展の基礎はますます強固なものとなり、発展の見通しはますます安定している。しかし、伝統的な比較的優位性が弱く、外部条件の逆転が発生し、発展環境はますます厳しくなり、発展の道はますます曲折している。総体的に見ると、「十三五」時期から 2025 年の前後まで、中国は依然として重要な発展戦略チャンス期にあり、中国は引き続き比較的良い発展の勢いを見せ、最後の高速成長期に入るだろうが、チャンス期の内包と意義は変化しつつあり、各種の矛盾がさらに浮き彫りになっている。一方では、労働年齢人口の増加速度が明らかに鈍化するにつれて、貯蓄率と投資率が低下している。その要素は部門間の再配分と技術革新による生産性の向上空間が著しく縮小していることにある。また一方では、人的資本の蓄積と制度革新による要素投入の質と要素の使用効率の向上、研究開発能力の増強は産業の最適化と昇華をもたらし、都市化プロセスの推進は内需成長及び地域間勾配の発展による新たな成長率などの要素をもたらし、中国経済に比較的速い成長速度を維持させている。

（一）「十三五」時期の中国経済発展の外部条件
　世界経済が新たな繁栄のサイクルに入り、米国経済の持続的な回復と新たな成長点が形成され、中国と周辺国の製品輸出競争が弱まり、新たなエネルギー供給が形成されるなど、中国にとって確実性のある有利な要素であるこ

とは間違いない。

　1、世界経済は低コストエネルギーが推進する新たな繁栄サイクルに入る見込み

　伝統的なサイクルの継続的な観点から、情報技術産業革命の第1波と第2波の産業拡散効果が徐々に衰えてきた後、新しい突破と発展が必要である。「十三五」時期には、第3次情報技術産業化の波が形成される。新技術革命の観点から、シェールガス技術革命の拡散効果が現れ始め、あるいは新たな発展繁栄をもたらす可能性がある。「十三五」時期には、米国のシェールガス技術革命が周辺国への持続的な拡散に伴い、カナダ、オーストラリア、ロシアなどの国のシェールガス開発は大規模化、商業化の段階に入り、エネルギー供給保障の水準の向上とエネルギー価格の安定をもたらす。1980年代の規制緩和が「供給学派革命」と中周期の繁栄をもたらしたように、シェールガス技術革命はコスト上昇による世界的なインフレ動向と圧力を変える可能性があり、ある意味で新たな「コスト下降式」の発展繁栄をもたらす。シェールガス技術の拡散効果による繁栄度は比較的限られているかもしれないが、情報技術革命の新浪潮と重なると、比較的明らかな供給推進型の中周期的繁栄をもたらす可能性がある。

　2、新興産業の発展は世界経済の新たな成長点を生む可能性がある

　現在、複数の技術分野での突破、例えば、次世代情報技術、バイオ医薬技術、新エネルギー、新材料などが期待されているが、技術の突破から産業化までには一定の時間がかかる。いわゆる「第3次産業革命」は依然として懐胎しており、画期的な発展を遂げ、産業化を実現するにはまだ早い。「十三五」時期に、比較的成熟したのは第3次情報化の波が引き続き深く入り込み、新興優勢産業と新経済成長点の形成を推進することである。モノのインターネット、クラウドの計算と情報技術の応用を特徴とする情報産業の最新の発展傾向は、コンピュータを標識とする第1次情報化とインターネットを標識とする第2次情報化の波に次ぐ第3次情報化の波である。今後5〜8年は中国の「十三五」時期で、世界全体は第3次情報化の波の産業拡散効果の中にあり、世界経済が最終的に低迷を抜け出し、回復の上昇期に入る可能性がある。中国はモノのインターネット、クラウドコンピューティン

グなどの分野で一定の技術準備と市場優勢を持っている。

　3、先進国は新技術の突破によって徐々に復興し、新たな外需を形成する見込み

　従来の中周期繁栄の中で、先進国は新技術革命の対外拡散段階にあり、労働力や資源の優位を持つ発展途上国は「外注」方式で先進国からの産業移転を受け、比較的明らかな追い上げ効果を形成し、先進国と発展途上国との格差が縮小し、発展途上国の新たなスタートと先進国の「衰退」の差異現象を形成するようになった。現在の段階では、先進国は依然として世界の主要な革新と新技術革命の策源地であり、発展途上国は依然として技術学習あるいは模倣者の地位にあり、世界範囲の新技術革命は依然として先進国が創始し、リードする必要がある。「十三五」時期に、シェールガス技術革命の先進国への普及は先進国が率先して傾向性の回復に入り、先進国の経済成長が明らかに発展途上国より速いという新たな局面が現れる可能性がある。従来の分業体制の下で、中国製品にもっと大きな市場需要を提供する可能性がある。

（二）「十三五」時期の中国経済発展の内部条件

　1、改革の全面的な深化、空前の体制ボーナスの放出

　実践が証明するには、改革開放は中国の長期にわたり持続的で急速な発展の重要な動力である。過去 30 年の 3 つの段階で 5 回の大きな改革の波が1980 年代、1990 年代、新世紀の 3 回で長期的な繁栄をもたらした。中国共産党第 18 期中央委員会 3 中全会が通過した『全面的に改革を深める決定』は、改革の範囲を従来の経済体制改革から経済、政治、文化、社会、生態など「18 大」配置の「5 位 1 体」改革領域、及び新たに参加した国防軍建設と党の建設など 2 つの新分野（5 ＋ 1 ＋ 1）に広げ、従来の単一改革から更に改革のシステム性、全体性、協同性を重視するようになった。改革の全面的深化は、幅と深化においてこれまでの改革を超え、従来の改革を超える空前の改革配当金を放出するに違いない。新たな改革配当金及びこれによって生み出された自主革新配当金などは、次第に弱体化していく人口配当金、資源配当金、グローバル配当などに取って代わり、未来の中国経済の持続的かつ迅速な発展の新たな原動力となる。

2、生産要素品質の向上は労働生産性の向上に有利

全体的に見て、中国の労働需給関係の変化は、中国の新たに労働力の数量の減少、労働賃金の上昇、コストの上昇を招き、伝統的な労働集約型産業の比較優位が急速に弱まっている。同時に、人口の年齢構造の老化に伴い、65歳以上の人口の割合が高まり、中国は老齢社会に入り、貯蓄率は次第に下がり、資本形成速度は次第に下がる。しかし、一方、中国の生産要素の質は絶えず向上し、人力資本投資は絶えず増加し、労働者の素質は急速に向上し、同時に、設備が人工に代わる速度は絶えず加速し、必ず中国の労働生産性の持続的な向上を推進する。

3、自主革新は新しい産業競争力と全要素生産性を生む

技術革新の動力と能力は持続的に増強され、社会革新の大環境は形成されており、自主革新の累積効果は、中国の新型産業の発展と産業競争力の向上を力強く推進する。同時に、技術革新の持続的突破は制度革新と結合し、労働力の再配置と技術導入効果に続き、中国の全要素生産性向上を推進する重要な要素になる。

三、「十三五」時期の経済発展が直面する困難と挑戦

(一)「十三五」時期の経済発展の外部的困難と挑戦

「十三五」時期には、国際環境は中国に有利な面もあれば、不利な面も存在する。総合的に見れば、不利な要素が増加しており、有利な要素が減少している。中国の発展の国際環境はますます厳しくなり、発展の制約もますます厳しくなっている。特に、排他的な地域貿易の新構造、米中関係の変化、周辺国は中国の海域に対する嫌がらせ、およびエネルギー供給構造の潜在的なリスクなど、いずれも「十三五」時期の国際環境に直面する不利な要素であり、大きな不確実性を有している。

1、世界政治経済の構図：経済のグローバル化は減速し、国際競争は激化する

中国の外部環境から見ると、中国は発展途上国と競争する伝統的な労働集約型分野が依然として続いているため、資本と技術集約型の分野で先進国に

対する競争と代替が全面的に始まっている。「十三五」時期に、中国経済の持続的成長と競争力の強化に伴い、中国と先進国、発展途上国及び周辺国との関係は引き続き変化している。中国は改革開放以来、最も厳しい国際環境を迎える可能性があり、中国は技術、資本密集型製品と労働密集型製品の輸出面で、先進国と後発の新興経済体の二重挟撃と複雑な挑戦に直面している。

（1）中国と先進国との関係。競合置換は反哺効果より大きい。中国の労働力需給関係の変化、及び中国の資本蓄積と技術進歩の累積と相乗効果が発揮されることに伴い、中国は労働集約型産業から資本・技術集約型産業への転換を加速する。中国の輸出品は資源と粗加工型から資本、技術含有量の比較的に高い精深加工型に転換しており、これによって中国の競争対象は発展途上国から先進国に変わってきた。中国と先進国との関係は根本的に変化し、従来の相互補完を主とする関係から、次第に相互補完と代替が併存し、更に代替効果を主とする新しい時期に発展する。2008 年の国際金融危機以来、米国をはじめとする先進国は経済の建て直しと内需拡大のため、一連の中長期戦略措置を打ち出した。自国経済を刺激するほか、中国との競争あるいは反競争の意味合いが強い。中国企業の海外進出のペースが加速し、中国はインフラと伝統産業の改造・再編などの方面における先進国への補助効果が放出されているが、全体的に見て、代替効果は補助効果より大きい。中国は資本と技術が密集している分野で先進国に取って代わることがますます明らかになってきて、先進国の中国に対する反競争もますます明らかになってきている。

（2）指導的な国家の対中関係：画期的な変化が現れるかもしれない。中国の更なる発展に伴い、中国の世界経済の版図における位置は根本的な変化が発生するだけでなく、世界の指導的な国家との関係も重大かつ根本的な変化が発生する。指導的な国家の中国に対する基本的な態度は必ず重大かつ画期的な変化が発生し、20 世紀 80 年代の日米貿易摩擦より更に深刻な状況が中米の間で再現される可能性がある。また、米中の経済サイクルが異なるため、今後 5 年の間に米国は新たな繁栄サイクルに入る可能性があるが、中国は成長エンジンの転換により相対的な低迷期に入り、力の比較が激しくなり、外部環境が中国に不利な変化をもたらす可能性がある。激烈さは

1980年代の日米摩擦を上回るが、米ソ両陣営の対抗と異なる競争や摩擦が米中間で発生される可能性がある。指導的な国家は引き続き中国に対して反競争、排除、包囲などの戦略を取る。2008年以降、米国で行われている「再製造化」は、中国との競争という意味でもある。近年、積極的に推進している排他的な特徴のある新しい貿易制度は、中国に対する圧迫と排除である。例えば、より高い基準、より厳しい要求、さらには一定のオーダーメイド条項を持つ区域化貿易組織であるTPP、TTIPなどを設立し、中国を圧迫するか、直接排除し、グローバル化に反対する「地域化」を行って競争に反対する。中国は全産業チェーンであらゆる種類の国家と競争しているので、ある意味では途上国から先進国までの「公敵」となり、先進国は地域化を通じて新たな障壁を構築し、より広範な反響を得て、中国の発展に対する制約がますます厳しくなっている。

（3）新興市場と中国の関係：製品の競争と代替がますます明らかになる。新興市場の国家陣営の拡大に伴い、新興市場経済体間の関係は二重化する傾向がある。一方、新たに現れ出た新興市場国家と伝統的な新興市場国家が製品輸出市場で一定の競争関係を形成し、中国は必ず真っ先に攻撃の矢面に立つだろう。一方、新興市場間の産業移転は上下の産業チェーン分業関係を形成し、中国もその列に加わって「海外進出」戦略を加速する。「十三五」時期に、新興市場国の中国に対する競争は3つの面から来ている。

第一は低コストの新興市場国家が中国の労働集約型製品に対する競争である。もちろん、労働力は教育年限、産業組み合わせ能力などの制限を受けており、中国に対する競争は主に労働集約型業界にある。

第二に、非伝統的な競争力による競争、例えば政治的要因に基づく産業移転など、いくつかの本来の可能性や計画を中国の産業や技術に移転させ、人為的な要因のもとで他の国に移転させる。

第三に、中国と競争する資源、エネルギーなどの生産要素である。「十三五」時期には、後発の新興市場による中国の競争代替と後発の新興市場に対する中国の産業移転が並行段階に入り、中国と後発の新興市場との間の比較的複雑な関係が形成される。

(二)「十三五」時期の経済発展の困難と挑戦

1、労働需給関係の集中的な変化は伝統的な比較優位の弱体化を招いた

中国とルイスの転換点の到来に伴って、労働需給関係が変化し、労働の無限供給から有限供給に転換し、労働コストは持続的に明らかに上昇している。同時に、中国の高齢者人口の比率が上昇し、高齢社会に入るにつれて、貯蓄率が低下し、資金コストも上昇に向かっている。一方、中国は労働密集型産業分野と後発の新興市場国家で明らかに弱体化している。また一方、中国は資本と技術集約型産業分野で先進国のコスト優勢も弱体化している。

2、環境制約の強化、資源エネルギーの供給は挑戦に直面している

スモッグなどの問題は環境問題の深刻さと緊迫性をさらに際立たせており、「十三五」時期には、環境の経済発展に対する制約もさらに強化され、一定の程度において潜在的な増加レベルからの低下をさせるはずである。同時に、中国の経済の持続的な発展に伴い、エネルギーの節約と利用の面で大きな突破がなければ、資源エネルギーの対外依存度はますます上昇し続ける。国際環境がますます複雑になっている背景の下で、特に地縁政治の変化によって、中国の石油生産、仕入れと運送などの段階はますます大きな不確定性を引き起こしている。

3、経済・金融リスクはマクロ経済の不確実性を増大させる

財政・金融体制の改革と経済発展の不同期によって、中国の急速な経済発展及び特定の低コスト拡張模式に適応した融資制度を同時に確立しておらず、地方政府の融資及び商業銀行の表外業務（影の銀行など）などの財政金融分野に一定のリスクを蓄積した。銀行を主とする伝統的な間接融資体制の中高速成長を背景に急速に拡張し、新興の転換市場などの直接融資は先天的な不足などの要素によって制約され、適時かつ十分に発展していないため、社会全体の負債率は持続的に上昇している。加えて、不動産市場の改革と発展の接続が不十分であり、福祉住宅制度と市場化住宅制度の間には適切な過渡性と接続性制度の手配が不足しており、富の分配と蓄積の急激な不均衡があいまって、不動産などの市場にはある一定のバブルが生じている。てこ比がさらに上昇すれば、新たな資産バブルが生まれる可能性があるが、てこやバブル除去が急速に進めば、経済成長速度が急激に低下し、経済の持続的な

安定成長に影響を与える可能性がある。経済金融リスクは一定の意味で経済発展とマクロコントロールを制約する重要かつ確定的な要素となる。

　4、社会問題などの非経済的要素の制約が強化される傾向にある

　中国経済の急速な発展の過程では一定の矛盾が蓄積されているが、これらの矛盾は高速成長現象によって隠蔽されたり、高速成長による配当金によって解消されたりしている。特に、所得分配と環境問題に対する国民の心理的な受容力の低下や回帰を深め、未来の収入に対する期待が高まっていると同時に、生活の質に対する追求は、新生代の農民の仕事態度の変化と先輩たちの成長転換の変化をもたらし、これらも生産要素の供給と経済発展環境に対して一定の負の制約を形成することになる。

四、「十三五」時期の経済発展の動向と特徴

（一）経済構造調整が加速し、工業化の中・後期段階に入った

　労働需給関係とその他の資源素質の比較的優位な変化に伴って、中国の経済は成長率の低下と同時に、構造調整の歩調を速める。そして発展段階において、工業化中期段階から後の段階に転換する。

　1、工業化段階転換：中期から後期へ

　中国の工業化は中期から後期への移行段階にあり、高加工度産業の比重が上昇傾向にあり、第3産業の比重が徐々に増加している。要素投入は主に数量拡大から主に品質向上に転換し、投資率が次第に低下し、消費率が着実に上昇しているため、要素構造、産業構造、需要構造の最適化の調整が加速されている。

　2、産業構造調整の加速：「中国製造」から「中国創造」へ

　現在、中国の産業構造は一定の特殊性を持っており、第2産業の比重はより高いが、第3産業の比重はより低い。一方面ではグローバル化の原因で、先進国の労働集約型産業が中国に大量に移転し、中国の第2産業の比重を高めた。また一方では、中国のサービス業、特に生産性サービス業の参入規制は依然として厳しいため、金融サービス、物流サービスなどの領地管理が厳しく、文化創意などの産業も一定の規制と制限があり、客観的に第3

産業の比重を低く抑えている。中国の労働需給関係の変化、労働集約型産業の外への移転、工業化の発展段階の転換に伴い、中国の産業構造調整は今後5〜8年でさらに加速され、特に産業構造は徐々に調整と変化し、第2産業の比重は安定しつつ縮小され、第3産業の比重は着実に増大するだろう。同時に、労働集約型産業の対外移転は、中国の従来の加工製造から設計製造への転換、つまり「中国製造」から「中国創造」への転換を促す。

　3、要素組み合わせ方式：労働資源集約型から資本技術集約型に転換

　中国の労働需給関係の変化と資源供給状況の変化に応じて、生産要素の組み合わせ方式と供給構造の変化は、経済構造調整の必然的な趨勢となる。労働集約型から資本技術集約型産業にアップグレードし、資源エネルギーの高消費性産業から省エネ・排出削減型産業に発展することは、中国の生産要素の組み合わせ方式の調整の2つの重要な方向である。適時に定年制度を改革し、適時に出産政策を調整し、労働力要素の長期供給を安定させなければならない。職業指導の教育訓練体系の整備を速め、人的資本の投資力を強め、高素質の労働力と技術労働者チームを育成する。貯蓄率と資本形成源を安定させ、長期的な経済成長に対する資本の貢献率を安定させる。都市と農村の統一的な建設用地市場を確立し、農村の集団経営性建設用地の譲渡、賃貸、株式取得を許可し、国有土地と同等に市に入り、同権の同価格を実行し、土地資源の節約・集約利用を保障する前提で土地資源の合理的な供給を保障する。資源財産権制度と環境保護制度を改革し、資源エネルギーの節約・集約利用を推進する。資源・エネルギー分野の対外協力を強化し、戦略的資源の獲得性を高め、外部資源・エネルギーの安定供給メカニズムを確立し、重要な資源の安定供給を保障する。中国が資本と技術産業の分野で形成した新たな競争優位を利用して、装備製造と電子情報などの産業の海外進出を推進する。環境保護基準をさらに強化し、産業参入条件を厳格にし、高エネルギー消費、高汚染産業の改造と対外移転を推進し、中国が高エネルギー消費、高汚染の産業から資源節約、環境にやさしい産業へ発展するよう推進する。

（二）都市化のさらなる発展、生産力の配置が「一定の基準」に向かう

　中国はすでに都市化の中期段階に入り、「十三五」時期に都市化は「双速

推進」の構図が現れ、都市化の質は絶えず上昇し、都市化後期に邁進する重要な段階に入る。同時に、都市化の進展と地域都市群体系の初歩的な確立に伴い、中国の産業空間の集積構図が徐々に形成され、経済発展の主体的な空間枠組みがほぼ確定されるようになる。

1、都市化：双速推進、さらなる発展

都市化は内需拡大の最大の潜在力であり、経済アップグレード版を作る重要な内容でもある。積極的かつ穏当に都市化を推し進めることが共通認識となり、肝心な点は中国の都市化発展の基本モデルと駆動特徴を把握し、推進力のある重点分野と重要な方面を選択することである。

（1）産業発展は農民とその家族の現地市民化を加速段階に推し進める。現在、中国の労働年齢人口の絶対数が減少し始め、中西部の農村労働力が大規模に外部に移動する時代も過ぎていった。労働力の需給構造の変化は、すでに都市部、特に沿海部で農民とその家族の定住条件をさらに調整し、地元企業の農民就労者への魅力を強めることになる。都市化政策の実施を進めるにつれて、すでに移転した農民とその家族の現地市民化のスピードがさらに加速することが予想される。

（2）消費レベル向上推進による都市化が加速段階に入る。中国経済の30年余りの急速な発展に伴い、中国の1人当たりの国民所得水準は絶えず向上し、現在6000ドルに達し、中・高所得の段階に向かっている。中国には都市と農村の2元構造が存在するため、都市と農村の経済社会の発展と住民の消費は明らかに同期しておらず、農村の家庭消費水準は大体都市の家庭の3分の1に相当する。今後10年ぐらいで、農村の生活水準と住民の消費は明らかに向上する段階に入る予想である。このうち、住宅消費のグレードアップは、従来のような農村住宅のリフォームや拡張ではなく、都市部、特に県政府所在地の分譲住宅を購入して「移民」することになる。住民の所得向上と消費アップグレードによる人口都市化が加速すると予想される。

2、「市民主導型」社会の基本形成

都市化を推し進め、都市群と都市体系の基本的建設は、工業化プロセスとほぼ同時に大きく実現された。現在の段階では、中国の労働力による都市化率は52％で、公共サービスを完全に享受している戸籍人口基準に基づき測

定した都市化率は 35%、戸籍人口と家族移転人口の生産方式による都市化概念からの推定は約 39 〜 40%である。労働需給関係の変化と地方間の労働力競争に伴い、農民工の市民化条件はますます緩和され、農民工の市民化速度は徐々に加速していく。「十三五」時期に中国の労働力都市化の速度は 0.8%〜 0.9%に維持されるが、人口の都市化速度は 1%以上までに増加することが期待されており、社会住民構造は現在の農民（農民工）市民「対半型」（五分五分）から市民主導型社会へと加速化し ,2020 年前後には市民主導型社会がさらに形成される。

（1）外来農民工の市民化。外来農民工の市民化は産業の発展と都市化を推進する最後の段階であり、最も難しい段階である。農民工の市民化は都市で安定した仕事と居住条件を持つ一部の出稼ぎ労働者に適している。各地の政府は労働力の需給関係の変化の流れに順応し、さらに市民化の敷居を低くし、農民工の定住、社会保障、子供の入学、保障性住宅などを含み、現地での出稼ぎ労働者の市民化を加速させると予想される。

（2）農民工家族の市民化。現在はまだかなりの部分の農民工が都市で安定した仕事と居住条件を持っていないので、本籍で住宅を購入しその両親と子供の市民化をすることで解決することが彼らにとって一番いい選択である。都市化の進展に伴って、県の都市建設用地指標、農村住宅と宅地などの基本的な権利保障の面では、農民就労者家族の都市化コストが著しく低下し、農民就労者家族の入城と入城した家族が「居留」から「入籍」へと変化する。

（3）農村富裕層の市民化。農村の富裕層の都市化は近年の勢いを増しており、農村人口の都市化の過程において重要な役割を果たしている。農村経済の発展と農民の生活水準の向上に伴い、農村人口は都市部、特に県政府所在地に移り住み、専門経営請負者、私営企業主、その他の裕福な人々などが含まれる。

3、生産力配置と都市システム：「前定格」に向かう

労働力の需給関係の変化と経済の減速時期の到来は、今後 10 年前後が中国の最後の高速成長段階であることを意味し、今後 10 年前後が中国の経済発展の定着段階であることを意味している。この段階に入ると、生産力の配置と都市体系の基本的な枠組みがほぼ固定される。資源など重大な発見がな

ければ、全国の生産力配置、全国的な交通幹線道路の骨組み体系、ある場所
では全国での定位と序列、及び都市の建設範囲と機能分区、道路構成、イン
フラの配置などは基本的に確定される。

　（三）対外経済の新構造が形成され、「商品輸出」から「資本輸出」の段階
へ
　中国の経済発展段階の変化とグローバル産業チェーンの構造変化に伴い、
中国は商品輸出段階から資本輸出段階に移行し、「海外進出」戦略は第３段
階の発展時期に入り、海外への投資は徐々に増加している。同時に、輸入規
模の拡大に伴い、貿易黒字は徐々に縮小され、国際収支は基本的なバランス
を実現する。
　1、商品の輸出：アップグレードとサービス貿易の発展
　中国の労働力需給関係の変化、資源環境の制約の強化、および世界経済の
調整と新興市場国家の発展に伴い、中国の対外貿易の発展は新たな段階に入
る。一方、中国の比較優位性の変化は、伝統的な労働集約型製品から資本・
技術集約型製品へのアップグレードを促進する。一方では、中国のサービス
業の発展に伴い、サービス貿易の輸出は加速的に発展する。
　（1）製品のグレードアップ：労働集約型から資本・技術集約型へ。賃金
の上昇、人民元の切り上げ、資源価格の上昇と環境制約の強化により、中国
は伝統的な労働集約型産業分野で比較優位と競争力が弱くなる傾向がある。
加えて後発の新興市場経済体は絶えず全世界の分業体系に組み入れ、特に相
対的に低い労働集約型製品の生産チェーンである。3 ～ 5 年後には、中国は
伝統的な労働集約型産業で、ほとんど競争力を失うものとみられる。現在、
7 種類の労働集約型産業は中国の輸出貿易の約 15％を占めており、今後 5
～ 8 年には 8％から 5％にまで徐々に減少すると予想されている。中国の比
較的優位性と後発の新興市場国家の労働密集型産業分野での低コスト優位性
を総合的に考慮し、日本、韓国などの発展過程での経験から、中国は将来的
に比較的付加価値の高い資本、技術集約型産業を段階的に導入し、輸出模式
のアップグレード、切り替えを実現することが予想される。
　（2）サービス貿易の発展：赤字が減少し、黒字になる見込みである。サー

ビス貿易は中国の現段階で苦手としている部分で、中国のサービス貿易は
ずっと赤字状態にある。中国製造業のアップグレードとサービス業の発展に
伴い、サービス業の競争力は上昇に向かい、中国のサービス貿易の輸出は
徐々に上昇する。中国の現段階のサービス業の比較優位から見て、中国は文
化教育、医療衛生とハイテクサービスなどの分野で一定の比較優位を持って
いる。サービス貿易の発展の見通しは楽観的で、多面的な協力・努力を通じ
て、中国のサービス貿易は明らかな向上が期待され、サービス貿易の赤字状
態を徐々に変化させ、基本的な均衡と若干の黒字を実現し、中国の製品貿易
黒字の縮小が引き起こす恐れがある影響を補う。

　2、資本輸出。「海外進出」戦略は第 3 段階に入る

　中国が保有している各種の生産要素と比較優位の影響を受ける一方、後発
新興市場国の競争の衝撃を受け、中国は現在、商品の輸出から資本への輸出
に転換中である。製品輸出のアップグレードが中国の対外経済の重要な特徴
であるとすれば、商品の輸出から資本の輸出への転換は中国の対外経済分野
のまた重大な変化である。今後しばらくの間、中国企業の「海外進出」は勢
いに乗っている。

　（1）工商企業の「海外進出」戦略：直接投資や買収・投資の段階に入る。
中国企業の「海外進出」戦略は大規模な発展段階に入っているが、全体的に
見て、中国企業の「海外進出」戦略はすでに 3 つの段階を経験した。第一
段階は労務請負を主とする段階で、主に対外請負の大型インフラ工事など
で、改革開放 30 年の中国は大規模建設を経て、豊富なインフラ建設経験を
蓄積した。現在、中国の道路、橋とトンネルなどの建設能力は世界の最先端
にあり、中国の労働力資源を加えて、中国企業の対外請負工事は一定の優位
性を持っている。第 2 段階は資源開発を中心とする段階である。新世紀以来、
中国経済の超高速発展と資源エネルギーの消費が絶えず増加していることに
伴い、中国の資源エネルギーの自給度は絶えず低くなり、対外依存度は急速
に向上している。現在、中国の鉄鉱石、銅、アルミ及び石油などの対外依存
度はいずれも 50%を超えており、海外に進出して資源エネルギーの開発は
中国企業の新たな任務となっている。近年、中国の冶金、石油と食糧の企業
は次々とオーストラリア、ラテンアメリカ、北米とロシア、中東、北アフリ

カなどの地域に進出し、資源開発を行い、中国企業の海外進出のもう 1 つ
の重要な特色となっている。第 3 段階は直接投資や買収・投資を主とする「海
外進出」である。これは金融危機以来、最も新しいトレンドである。一方では、
中国の生産能力過剰圧力の増加に伴い、中国の製造業企業はラテンアメリカ、
アフリカと中東、東欧などに向けて、工場設備に投資し、グリーンフィール
ド投資を行う。別の一方では、中国の大企業が先進国に進出し、買収と投資
を行っている。もちろん、政治などの様々な非経済的要素の影響と妨害を受
けて、中国企業の先進国への買収と投資は順調ではなく、発展途上国への直
接投資も様々な抵抗と困難に直面しているが、先進国に比べては順調である。
　（2）金融などサービス業の「海外進出」戦略：フォローアップサービス段階。
工商企業の海外進出とは少し違うが、中国の金融機関など生産性サービス業
の海外進出も同様に 3 段階を経ているが、海外進出のポイントは少し違う。
金融機関の第 1 段階は基本的に華僑向けの外貨送金を取り扱うもので、そ
の最初の段階は、中国銀行などの設立と海外業務の発展にさかのぼる。第 2
段階は、国際金融センターに窓口を設置し、世界銀行業の発展の流れと趨勢
を追跡し、学習に属する行為である。主な起源は中国の改革開放後、国有銀
行は香港、シンガポール、ロンドン、ニューヨーク、東京などの国際金融
センターに代表処などの支社を設立した。第 3 段階は、近年の中国企業の
海外進出に伴い、中国の金融机関などの生産性サービス業がフォローアップ
サービスを提供する。金融機関など生産性サービス業の「海外進出」の第 3
段階が、企業の「海外進出」と本格的に結びつき、実質的な業務発展を目指
している「走出去」戦略を回復させた。今後数年、特に「十三五」時期には、
中国企業の海外進出に伴い、金融機関などの生産性サービス業の海外進出が
加速する見通しである。

五、結論と提案

　「十三五」時期は、中国が全面的に小康社会を建設する決勝段階であり、
改革を全面的に深化させる攻勢段階でもあり、中国が世界第 1 位の経済体
となる追い込み段階と高収入国に向かう重要な段階でもある。中国は依然と

して重要な発展戦略チャンス期にある。経済は引き続き比較的に良い発展の勢いを見せ、最後の高速成長期に入る。しかし、チャンス期間の内包と意義は変化している。高成長期に隠されたさまざまな矛盾が次第に浮き彫りになり、さまざまな問題が次々と発覚し、経済発展に対する制約が日増しに明らかになった。

　総合的に見ると、中国の改革が深化するにつれて、都市化と内需の潜在力が強くなり、中国の経済・社会の発展基礎がますます堅固になり、発展の見通しはますます安定してきた。しかし、伝統的な比較的優位性が弱く、外部条件が逆転し、発展環境がますます厳しくなり、発展の道はより湾曲してきた。一方、中国の全面的な改革の深化による配当金の大放出、都市化の発展と内需の底力の向上、自主革新の配当金と地域の新たな成長が大々的に形成されたこと、及び世界経済が新たな上昇周期に入り新たな発展動力をもたらすことなどによって、中国は依然として比較的速い成長速度を維持する。一方では、中国の生産要素の数量が減少し、伝統的な国際競争の優位性が弱まり、世界の政治経済構造がグローバル主義の弱体化の兆しを見せている。さらに、主要国の態度の変化や転換に加え、中国の経済成長環境や条件が厳しくなりつつあり、中国の経済発展は新たな段階に入るだろう。国際環境と国内条件の変化は、中国が中等所得の罠に陥る可能性が高くなる。このような背景の下で、中国の経済構造調整が加速し、都市化が深まり、対外経済の新しい構造が形成され、新しい段階の特徴が現れた。新しい環境条件の変化と新しい特徴の形成に応じて、対応性、展望性のある戦略構想と相応の政策措置を制定しなければならない。そのため、階段式減速を回避する「持続的安定成長」戦略、革新とアップグレードが主導する産業構造調整戦略、消費者の都市化を主とする新型都市化戦略、商品の輸出と輸出を並行する対外経済戦略、およびより積極的かつ能動的な資源節約と環境友好戦略を実施しなければならない。

　同時に、中、高収入段階を包括する中長期規画の策定を検討し、「十三五」規画を 2030 年まで延伸することも考えられる。中国の「中上位所得段階」すなわち「高所得段階へ」は、「十三五」と「十四五」の 2 つの「五カ年規画」をカバーすると予想される。2020 年以前は「十三五」の時期であるた

め、すでに小康社会を全面的に建設する戦略と改革を全面的に深化させる詳細計画がある。「十三五」規画が 2016 ～ 2020 年の 5 年間だけをカバーすれば、「十三五」規画の戦略性はかなり低下し、大部分で小康社会の戦略目標を全面的に建設し、改革を全面的に深化させる決定の実行案と行動計画となる。一方、中国の発展と現代化のプロセスにとって重要かつ重要な「高収入への進出」はまだ専門的な計画がなく、戦略的な空白状態にある。このために、筆者は「十三五」のカバー期間を 2030 年まで延長し、「十三五」と中、高収入段階をカバーする中長期計画「十三五計画と 2030 年のビジョン・戦略」を制定することを提案する。小康社会の全面的な建設の戦略目標と全面的な深化改革の決定を全面的に実行すると同時に、中国が中所得段階を越え、高収入国家の段階に向かって同じ計画と前倒しの手配を行う。

参考資料

①国家発展和改革委員会経済研究所課題チーム、2011『中国面向 2020 年的経済発展戦略選択』
　課題研究報告。
②国家発展和改革委員会経済研究所課題チーム、2014『中国「十三五」時期経済結構調整研究』
　課題研究報告。
③宋立、2013『中國経済発展的新趨勢與新特征』、『中央企業布局和結構調整研究』課題分報告。

第 6 章
「十三五」時期の都市化発展に関する若干の問題

　1979 年から 2013 年にかけて、中国の都市化率は 18%から 53%までの
急速な成長を実現し、毎年の成長率は 1 ポイントを超え、30 年以上も維持
されている。2014 年から、中国の都市化は新しい発展段階に入った。つま
り過去 30 年余りの高速成長段階から、成長速度が相対的に減速し、品質が
安定的に向上する新しい段階に入った。したがって、「十三五」期間の中国
の都市化の発展環境、速度と都市と農村のバランス関係を検討することは理
論と実践の切迫性がある。

一、「十三五」時期の都市化の発展環境

　経済のグローバル化と情報化は 20 世紀 90 年代、特に新世紀以来の世界
経済発展の主要な特徴である。発展途上国にとって、経済のグローバル化は、
国際産業の分業による先進的な生産技術と流動性の高い資本を意味するだけ
でなく、知識基盤の「新経済」時代の到来を意味する。技術革新の周期を短
縮し、収益が増加し、循環累積のロック効果の特徴があるため、「導入、模倣、
輸出」の戦略は既に時代遅れである。このような国際経済を背景に展開され
た中国の都市化は、必然的に伝統的な産業構造のアップグレードと経済のグ
ローバル化による二重の圧力を受けることになる。グローバル化経済を背景
に、都市競争力の向上が鍵となる。同時に、経済のグローバル化の影響を受け、
都市区域間の分業が日々成熟し、新しい都市等級システムと都市群を形成す
る。グローバル化時代の都市空間の構造は、拡散と集積が併存しており、都
市は世界産業の分業の中で自身の位置づけを探している。このような発展環

境の中で、「十三五」時期に中国の都市化のチャンスと挑戦が併存している。

　中国にとって、新たな国際産業の移転は大部分の地域の都市化プロセスを推進し、沿海地区は率先して工業化と都市化を完成し、知識と技術が密集した新経済に接近し、中西部地区は勾配の差を利用して東部産業の移転を受け、国際分業に参加し、工業化と都市化のプロセスを促進する。産業構造のアップグレード、国際間産業移転、産業チェーンの拡張と再編は、いずれも中国の都市化を駆動し、都市と農村の経済に影響を与える重要な影響要因である。

　情報化時代において、生産要素の配置方式はより自由・柔軟であり、都市機能には根本的な変化が現れ、新たな土地利用モデル、伝統産業の空間的な制約と影響力は弱まり、都市空間構造は階層的な成長構造からネットワーク化構造に転換し、多機能コミュニティはネットワーク化都市の基本的な空間的な担体となる。都市の群落化が進むとともに、金融危机の影響が波及したことで、今も世界経済は厳しい。先進国の回復力は弱く、新興国は全体的に良くなるが、懸念は依然として存在している。ここ数年、金融危機の「バタフライ・エフェクト」は、ある程度中国の都市化を推進してきたと言える。金融危機の影響を軽減するため、中国は内需拡大政策を強力に実施し、都市化の建設速度もさらに加速した。同時に、中国の外向型経済モデルは避けられない衝撃を受けた。主な輸出市場の経済情勢の悪化は直接に中国企業の経営状況に影響を及ぼし、農民工の「回流潮」をもたらした。労働力のコストが上昇したため、沿海地区で農民工の「労働力不足」が発生したが、内陸農村の都市化建設をある程度完成させるために労働力を増加させた。

　経済データによると、中国の経済総量はここ 10 年間絶えず新しい段階に入り、2010 年には日本を上回り、世界第 2 の経済体となった。2014 年の国内総生産（GDP）は 60 兆元を超え、平均為替レートで換算すると 8 兆ドル余り、1 人当たりの GDP は 7000 ドルに達した。同時に、中国の経済成長は世界経済への貢献度も高まっている。特に、世界金融危機が発生した後、世界の主要経済体はすべてマイナスまたは停滞の苦境に直面し、世界経済が下りの通路に入る時、中国経済は依然としてかなり高い成長率を維持し、世界経済の段階的な回復に重大な貢献を果たした。もちろん、国際経済情勢が不透明な中、内需の拡大や国内経済資源の統合など、持続可能な成長が必要

な課題となっている。喜ばしいことに、ここ数年来中国の産業構造の高度化は絶えず加速され、基礎産業と基礎施設も強化され、地域発展の協調性は次第に強化、収入分配構造はさらに明らかな変化に向かっており、経済発展方式の転換と経済構造の調整は重要な進展を遂げている。産業部門から見ると、工業生産能力が全面的に向上し、製品構造が絶えず最適化されている。サービス業、特に現代サービス業が着実に発展し、サービス業は日に日に豊富になっている。

　これと同時に、都市社会の経済発展はさらなる新段階に上がった。まず、都市化のレベルは着実に向上している。中国は積極的に都市化のプロセスを推進し、人口の合理的かつ秩序ある流動を導き、さらに都市インフラの建設を強化し、都市の総合的な積載能力を向上させる。2009 年に中国の都市人口は 62186 万人に達し、都市人口は全国総人口に占める割合は 46.6%であり、2010 年には都市化率は 50%の大台に達し、2013 年には 53.3%に達した。その次に、都市の規模が絶えず拡大すると同時に、都市の発展も新たな勢いが現れた。経済のグローバル化の発展に伴い、ますます多くの都市が直接的に国際分業協力に参加している。特に国際大都市の目標が徐々に実施されていくにつれ、中国の都市の対外開放の度合いがさらに深まり、その輻射は更なる強化を促し、影響力は引き続き拡大していく。また、国際国内の経済情勢の変化に対し、地方の各地の市はこれに積極的に対応し、迅速に調整を始め、各地の市の財政収入が着実に増加することを保証した。財政収入の増加により、都市は財政力をさらに集中して経済を発展させ、民生を改善し、インフラ整備を強化し、サービス能力をさらに強化、都市経済の持続可能な発展の良性循環を実現することができる。最後に、第 3 次産業は引き続き発展し、産業構造はさらに最適化される。2009 年から、地級及び以上の都市の第 3 次産業の地域総生産比重が初めて第 2 産業を上回り、都市経済が工業経済を中心にしてサービス経済を主導的に転換することを代表している。

　もちろん、上述のマクロ経済の有利な要素を除いて、「十三五」時期に中国の都市化の過程が更に発展してもいくつかの困難に直面している。

　第一に、所得格差が拡大し続け、「中等所得の罠」に陥る恐れがある。経済の転換以来、中国の都市化レベルは急速に向上し、前例のない経済成長を

伴っている。しかし、このような急速な経済成長と経済構造の転換は潜伏している多くの矛盾に対処する十分な緩衝時間を残していない。改革開放の当初は、中国の都市化率は 17.9%にすぎなかったが、国連の『世界都市化展望2009』の予測によると、中国の都市化率は 2045 年に 70%を超え、つまり、中国の都市化プロセスは 60 年末満で 25%から 70%の飛躍を遂げるだろう。同じ段階では米国は 90 年（1870 ～ 1960）を要し、日本は 40 年（1930 ～ 1970）を要したが、ブラジルは 60 年以上も要している。特に中国という人口が多く、領土の広大な大国にとって、比較的短期間に都市と農村の構造調整を実現することは重要な意義を持っている。高速の経済発展を持続し、速い都市と農村の構造変遷及び短時間内の都市の成長は、産業の構造調整の遅延、収入の不平等、都市化の質の軽視などの問題を引き起こし、都市と農村の収入格差と地域の収入格差などの矛盾と衝突を引き起こした。経済成長は都市と農村の経済協調発展を前提とし、同時に、都市と農村の二元経済の融合も経済成長を妨げることはできない。このような条件の下で、経済が急速に成長し、都市と農村の分割が激化すると、経済システム全体にとって危険であり、「中等所得の罠」に陥る恐れがある。

　第二に、これまでにない外部の生態環境と資源環境の制約に直面している「箍の呪」である。都市人口の流入に伴い、食品、水、電気、エネルギー消費の需要は級数的に増加し、中国の都市化は資源不足、生態環境の脆弱な剛性制約に直面している。中国の 1 人当たりの水資源総量は世界平均の 4 分の 1 にすぎず、しかも分布が極端にアンバランスで、南は多く北は少なく、都市の水不足が深刻で、経済活動の発展を制約している。中国の 1 人当たりの耕地面積は世界平均の半分に過ぎない。水資源と土地資源の空間分布上のずれは、土地の生産性の向上を制約し、長江流域とその以南の地域は、水資源が全国の 80%以上を占め、耕地は全国の 38%に過ぎない。淮河流域及びその以北の地域では、水資源は 20%に満たないが、耕地は全国の 62%を占めている。このような状況は自然資源だけでなく、石炭、石油、天然ガスなどのエネルギー制約もますます際立っている。

　また、中国工業化プロセスにおける生態環境問題も軽視できない。全国の流失面積はすでに国土の 38%に達した。砂漠化した土地の面積は絶えず拡

大し、国土面積の約 27%を占め、そして毎年 2460 平方キロメートルの速度で拡大している。草地の退化、砂化とアルカリ化面積は年々増加し、草地の総面積の約 1/3 を占める。都市内部の固形廃棄物，工業廃水，排ガス，温暖化などの環境圧力はますます逼迫している。都市人口の爆発的な増加と都市工業の繁栄は、次第にますます重い生態環境の負担をもたらし、大気汚染、水汚染、騒音汚染の程度は日に日に大きくなっている。中国の都市化は未曽有の外部生態環境の制約と資源の集約利用の試練に直面している。

　第三に、都市化発展モデルの重大な転換に直面している。過去の都市化は主に土地を中心とした粗放的な拡大モデルであり、農業用地と非農地の価格差及び極めて低い要素資源コストによって都市建設区を拡大してきたが、大量の農村からの出稼ぎ労働者が長期にわたって働いている都市では戸籍を落としてはならず、大量の経済価値を創造すると同時に現地の社会保障と公共サービスを享受できない。このような都市化のパターンに伴い、資源と要素の投入が急速に伸びているため、政府は「土地財政」から大きな利益を得ている一方、戸籍、社会保障、公共サービスなどの体制要素の制約により、人力資本と労働報酬の引き上げを抑制し、農民工を含む住民部門の収益率が著しく低下している。これは 2 つの側面の効果を生む。1 つは、過去 10 年余りの消費の経済成長への貢献が低下しており、構造の不均衡が続いている。もう 1 つは、数億人の農民工の状況は、このような都市化モデルの内生メカニズムによって駆動され、長期にわたって根本的な変化が得られず、「人を基本とする」調和社会の構築の要求に合致しない。このため、都市化発展モデルの重大な転換を実現し、中央都市化工作会議が提出した「人を核心とする」型の新型都市化発展モデルを実現する必要がある。

二、「十三五」期の都市化の発展速度

　1978 年、中国が改革開放を始めた時の都市化率は 17.92%ほどであり、2010 年には 50%を超えた。筆者は 2004 年に国家社会科学基金の重点課題を担当した時、2010 年の中国の都市化率は 50%に達すると予測していた。この研究成果は後に国家発展改革委員会の「十一五」計画報告書として公開

出版された。発表後、多くの人がこのレベルに達するとは信じていなかった。なぜなら世界史上ではまだ大国がこのような前例を持たなかったからである。しかし、2011 年 4 月末に国務院が発表した全国第 6 回国勢調査のデータによると、2010 年の中国大陸総人口は 13.4 億人で、そのうち 49.7%が大中小都市と小都市に住んでいる。人口都市化率を都市化率の指標とすれば、2010 年には中国はほぼ 50%の初歩的な都市化率水準に達したと考えられる。

今は中国の 50%以上の都市化率に対し論争が存在している。主に都市人口とみなされている 2 億人以上の農民工については、どう見るべきかという異なった見方がある。丁寧に言えば、半都市化であり、遠慮せず言えば偽都市化と言い、なぜならこれらの出稼ぎ労働者はまだ市民化されていないからである。しかし、この問題は完全に中国の特色ある都市化の特徴として認識できる。農民工がまだ都市の社会保障体系に入っていないからといって、彼らを都市化のプロセスから排除してはいけない。もっと広い角度から見れば、これも中国の発展モデルの重要な標識の 1 つである。でないと、中国のこの 30 年来の急速な発展を説明するのは難しい。実際に教育上の大雑把な入学率指標に照らしてみると、現在の中国の都市化の 50%程度を「大雑把な都市化率」と呼ぶことができる。このように、中国の都市化プロセスにおける都市人口の増加の共通性を確認しただけでなく、都市社会保障システムに組み入れられていない多くの人がいることを反映しており、重点的に解決する必要があるという特性がある。

もし上記の問題が共通認識を得ることができるならば、もう 1 つの問題は、このような爆発的な都市化のプロセスが続くかどうかである。都市化の規則と中国の発展の段階的な特徴によって、「十三五」の時期はこのように継続することは不可能であり、その速度は適切に緩め、品質を高めなければならないと我々は考える。理由は以下の点がある。

第一に、世界の都市化の歴史と経験から見て、工業革命を起点とし、世界の都市化の発展レベルと主要な先進国の異なる過程によって、世界の都市化の歴史は 3 つの段階に分けられ、段階ごとに異なった発展速度がある。中国も例外ではない。

1760 〜 1850 年は世界都市化の初期段階である。

この段階で世界初の都市化水準が 50%に達した国はイギリスだが、世界全体の都市化水準はまだ低い。1760 年、産業革命はまずイギリスで勃発し、囲い込み運動（エンクロージャー）と大工業の確立は農村人口を大量に都市に流入させ、伝統的な都市の規模を拡大し、また多くの新興都市が出現した。イギリスの都市人口の割合は 1750 年の 25%前後から 1801 年には 33.8%に増加し、1851 年には 50.2%に達した。しかし、イギリスを除く世界全体の都市化は、1800 年には 3%だった世界の都市化水準が、1850 年には 6.4%にまで向上した。

1851 〜 1850 年は都市化が欧米先進国に急速に普及した段階である。

この段階では、フランス、ドイツ、米国などの先進国は都市化の主な推進者である。これらの国は相次いで工業革命を完成させた。さらに都市人口の割合が大幅に高くなった。1950 年には先進国の都市人口の割合が 51.8%に達し、都市化がほぼ実現された。世界の都市化水準は 1900 年の 13.6%から 1950 年の 28.2%に引き上げられ、世界は都市化を加速するスタートラインに立った。

1951 年から今までは都市化が世界的に普及・発展してきた段階である。

この段階では、途上国の都市化の著しい加速に伴い、都市化の水準は 1950 年の 16.2%から 1980 年の 30.5%に引き上げられ、この時期の世界都市化の主要な推進力となり、先進国の着実な推進のもと、世界全体で高度都市化の水準に達した。1999 年には世界全体の都市化レベルは 46%だったが、2010 年には 50%前後となり、基本的な都市化レベルに達した。世界の都市化の発展パターンによって、一国の都市化は各発展段階のスピードで「両端が低く、中間が高い」という特徴が現れる。都市化発展のプロセスでは、20%前は初歩段階で、発展が遅い。20%から 50%は加速段階で、速度は増加する。50%から 60%は基本的な実現段階で、速度は徐々に遅くなる。60%〜 80%は高度発達段階で、毎年の伸びは微々たるものである。このように、都市化プロセスは「S」型段階発展のパターンを示している。

もちろん、これは大まかなパターンであり、具体的には異なる国と異なる歴史時期には違いがある。比較的に言えば、初期工業化国家の農村人口は都

市への移転の規模と速度が後期工業化国家より遅い。イギリス、フランス、ドイツ、米国、日本などの国は工業化によって、相次いで都市化を実現した。イギリスの都市化率は26%から70%まで90年を要していた。米国の都市化率は10%（1840年）から成長期に入り、1970年には都市化率が73%に達し、130年で年平均0.50ポイントずつ増加した。都市化の一番早い時期は1940〜1960年で、都市化率は年平均0.65ポイント増加した。フランスは130年をかけて、都市化率を1846年の24%から1975年の73%に高め、年平均0.38ポイントずつ成長させた。後期工業化国家では、都市化の発展速度は大幅に速くなり、都市化率は年平均0.8〜1.2ポイント高くなった。例えば、日本は50年で1920年の18%から1970年に72%、年平均1.08ポイント高くなり、初期先進国の年平均増加率の約1倍になった。

　2004年の予測によると、2020年までに中国の都市化率は60%に達する。そう考えると、中国が初歩的な都市化を実現するのに約40年かかった。全体の時間は前世紀の大国の都市化の時間より大幅に短縮したが、やはり世界の都市化の一般的なパターンに従い、50%に達した後に発展速度はある程度緩慢になる。

　第二に、産業構造の変遷における農村余剰労働力の移転のパターンから見て、工業化、都市化及び両者関係の進展の特徴によって、都市化の発展は産業構造の変遷の影響を受けている。中国の都市化も同様である。

　工業化国家の産業の変遷と労働力の移転の基本的なパターンについて言えば、工業化国家の都市化は加速成長から緩やかな成長まで、工業化段階とほぼ一致しており、主導産業は一般的に「軽紡工業（労働密集型）——重化工業（資本密集型）——重加工工業（技術密集型）——情報産業」の発展過程を経験している。農業労働力の非農業転化の特徴から見て、初期段階において、労働力を吸収する主要産業は工業であり、しかも主に労働集約型産業を主とする消費財工業である。この時期、農村労働力の基本的な素質に対する要求は高くなく、農業余剰労働力の非農業産業への転換に便利である一方、工業労働力の吸収量はサービス業の吸収量より大きく、工業・サービス業の就業増加率はそれぞれ0.4%以上と0.4%以下である。成長期に入ってから、工業化と都市化の相互作用発展の特徴が最も明らかになった。工業化は都市

化の発展を促進し、逆に都市化も工業化の発展を促進する。この時期に、経済は急速に安定・発展し、非農業化率、都市化率は迅速に高まっている。労働力集約型産業を中心とした消費財工業の発展の主導的地位は、資本集約型、技術集約型の資本品工業に取って代わられ、工業労働力の年平均成長率が徐々に低下し、都市人口との年平均成長率の差が拡大し始めたことを示している。ちょうどこの時期から、サービス業及び第 3 次産業の発展速度は明らかに加速し、サービス業或いは第 3 次産業の就業年平均成長速度は都市人口の増加速度より高いと同時に、労働力に対する素質の要求が高まっている。日本と米国ではこの特徴は明らかである。

　後期工業化国家として、日本は工業化時期の工業就業年平均成長率は米国よりやや高い。1910 年の工業化初期は基本的に年平均 1%以上の成長速度を維持しており、1920 ～ 1930 年の工業就業率は 0.4%～ 0.6%（米国は同0.4%～ 0.50%前後、1860 ～ 1870 年の都市化率はいずれも 25%前後）、都市化率は 70%以上に達し、日本の工業就業年平均成長率は 0.2%前後、米国は同 0.1%前後である。日本の工業就業の全体的な成長速度は米国より高く、工業化、都市化の実現時間も米国より短い。製造業又は工業就業の年平均成長率が 0.1%以下に低下した場合、都市化率は年平均伸び率%に該当して 0.1～ 0.2 に下がった。経済発展は情報産業を中心とした後工業社会に入る。

　中国経済は「十二五」時期からアップデート段階に入った。経済成長速度の低下、経済構造と産業構造の調整変化は、都市化の発展スピードに必ず影響を与え、制約を与える。

　第三に、「ルイスの転換点」の時期の到来から見て、2010 年以来、農村の出稼ぎ労働者数は増加したが、増加幅はすでに緩やかになっており、中国は「ルイスの転換点」を目前にしている。

　ここ数年来、中国の中西部地区の収入の増加速度は明らかに東部地区より速いため、農村住民の地域間の移転意欲は弱体化しており、「雇用難」の特徴は明らかに見えてきた。また、全国各地の一般雇用単位の基本賃金水準は 2 割前後上昇した。現在、中国がいわゆる「ルイス転換点の時期」に到着したかどうかについて論争があるが、私は中国の国情から「ルイス転換点の時期」という概念を使うことができるかどうかを決めるべきである。様々な兆

しは、中国がいわゆる「ルイスの転換期」に入ったことを示している。これは、かつてのような大規模な農村労働力の移動の波が、1つの膨大な量の基礎の上で、細波長流型の増分に変化することを意味している。この部分の農村の入城人員を都市化の主な人口増加の条件として、中国の都市化のスピードはもちろん遅くなる。

　第四に、人口の高齢化社会から見ると、「ルイスの転換点」の時期が到来した際に、中国が30年間享受してきた「人口配当」の窓口も近年次第に閉鎖される。具体的な予測は、2015年にピークに達してから徐々に下がっている。これは中国の都市化農村人口の供給に影響を及ぼす。

　「人口配当金」と「ルイス転換点」の内容は違っているが、都市化に対する影響効果と方向は同じである。第6回中国国勢調査のデータから推計すると、中国の将来の人口変動は子供の人口が比較的安定しており、労働年齢人口の減少と老年人口規模の急速な拡大を特徴とする。農村の入城人員は青壮年労働力を中心として、人口の総量構造の中で労働年齢人口の減少に伴って、農村が都市に入ることができる青壮年労働力は必然的に減少し、都市化のスピードは次第に鈍化している。

　第五に、過去に土地を中心とした都市化のプロセスによって引き起こされた社会問題と矛盾も、都市化速度の減速を要求している。

　調査によると、この2年間に頻発している社会矛盾の70%、80%は都市化ピロセスにおける用地の移転問題に起因している。その上、急速な都市化のプロセスはまたいくつかの際立った矛盾と問題を誘発した。例えば、人口移転総量と構造の矛盾、農民失地と農村建設の矛盾、農民工身分の承認問題、社会公共資源分配の問題などはすべてとても際立っている。同時に、社会道徳体系の許容度も限度に達し、客観的に都市化速度を緩めて、これらの問題を統一的に解決することを要求する。

　以上のことから、過去の急速な都市化のプロセスは一段落し、中国の都市化は新たな段階に入ったのを示している。成長速度は、過去30年間の年平均1.08ポイント、特に最近10年間の年平均1.38ポイントから今後10年間の年平均1ポイント程度に下げるのが望ましい。

三、中国の都市化と都市と農村のバランスのとれた成長の関係

　中国は改革開放後、都市化の急速な発展の段階に入った。ここ 10 年の都市化率は平均 1.4 ポイントの高速度に達した。都市化は経済発展に積極的な役割を果たし、中国は 33 年連続の GDP 成長率 9.8%という経済発展の奇跡を維持した。しかし、都市と農村の発展速度には大きな差があり、農村の総生産の年平均成長率は都市の 2.11 ポイントを下回り、また農村の 1 人当たり生産の伸び率は都市の 2.16 ポイントを下回り、このような発展の格差は都市と農村の発展の不均衡をもたらし、多くの社会問題の発生の根源にもなっている。このように学者が都市化と都市と農村の発展関係に関心を持つようになり、都市は地域経済の発展の極として、必然的に都市と農村の発展のバランスを失うことになるだろう。クズネッツの法則によると、経済発展と社会の不平等の間は逆 U 型の関係である。都市化と経済発展の高度な相関関係にかんがみて、都市化と都市と農村の間の発展の不均衡も U 型の関係を示すべきである。しかし、都市は成長極として、周辺農村には分極効果だけでなく、拡散効果もある。都市化が一定の段階に発展すると，拡散効果が分極効果を超え，都市と農村の間の発展は不均衡で平衡成長段階に入る。

　私たちの研究では、中国の最近 10 年の都市化はすでに拡散効果が分極効果より大きい段階に入り、都市と農村間の発展は不平衡から平衡成長段階に入った。これは中国の現段階の都市化レベルと世界の先進国が都市と農村の非平衡成長から都市と農村の平衡成長に転換した都市化の変点レベルとの対比であり、中国の都市と農村の収入格差が縮小し始めた経済の実際に由来する。しかし、都市と農村の均衡成長の転換の実際の効果は明らかではないようである。

　理論研究では、都市化が都市と農村のバランスの取れた成長を促進することを肯定するとともに、政府の行動に対する考察から、政府の価格介入行為と投資偏向行為が都市と農村の非均衡成長を激化させるという結論が出た。実証の部分の研究は上述の結論を支持すると同時に、中国の長期以来の価格介入行為と投資傾向行為が都市化の都市と農村のバランスの取れた成長に対

する積極的な作用を弱め、相殺したことをも発見した。[1]

　研究結果によると、都市化の推進は都市と農村のバランスの取れた成長を促進するのに積極的な効果があるが、依然として多くの要素の影響を受けている。都市化をより良く推進するために、都市と農村のバランスの取れた成長に積極的な役割を果たし、次のような政策提案を提出した。

　１、都市化を推進すると同時に、都市と農村間の要素流動を強化する。都市化は都市と農村間の労働力、資本と技術の流動を促進することによって、都市と農村間の産業異質性による生産方式の差異による発展格差を縮小した。従って、現在の都市化の進行中に出現した都市と農村の発展問題による都市化への疑問に対して、私達は揺るぐことなく都市化を推し進めていくべきである。また、都市化が都市と農村のバランスのとれた成長を促進する作用の発揮を保証するために、都市と農村間の要素の流れを強化すべきである。第一に、都市と農村の要素市場の一体化を促進し、都市と農村が要素市場を共有できるようにすることである。第二に、要素の都市と農村間の双方向流動を促進する。改革初期に行われた戸籍の農村から都市への移転は「厳進寛出」の局面であり、新型都市化の時期には戸籍の農村から都市への移転は「寛進厳出」の傾向がある。要素の流れに逆行するため、戸籍の統制を徹底的に緩めなければならない。

　２、農業に恵む投資を強化し、政府の投資偏向を是正する。経済発展の早期に、政府は一般的に非平衡成長の策略を採用し、資源を重点領域と地区に投資する。しかし、経済が一定の段階になれば、産業間と地域間のバランスの取れた成長に注意しなければ、経済の奇形的な発展につながる。長期的に無視されてきた弱産業と地域には、補助的な投資までしなければならない。中国の農業発展の弱勢とそれによって形成された都市と農村の非均衡的な成長局面に対して、政府は農村への投資を強化すべきである。第一に、農村農地の水利、電力、農業基地などの生産的なインフラへの投資を増やすことである。第二に、農村の飲用水、ガス、道路などの生活型インフラへの投資を

1　この問題の詳細な分析については、陳甬軍、陳義国「中国城市化与城郷平衡増長関係研究」、『経済学動態』、2014 年第 12 期。

増やすことである。第三に、農村の森林保護、水と土の維持、洪水とゴミの処理などの生態環境の保護の面でのインフラ建設を増加することである。第四に、農村の義務教育、文化インフラ、風土病の予防と治療などの社会発展に対する基礎社会投資を増やすことである。

　3、経済改革を推進し、市場の決定的な役割を発揮する。「農業は工業を補助する」政策に対する経路依存のため、長期以来、農産物価格は工業品価格より低く、成長率は比較的に遅く、都市と農村の生産方式の差異によるアンバランス成長の程度をさらに悪化させた。このため、経済改革を推進し、製品市場における価格決定の役割を発揮し、都市と農村のバランスの取れた成長を促進する。市場での需要力と供給力によって価格の昇降が決定され、最終的に市場清算に至ったときには、価格はそのままである。価格あるいは生産量が均衡状態から外れると、価格は自動的に新しい均衡状態に調節される。価格あるいは生産量がバランスを崩したら、価格は自動的に新しい均衡状態に調整される。現在、中国の農産物の価格は普遍的に低く、農村の余剰は都市に移転し、農民の農業意欲に大きな打撃を与えた。工業・農業製品の価格を市場に決定させ、工業製品に対する農産物の価格は必ず上昇し、価格差による都市と農村の産出格差を縮小し、都市と農村のバランスの取れた成長を促進する。

第 7 章

「十三五」時期の地域間の調和のとれた発展の構想

【要旨】本文は「八五」時期以来、中国の地域間の調和のとれた発展の特徴と規律を総括し、現段階に存在している矛盾と問題を分析した。「十三五」時期を展望するには、新たな状況に基づいて、中国の地域発展の全体戦略を見直し、「2区、3帯、若干点」の地域発展構図を土台に中国の区域政策体系を構築する必要があると考えている。

「八五」から「十二五」までの間に、中国は地域間の調和のとれた発展戦略を実施し、著しい成果を収めた同時に矛盾と問題も生じた。「十三五」時期には、地域間の調和のとれた発展戦略を引き続き実施することは間違いないが、その内容と取り組みは調整が必要かどうかは真剣に検討すべきであり、本文はこの問題を巡って若干の検討を行う。

一、「八五」計画以降の地域間の調和のとれた発展の特徴と主な問題

（一）「八五」計画以降の地域間の調和のとれた発展の特徴

中国は「八五」計画から地域間の調和のとれた発展戦略を実施して以来、これまで5つの「五カ年計画」を実施した。この5つの「五カ年計画」の時期に打ち出した地域発展戦略、企画と政策に関する分析を通じて、次のようにいくつかの特徴を概括することができる。

　1、地域間の調和のとれた発展の内包は絶えず豊富である

地域間の調和のとれた発展戦略が実施された当初、中国の「五カ年計画」に関連する地域政策の関心は経済発展であった。例えば、1990年代初め、地域間の調和のとれた発展の意味を「地域は強い自己発展能力と活力、地域間の格差を持って合理的な範囲にコントロールし、生産要素は自由に流動で

き、地域間の分業協力がより強く、横方向の経済関係が緊密である」と総括
した学者がいた。しかし、継続的な実践の過程で、理論界と方策決定部門は
徐々に地域間の調和のとれた発展の内包を豊かにし、経済発展の内容だけで
はなく、社会事業、生態保護と公共サービスなどの分野にも広げた。例えば、
ある学者は地域間の調和のとれた発展の意味を「地域の比較優位が発揮され、
主体機能の位置づけが明確で、発展の格差が合理的な範囲内にコントロール
され、基本的な公共サービスが均等化され、地域の良性的な相互機制が形成
され、国土空間の効率的な利用、人と自然との調和が取れた付き合い」など
の多方面に要約した。また、近年、中国が打ち出した地域発展戦略から見て、
ますます多くの戦略計画は生態文明建設、都市と農村の統一、両型社会、資
源性経済のモデルチェンジ、新型工業化、産業移転の引き継ぎ、開放協力、
革命老区の振興、貧困扶助攻略などのテーマを展開している。

　２、コントロール方式は行政に多く依存するものから経済に多く依存する
ものに変わった

　早期のコントロール方式は主に行政手段を主とし、各地域の発展に対する
政策の手配はより具体的で、例えば黒龍江省などの石炭基地で鉱区発電所の
建設、農業省で食糧、綿、油、砂糖加工基地などの建設などは強い計画性と
指示性を持っている。政府の管理理念の転換に伴い、経済手段が地域発展の
マクロコントロールに多く適用されるようになった。主に財政政策、投資政
策、産業政策などを含む。例えば、西部大開発の中で財政移転の支払力を強
めて、長期的に安定した資金ルートを確立する。都市化のプロセスで投資・
融資の新体制を確立する。内陸地区の投資環境の最適化を奨励する。国際産
業や沿海産業の移転などを積極的に受ける。

　３、分類指導の区域管理理念は次第にはっきりしてきた

　「五か年計画」全体を見渡してみると、分類指導の区域管理理念は次第に
はっきりしてきた。「八五」計画の沿海と内陸の２分法から、現段階では「地
域主体機能の位置づけ」、「分類管理を実施する地域政策」を明確に要求し、
地域政策の差異性と対応性が強化された一方、さらに地域区分を細分化した。

1　蒋清海「地域経済の協調発展」[J]、学術界，1992（3）、21-25ページ。

例えば、「十一五」計画では4つのプレートと4種類の主体機能エリアを提出し、それぞれ発展方向と重点を提出した。「十二五」計画では、革命老区、民族地区、国境地区を基礎に、貧困地区を第4種類の重点開発地区に増やし、「関連する特殊困難地区で貧困対策プロジェクトを実施する」と提出した。一方、分類指導の分野は産業政策から財政政策、投資政策、土地政策、人口管理政策、業績評価システム、環境基準など多くの分野に広がっている。

　4、政策の重点は産業のレベルから空間のレベルへ移った

　初期、「五か年計画」の区域政策の重点は主に産業政策上にあり、特に資源開発、産業選択、物資調達、インフラ建設などの具体的な配置を重視し、成長区域、経済区域などの空間構造の問題に関連することは少ない。ここ数年来の「五か年計画」の区域政策は空間構造の最適化をより重視し、「十五」計画は初めて東・中・西三大地帯に対して重点経済帯と経済区域を提出した。「十二五」計画は「二横三縦」の都市化の戦略構造を詳しく述べ、重点的に27地区の地区発展を推進することを提案し、中国の主要な経済成長区域を明確にし、中国の地区発展の大きな構造を描き出した。

　（二）現在、中国の地域間の調和のとれた発展に関する主な矛盾と問題

　現段階の地域発展の状況から見ると、中国の地域格差は依然として大きく、その中で基本的な公共サービス分野の地域格差は特に際立っている。区域管理の角度から見ると、政策制定における中央と地方の機能に対する考慮不足、区域の政策権威の不足、政策の実施が行政手段に過度に依存し、区域の法律体系の不備などの問題が存在し、これらは地域間の調和のとれた発展の順調な推進を妨げている。

　1、地域発展の格差は依然として大きい

　改革開放以来、中国の経済は急速に成長し、同時に、地域発展の格差問題も日々明らかになり、一部の研究では格差が縮小する傾向があると指摘されているが、全体的な格差は依然として大きい。1人当たりのGDPから見ても、2013年の東部地区の1人当たりのGDPは10076ドルであるのに対し、中部、

1　陳耀．深化我国区域経済重大問題研究 [j].区域経済評論,2013(1):24-28ページ。

2　　王笛旭．中国区域経済発展差距変動趨勢及成因分析 [j].開発研究,2013(5):18-22ページ。

西部そして北部の 1 人当たりの GDP はそれぞれ 5709、5569、8010 ドル
で、それぞれ東部地区の 57％、55％、79％となっている。いくつかの省に
おいては発展格差が特に明確となっており、上海市と貴州省を例にとると、
2013 年の上海市の 1 人当たりの GDP は 14547 ドルどあるのに対し、貴州
省の 1 人当たりの GDP はわずか 3701 ドルにすぎず、前者が後者の 3 倍近
くとなっていて、地域間の経済発展の格差は見て取れるであろう。

　基本的な公共サービスは区域発展の差異を考える重要な目安であるにもか
かわらず、現在の中国の各地区における基本的な公共サービスの状況はす
べて同じであるというわけではない。劉華軍等人（2014）の推計によると、
省ごとの間における基礎設備や科学技術、公共安全のジニ指数は依然とし
てやや大きく、地域格差も明らかであって、社会保障の空間の非均衡性も年々
増えてきている。西部など、発展の遅れている地域の公共サービスの供給は
特に不足しており、地方の財力の影響を受け、住居や教育、医療、社会保障、
交通、市政などの方面における資金投資は、全国標準を大きく下回っており、
東部などの地域との間には巨大な格差が存在している。[1] 2013 年、上海市に
おける公共安全、教育、社会保障、医療衛生に対する 1 人当たりの平均財
政投資は 6254 元であるのに対し、貴州省ではわずか 3093 元[2]にすぎず、上
海市の半分にも満たない状況である。

　経済発展が効率主義であるのとは異なり、基本公共サービスは公平さをよ
り重要視すべきである。しかしながら、現在中国の地域間の基本公共サービ
スのレベルには、かなり大きな格差が存在しており、このことは社会主義の
本質に反しており、また「2 つの大局」という初志にも背いていて、社会の
平等と安定を守ることができておらず、このために基本公共サービスの均等
化を重点として少しずつ地域発展の格差を縮めていかなければならない。

　2、地域政策の制定において、中央と地方の機能に対する考慮は不十分で
ある

　不完全な統計によれば、2000 年に中国が西部大開発戦略を実施して以来、

1　官永彬「中国区際基本公共服務距評価指標体系構建及基実証分析」[J]、『経済体制改革』、
2011（5）、13-17 ページ。
2　上海市と貴州省の統計年鑑データにより算出。

国家レベルで実施される区域戦略や計画と政策は 98 項[1]にまで達し、特に2009 年以来、毎年、区域計画は様々なところで発展を見せている。否定できないのは、これらの区域計画が、各地で発展の地位を確立したり、発展任務を明確にしたり、また発展の有利さに対してはっきりとした指導を提供しており、いくつかの中長期的な計画においては政府の改選によりもたらされる影響を克服し、地方発展政策の安定に役立っている。

　しかし、過密な政策文書は、中央と地方の機能の限界をある程度曖昧にしてしまう弊害もある。中央政府は全国のレベルに立って、省を跨ぐ地域問題に重点的に関心を持って、各省の分業と協力を調整すべきであるが、上述の 98 項政策計画の中では、省の内部に対する計画が半分以上を占めており、これらの政策計画は中央政府が多くの労力を費やして地方政府の職務を代行した。

　上述の現象が起こる原因としては、区域政策の制定過程において科学性と規範性が不足しており、また政策の必要性を判断する客観的な評価基準が欠けていたということである。一部の地域問題の影響範囲が基本的に省の内部に限られているが、国家戦略の光の輪は地方を引きつけ、自分の利益を獲得するために、地域のイメージアップを宣伝することに精を出し、中央の関連部門に対するロビーを強化し、ある程度の面で中央政府が関心を持つ地域と領域が過度に細かくなり、中央管理区域問題の注意力を分散させた。

　3、地域政策の権威性の不足と実施手段が行政手段に過度に依存する

　区域政策の制定と実施の過程において、統一的、権威的な区域調整のメカニズムが不足しているため、区域政策の権威が影響を受ける。また、政策実施の過程において、経済手段、法律手段の作用が限られているため、行政色を持つ対口支援などの手段がしばしば用いられる。

　地域の発展は経済発展、社会の民生、生態建設など多くの分野に及んでおり、地域の調和発展を推進するには中央と地方の多くの部門の共同参画と協力が必要であるが、現在は地域管理の機能が分散しており、中央レベルで統一された地域協調メカニズムが形成されておらず、地域政策の制定と実施が

1　数年の国務院と発展改革委員会などの部門の発布した計画文書統計により算出。

困難になっている。政策の制定から見ると、ある部門が主導して制定した地域政策は実質的に国家意志の体現であり、中央政府の政策手配に属しているが、時々ある部門や社会からある部門自身のこと、内部のことだと誤解され、政策の権威性を大幅に低下させ、政策の実施効果に影響を与えた。政策の実施から見ると、全国統一の協調メカニズムがないため、部門間で政策に対する重視度が違っている。当部門の固有の利益と衝突した場合、政策の実行力は保証しにくいである。

　また、対口（一対一）支援は地域発展において重要な行政規制手段であり、民族地区、未発達地区の発展と復興の加速に大きな役割を果たした。しかし、時代とともに、対口支援では新たな課題に直面している。まず、厳格な制度の制約が不足している。支援側は大量の人力、物力、財力を動員する必要があり、支援期間は長い、支援側の協力が必要である。巨額の資金の調達、保管、使用及び監督に関わるのは、厳格なシステム的な工程であるが、特別な法律法規がなくて、それを制約している。「対口支援管理条例」などの法律文書を制定する必要がある。次に、支援の目標と基準が欠けている。この問題は災害支援の建設において顕著であり、時には建設基準が高すぎる場合があり、他の地域に不公平をもたらしかねない。

　４、地区管理の法律システムを完備する必要がある

　地域管理行為はほとんどが政府により実施され、その影響は長く大きいもので、その他の政府の行為と同様に地域管理も規範と制限を受けるべきであるのだが、中国ではいまだに地域管理に関する法律や法規は発布されていない。すでに大量の地域発展戦略や計画、政策が出されているのだが、大部分の計画文書は国務院により提出し、実施され、またいくつかは部や委員会が提出あるいは制定を行い、必要な法律の論拠が不足していてその法律の効力についても、疑いの目は避けられない。

　法律による依拠がないために、「どんな地域問題の管理が国家レベルにまで上げられるか？」や「地域問題の解決において、政策はどの程度までいくと手を引くべきなのか」、また「地域管理において政府の行為の限界はどこまでなのか」等といった問題に答えることができない。もしこれらの基本的な問題が解決できないのならば、地域政策の権威性と規範性も大打撃を受ける

であろう。

二、「十三五」時期の地域間の調和のとれた発展の全体的な枠組み

　中国共産党の第18期全国代表大会以来、新中央指導部は地域協調発展に対して多くの新理念と新構想を提出した。対外開放の面で、中央はシルクロード経済ベルト、21世紀海上シルクロードの構築を提唱した。国内の地域構造調整において、政策ユニットを縮小し、政策の精確性を高め、重点的に地域を越え、次の地域の成長極を育成することが求められている。また、中国共産党第18期中央委員会3中全会では、主体機能区域の戦略を制度のレベルにまで引き上げ、生態保護を強化し、国土開発秩序を規範化するという中央の断固とした態度を示した。

　中国経済社会の発展と地域の協調発展に関する中央の新しい構想と新しい要求に基づいて、地域の協調発展に存在する主要な問題を解決するため、「十三五」の時期に地域協調発展体系を革新すべきで、それは区域構造を再構築し、政策体系を最適化し、管理構造を完備し、法律の基礎をしっかり固めた4つの部分から構成されている。

　（一）「2地区、3ベルト、若干の点」の内訳
　ここでは、我々は「2地区、3ベルト、若干の点」の地域構造の構築を提唱しているが、面、線、そして点の空間構造システムを作ることで、地域協力発展を推進する空間組織としてのものである。
　「2地区」とは全国を「西部政策援助地区」と「東中部地区」に分けるものである。「西部政策援助地区」は西部12の省区市のほかに、全国の集中貧困地区のうち、武陵山地区、大興安嶺南麓地区、燕山——太行山地区、呂梁山地区、大別山地区、羅霄山地区を含んでおり、中東部に位置するのだが、西部地区と発展する上での共通した問題が存在するために、西部政策援助地区の政策の恩恵を受けられるのだ。その他の19の省区市が、「東中部地区」を構成している。
　「3ベルト」は、交通幹線と大きな川によるもので、東部に倣って西部も

開発するための 3 本の経済ベルトをつくり、それぞれ北から南へ順に陸橋経済ベルト、長江経済ベルトと、珠江——西江経済ベルトで、全国の東西方向の経済連携を強化し、東・中・西の要素の流れを推進し、東西地区の発展格差を縮めることをねらいとしている。

「若干の点」は全国の範囲における経済発展に対する明らかな手本となる地区や、その作用を保障してくれる地域を指しており、主に 5 種類のタイプがある。1 つは新しく手本となるタイプで、主に国家が示す改革模範地区などである。2 つ目は経済発達タイプであり、経済発展の条件が総合的に割とよい中心都市およびその周辺地域である。3 つ目は、転換発展タイプであり、主に資源型枯渇型都市など、産業転換がその活力となっている地区である。4 つ目は、開放模範タイプであり、主に開放都市に沿った地域である。そして 5 つ目は機能特価タイプであり、食料生産地区や生体機能地区など、全国の経済社会発展に食料や生態保障を提供する地域である。

（二）「2 地区」の区分

1 、なぜ「4 大プレート」を「2 大地域」にするのか

「十一五」の時期に中国が提唱した地域発展の全体構造は、各地の発展の場所、方向、そして重点を明確にするというてんでは前向きな指導意義があったのだが、十年間の発展の後、地域発展の全体構造を再び認識する必要が出てきたのだ。

東北地区の主な任務は古い工業基地を振興させることで、2003 年に中国が東北振興戦略を打ち出して以来、東北地区はすでに急速な発展を実現させた。2004 年から 2013 年の間において、東北 3 省の地区生産総額は、年平均で 13.8 ％上昇し、全国より 2.5 ポイント高く、固定資産投資の総額も年平均で 27.4 ％上昇して、全国より 4.2 ポイント高く、十数年の東北を振興させる戦略は、すでに良い効果をもたらした。しかし同時に、知っておくべきことは、古い工業基地は産業発展段階で形成された不況地区であり、このような地区は決して東北地区に限ったものではない。全国 120 もの古くからの工業都市の中で、東北地区にはわずか 28 しか含まれていない。資源枯

1　東北 3 省と蒙東 5 盟市を含め、下同。

渇型都市も同様に古くからの工業基地の範疇に属するが、全国 69 の資源枯渇型都市の中で、29 しか東北地区にはない。

　ここから分かる通り、中国全国のほかの地区にも大量の古くからの工業基地が分布しており、東北地区が直面する問題と共通の問題を抱えている。このため、古くからの工業地区問題は全国ではある程度代表的なものであり、東北地区に限るべきでなく、とある問題地区ではなく、1 つの特定項目としてみなすべきである。事実として、古くからの工業基地を振興させる事業はすでに中国全国へ向けて展開しており、このように中央が当該問題に対して全体から十分に考慮できるようにすることで、全国の範囲において具体的な指導措置が出せ、正しい政策や資金などの資源の配分が可能となり、よりよくこの工業基地問題を解決することができる。国内の関連機構の名称について、すでに「東北司」を「振興司」と改めていて、これもある側面からは事業の重点が地域的なものではなく、特定の項目としていることを示している。

　中部地区は中国の主要な農業生産地区であり、山西省を除く 5 つの省は中国食糧主要産地とされていて、中部の主な特徴は農業の比率が大きく、農村人口も多く、2013 年の中部 6 省の第 1 生産増加額は全国総量の 20.2％を占めていて、農村人口は全国の 27.7％をも占めていた[1]。このために、中部地区発展の重点は当然「三農」問題を解決することであるのだが、「三農」[2]問題は全国的な問題で、社会全体が安定しているかどうか、そして中国の現代化事業の成果に関係しており[3]、中部地区に頼り切り、また短期間で穏当に解決することは難しいのである。「三農」問題の重要と全局性という点からみて、1 つの特定事項の問題としてみなし、国家レベルで制度を考えて政策をつくる必要があり、それを単なる地域問題とみなして解決するのでは効果が今 1 つであり、このことは近年の実践によっても大方証明されている。

　東北や中部地区の状況とは異なり、西部地区は本当の意味での後れた地域であり、その地域は自然条件が劣悪で、生態環境も脆弱であり、自然災害も多く、中には人類の居住に適していなければ、農業生産も展開しづらい地

1　中国国家統計局のデータにより算出。

2　張杏梅「中部崛起中的〈三農〉問題研究」[J]、『経済地理』、2008（1）、128-130 ページ。

3　呉敬璉「農村剰余労働力転移与〈三農〉問題」[J]、『宏観経済研究』、2002（6）、6-9 ページ。

域も存在する。西部地区の非耕地資源は土地面積の 90％以上を占めており、砂漠面積と砂漠化した土地の面積は 140 万平方キロメートルにも及び、内モンゴル自治区と陝西省の面積の和に相当するほどであって、14 の集中特別貧困地区のうち 8 つが西部地区に属し、592 もの国家級の貧困県のうち63％はこの西部地区に位置している。

　西部地区は、発展していく中で、膨大なポテンシャルの欠落に直面しており、自身の力量のみではとても解決できず、中央政府とその他の地区の大規模な援助が必要である。もう 1 つ、国際経験の観点から見て、この種の地区の開発にはかなり長めの周期が必要である。イタリアの南部地区の援助も、アメリカのテネシー川流域の開発も、日本の北海道地区の援助もその過程はすべて 50 年近く続いている。西部地区の開発は中国の地域協力発展の重点でありまた難点でもあって、とても困難で長期的なものである。基本的な公共サービスの均等化、資源環境の保護、基礎施設の建設、産業システムの最適化などの方面で大きな力と長い周期での投資が必要であり、ほかの地区と区別して扱っていき、西部などの遅れた地域を単独で 1 つの地区として区分して、長期的に、そして重点的に援助していくべきである。

　2、「2 地区」の基本状況
　中国の西部政策援助地区には主に内モンゴル自治区、広西チワン族自治区、重慶市、四川省、貴州省、雲南省、チベット自治区、陝西省、甘粛省、青海省、遼寧省など新 12 省区市が含まれている。
　中国の西部地域は広く、面積は中国全国総面積の 71.5％であり、人口密度も比較的低い。常住人口はわずか 27.0％に過ぎず、人口密度もわずか53.3 人 / 万平方キロメートルであり、全国平均の半分にも満たない。2013

1　曹克海、王海霞、郎雪紅「生態建設—西部大開発可持続発展的戦略選択」[J]、『環境論壇』、2000（12）、1-3 ページ。
2　孟全省「西部農村貧困形成機理及治理対策研究」[J]、『干旱地区農業研究』、2007（1）、53-57ページ。
3　林泉貞、姚華軍「試論意大利南部開発経験対我国西部大開発的啓示」[J]、『中国地質』、2000（7）、15-17 ページ。
4　張広翠、景躍軍「美国、日本欠発達地区開発的経験対我国西部開発啓示」[J]、『東北亜論壇』、2003（4）、31-34 ページ。

年の地区生産総額は全国の20.0％を占めており、1人当たりのGDPは5569.2ドルに達し、アルジェリアのレベルにまで接近している。全体としての発展は比較的遅れているのだが、近年の経済成長は急速であり、2013年の経済成長率は10.7％に達し、東中部地区より1.5ポイント高かった。

　中国の東中部地区はほかの19の省区市により構成されており、面積は中国全国の28.5％を占め、人口は中国全国の73.0％を占めている。2013年の地区生産総額は中国全国の80.0％を占めており、1人当たりGDPは8251.9ドルであり、ほとんどコロンビアのレベルに相当するほどである。東中部地区の対外開放のレベルは比較的高く、対外貿易額の比率も93.3％をも占め、並びに中国の3大成長区域に集中しており、中国経済に対してエンジン作用を発揮している。

　中国の西向き開放戦略は東西の相互交流を促進するチャンスである。「一帯一路（シルクロード経済ベルトと21世紀海上シルクロード）」戦略構想が提出されたことを受けて、中国が、西向き、西南向きの開放の力を大きくしていっており、中国の新型開放構造における西部地域の門戸とハブの役割も次第に明らかになってきた。未来に、「一帯一路」戦略の推進の下、西に開放の重要性は段階的に引き上げ、国内経済の要素が西に傾いて、東中西を結ぶ交通インフラがさらに整備され、東中部地域と西部地域の経済交流が一層緊密になり、西部地域の発展を促進するために積極的な役割を果たす。

表7-1　　　2013年西部地区と東中部地区の主要データ比較

指標＼地域	全国	西部地区	東中部地区
面積（万平方キロメートル）	960.1	686.7	273.4
人口（億）	13.55	3.66	9.89
人口密度（人／平方キロメートル）	141.1	53.3	361.7
地域総生産（億元）	630009.4*	126002.8	504006.6
人均GDP（米ドル）	6766.7	5569.2	8251.9
発展速度（％）	7.7	10.7	9.2

出典：中国統計年鑑、国家統計局のデータ整理計算による。

＊：各省区市の地域総生産により合計される。

（三）東中西の「3大経済ベルト」をつなぐ

1、なぜ「3大経済ベルト」を作るのか

　中国の南北間における経済連携は比較的緊密であり、多くの交通幹線を通して、南北の生産要素の自由な流動を十分に実現できていて、これにより双方には大きな構造的な差異が存在している。また、東中西では、割と大きな発展格差が出現しており、先天的な自然条件によって西部と東部沿海の相互交流が減らされ、要素の流動は資源と労働力の東に向かう流れが主となり、また産業、技術、資金、人材の双方向の流動は比較的滞っていて、西部地区の発展を邪魔している。

　東西の連携と連絡が滞っているという問題からみて、将来は西部と東部地区との経済連携をさらに強化して、生産要素の双方向の流動を促進していく必要があり、こうすることでとある面で西部地区により多くの投資と技術を十分にもたらすことができ、またとある面では「一帯一路」戦略の背景に合わせて、東部から西部への産業転移という望みを実現でき、西部地区の発展を推し進め、東中西の発展格差を縮める作用も生まれるだろう。このために、新時代に東西方向の戦略通路をつくりあげ、東中西の相互交流を促進することは十分に必要となるだろう。

　中国が現在有している空間構造からみて、東中西の通路をつなぐのは交通線を主とし、陸路交通線には主に隴海——蘭海鉄路、連霍高速、鄭西高鉄、沪漢蓉高鉄、沪蓉高速、貴広高鉄、南広高鉄などが含まれる。水路の交通線には主に長江水道、珠江——西江水道、黄河水道などが含まれている。これらの交通線路は東中西部の重要な経済地区をつなぎ合わせ、要素流動の促進と、経済連携の強化への重要な通路であって、空間の面から陸橋経済ベルト、長江経済ベルト、珠江西江経済ベルトの中に分けられる。

　これら3つの通路は北中南3線から西部内陸と東部沿海までをつなぎ、中国西部の大部分の地区を網羅しており、長江デルタ、珠江デルタなどの経済発達地区および湖北、河南などの中部経済枢軸をつなぎ、東中西の連携をさらに十分に緊密でき、東部地区の優勢伝導システムをさらに潤滑にするのだ。これにより、特に陸橋経済ベルト、長江経済ベルト、珠江——西江経済ベルトは東中西をつなぐ戦略通路となるのである。

2、3大経済ベルトの基本状況

——陸橋経済ベルト

陸橋経済ベルトは第二のアジア・ヨーロッパ大陸橋を軸にして、東は雲南省や香港から始まり、西はアラー山のふもとにまで至り、隴海——蘭海鉄路、連霍高速、鄭西高鉄、蘭新高鉄（建設中）などの交通線を主に含んでおり、江蘇省、安徽省、河南省、陝西省、甘粛省、青海省、新疆ウイグル自治区の7つの省区を覆っており、全長は4300キロメートルで我が国の東部沿海と北西内陸をつなぐ重要な通路であって、沿線には鄭州、西安、蘭州、ウルムチなどの区域中心都市がある。東中西部をつなげることのほかには、この経済ベルトは同時に西向きの開放という属性も表しており、空間の面から見てシルクロード経済ベルトの中国部分の方向と基本的に一致しており、中国における西アジア、そしてヨーロッパに向けた戦略通路となっていて、現在重慶、成都、西安、鄭州、武漢はすべてすでにこの線路によるヨーロッパに向けた貨物輸送路線が開通している。交通機能以外では、陸橋経済ベルトはやはり中国のエネルギー供給の陸上の通路であり、中央アジアの石油パイプライン、西部の天然ガスを東部へ運ぶなどのエネルギーパイプラインも経済ベルトの沿線で舗設されている。

——長江経済ベルト

長江経済ベルトは中国の「T」字型の国土開発構造の1級経済ベルトを構成していて、上海市、江蘇省、浙江省、安徽省、湖北省、湖南省、四川省、雲南省、貴州省などの9省2市を通過しており、面積は約205万平方キロメートルで、人口と生産総額はともに全国の40％を超えている。経済ベルトは長江デルタ地区、長江中流都市群、成渝経済区、滇中都市群、黔中都市群等重要な地域成長極をつないでおり、周辺地区、さらには全国へ十分に影響を持っている。長江経済ベルトは中国の水路運輸で重要な地位を有しており、8年連続で世界の内陸河川での貨物輸送量は最大となっていて、2013年には長江幹線貨物輸送量は19.2億トンにまで達し、中国全国の内陸河川輸送の60％を占めていて[1]、中国の東西部地区の要素流動、物資の運輸の重

---

1 「2013年交通運輸行業発展統計公報」をもとに算出。

要な手段となっている。陸大道（2014）は長江経済ベルトに巨大な発展のポテンシャルがあると思い、南京以下の長江下流の輸送発展と経済発展のポテンシャルが2つの海岸帯に相当すると考えた。

——珠江——西江経済ベルト

珠江——西江経済ベルトは珠江の水系を軸としていて、横に広東省、広西チワン族自治区、雲南省、貴州省をつなぎ、南は香港とマカオに通じていて、中国の華南と西南地区をつなぐ重要な通路であり、珠江デルタと桂滇黔地区の経済連携を十分に強化し、珠江デルタ産業の西向きの転移を推進して、珠江デルタ全体での協力の1つの重要なルートとなりうる。珠江水系は中国2番目の大きな流域であり、2013年の貨物輸送量は6.2億トンにまで達し、中国の内陸河川輸送量の19.1％を占めていて、西南地区の物流の大通路である。この経済ベルトは、中国における対外開放構造の中でも同様に重要な戦略地位を持っており、珠江デルタ地区から桂滇黔地区までの海上のシルクロードであり、中国——東南アジア諸国連合地域と大メコン川地域における協力と融合の場でもあって、該当区域の中で1つの経済ベルトを形成し珠江デルタ、広西北部湾、雲南橋頭砦の開発開放資源を合わせて、そして中国の東南アジア、南アジア国家に向けた統一開放戦線を形成するのである。

（四）「若干の点」のサポートを重視する

1、なぜ「若干の点」のサポートを強化するのですか

「2地区」や「3大経済ベルト」の空間構成が強調するものは面、線の配置と方向であって、「若干の点」により発展戦略の操作と実施を担当させ、面と線の戦略計画を実際に実現することが必要である。地域の職業責任の違いにより、ここで5種類の「若干の点」を提唱するが、主に革新モデル、経済成長、モデルチェンジ発展、開放的推進、特定項目機能などが含まれている。

革新模範区は国家経済社会の改革の重責を引き受け、中国共産党18期3中全会の改革精神を貫徹し、専門的な先行試験区を設立することによって、一定の地理範囲内で体制構造の方面の探求と革新を行い、全国で全面的な改革を実行するために経験を積むことができる。上海自由貿易区のマイナスリ

スト制度は外資管理に対して大胆な革新を行い、現有の政策ボトルネックを突破し、全国の対外開放に制度性の革新経験を提供し、顕著な模範効果を持ち、この分野の改革プロセスを推進した。将来はこのような地区に対して特別な指導を行い、更に大きな政策空間を与え、体制の革新に対する積極性を更に高める必要がある。

地域成長極は地域経済発展の重要なエンジンであり、生産要素を集積し、周辺地域の発展を促進できる。重慶と成都は西南地区の重要な成長極であり、電子情報産業を主とする産業クラスターを形成し、産業モデルチェンジとアップグレードの注目点となり、拡散効果を通じて地域関連産業の発展を促進した。そのため、より多くの区域性成長極を育成し、ネットワーク状の空間構造と多層的な都市体系を形成し、各地域の経済的な連絡をよりスムーズにさせ、成長極が立ち後れた地域に対する放射の促進作用を強める必要がある。

モデルチェンジ地区は主に資源枯渇型都市を指し、これらの地区の資源は厳重に枯渇し、鉱区の生態環境は厳重に破壊され、接続産業の発展は良くなく、従業員の失業状況は厳重であり、大量のバラック地区は改造が必要である。「全国資源型都市持続可能発展計画（2013 〜 2022 年）」の位置づけによると、中国には合わせて 262 の資源型都市があり、その中で衰退してしまった都市は 67 市で、産業発展が直面している困難以外に、これらの地区はさらに 240 万人以上の就業の安定と生活保障問題に直面していて、もしこれらの問題が妥当な解決を得られなかったならば、将来、地区の社会安定と持続可能な発展に影響を与えるだろう。これにより、それを単独の一種の地区とみなして、それに合った方法をもって産業発展と社会民生などの問題を解決する必要がある。

国境沿いの開放都市は主に少数民族地区に集中していて、対外開放の拡大によりこれらの地区の経済発展を推進することができ、また国境地帯の経済発展と、住民の収入の増加、そして国境地帯の安定といって作用がある。同時に、シルクロード経済ベルトの建設にそって、国境沿いの都市もより多くの発展空間が得られ、交通基礎インフラの建設や、国境地帯の経済協力区の設立、人民元のクロスボーダー決済の展開などを含む、この種類の地区発展

の指導を強化し、その発展のレベルを上げることで、新時代の国境地域の開
放の要求を満足でき、辺境地区の発展をよりよい方向に導くことができる。

　特定の機能性地区は主に食糧生産地区と生態機能地区を含んでいて、この
2 種類の地区は中国の食糧安全と生態安全を保障するために重要な効果を発
揮する。食糧などの農産品は準公共物品に該当し、食物生産は弱質産業に該
当するので、業種利益も割と低く、産出量は大きい県もたくさん経済発展の
困難に直面していて、食物生産の積極性は高くない。生態機能地区は社会の
ために生態環境というこの公共物品を提供してくれるのだが、機能の不完全
さを補わなければならず、それ相応の経済補填はいまだに得られず、地区発
展は相対的に滞っている。このために、よりよく全国の食糧安全と生態安全
を守るために、それらを重点地域と考えて、これらの地域の利益補填機能を
最適化して、支援と投資をより拡大する必要がある。

　3、若干の点の基本状況

　——革新模範地区

　2005 年に中国の浦東新区に全国総合改革試験区を設立して以来、近年中
国は先行実施を特徴としたとある革新模範地域を提唱した。12 の総合改革
試験区と、5 の金融総合改革試験区及び 1 つの自由貿易区を含んでおり、都
市と町の統一計画や資源環境、新型工業化、資源型経済転換、現代農業、大陸・
台湾地区の両岸交流、経済貿易投資などの多領域に影響を持っていて、これ
らの総合改革試験区は関連領域に対して先行での探索を実施し、改革と発展
の新方式を示して、全国その他の地区の関連領域の改革のために経験を積ん
でいるのである。

　——地域成長極

　我々は中国全国で若干の都市を所在区域の成長極として選択し、その地区
に対する促進作用に基づいて、主に直轄市、副省級都市、国家級新区と西部
省都都市などを含んでいる。

　これらの都市は主に「3 大経済ベルト」の中に分布していて、全体的な地

1　魏後凱、王業強「中央支持農産品主産区発展的理論基礎与政策導向」[J]、『経済学動態』、2012
（11）、49-55 ページ。
2　各種類の都市リストの表 1-5 を参照。

133

域構造を融合することができ、東中西の双方連携の手助けにもなる。西部の省都都市を選択したのは、西部発展の推進が未来の重大な任務となることまでを考慮したからであり、省都都市は基本的に地域の中心都市であるから、西部省都都市への援助を増やすことで、その経済による効果も増え、周辺地域の発展も誘発できるのである。

　——モデルチェンジ地区

　モデルチェンジ地区は主に資源が枯渇の危機に瀕しており、成長のモデルチェンジを必要としている都市を指している。中国に全部で 67 の衰退都市があり、資源型都市の 4 分の 1 を占めている。これらの地区の成長モデルチェンジは、その他の地区の発展に対してとてもよく参考となる意義を持っている。これらの地区に対しては、重点的な援助をするべきであり、産業の角度から見て、産業チェーンを伸ばす必要があり、つなげて、そして代わりになる産業を見つけなければならない。社会の角度から見ると、中央財政の投資を拡大して、現状の民生保障、バラック街の改造、被害のある鉱山の修復などの問題を解決する必要がある。体制の角度から見ても、資源利益の分配制度の改革を探し求めて、根本的に問題を解決する必要がある。

　——国境地帯開放都市

　中国には合わせて 14 の国境開発都市があり、7 つが国境沿いの省区に分布していて、東北、新疆、雲南、そして広西などに集中しており、12 か国と国境地帯での貿易を展開していて、さらに国境地帯経済協力区も設立し、主に中央アジアや東南アジア、ロシアなどの国家や地域に向けたものである。これらの都市は北西、南西そして東北の 3 方向から中国の陸路開放の窓口を開こうというもので、「一帯一路」諸国、中国－東南アジア諸国連合自由貿易区、そして東北アジア地域協力の構造により契約されたものである。中国の内陸開放戦略が進んでいくことで、将来専門的な管理機構が必要となり、政策の安定性と連続性が必要となる。国内地域との連携を強化することで、単一の国境貿易から地域協力へと変換できるのだ。同時に国境地区の模範作

1　張麗君、陶田田、鄭穎超「中国沿辺開放政策実施効果評価及思考」[J]、『民族研究』、2011（2）、10-20、107 ページ。

用を強化するために、要素の流通から要素の集中へと変換する必要があり、隣国が設立した国際経済協力区とともに、利益のある産業政策を作り出し、一定の産業規模を形成し、国境地帯の振興と住民の富裕化をもう一歩促進しなければならない。

　——特別機能地区

　食料主産区とは主に黒竜江省、吉林省、遼寧省、河北省、山東省、河南省、江蘇省、安徽省、江西省、湖北省、湖南省、四川省、内モンゴル自治区などの 13 の省区を含んでいる。発展の遅れと食物生産の積極性の低下の問題に対しては、今後の政策では重点的に補助を拡大し、食物生産補助の制度を最適化して、食物生産者に対する直接の手当てを増加し、食物の主な販売値の主産地に対する利益補助を追求し、そして中国の食糧安全を保障しなければならない。生態機能地区では主に一部の開発制限地区と開発禁止地区を指していて、総面積は約 506 万平方キロメートルあり、中国陸地面積の約 52.7％を占めており、これらの地区は主に水源の貯蓄、水土の保持、防風の砂、生物多様性の保持、自然文化資源と希少動植物の遺伝子の保護等といった機能を担当していて[1]、今後の政策では重点的にこれら地区の南北方向の転移への補助を拡大し、同時に東西方向での利益補償制度も作り上げなければならない。

三、「十三五」期の地域政策と地域管理の革新

　前文の地域発展パターンに対する分析を結び付けて、「十三五」時期の地域政策は同様に重点を置く必要があり、対象的に関連政策を制定している。ここの重点区域は主に西部などの後れた地域、食糧主産地と生態機能区を指している。

（一）西部などの後れた地区に対する扶助力を強める

　交通条件が悪いというのは西部地区が解決を待ち望むまず一番の問題であり、整備された交通インフラは西部地区発展の重要な前提となるものであっ

1　「全国主体功能区規画」の内容をもとに整理。

て、学界ではすでに交通インフラへの投資による西部経済成長へのプラスの作用について論証・推計までされている。しかし、西部地区の財政実力には限界があり、資金は基本的なインフラを建設する上でのネックとなる部分であって、中央政府は特別資金の投資を拡大し、同時に社会資本の参与を引きこむ必要があり、類似した鉄道産業投資基金の投資の土台を作り上げ、西部基礎インフラ専用の債券を発行して、幅広く建設資金を募集する必要がある。

　西部と中東部の経済発展全体での格差は短期間であっても等しくすることは難しく、基本的な公共サービスの均等化を、地域発展格差を縮める重点とすることができる[1]。これには中央政府が再度分配する上での西部の遅れた地域に対する注力のさらなる拡大が必要で、一般的に地域格差を等しくすることでその援助へとつながり、地方の特別事項に対する資金を、減らし、またはなくすことができて、同時に税収入の返還に関しても地域発展の格差を拡大する影響があるために[2]、現存する税収入の返還方法を調整する必要がある。このほかにも、「財政転移支付法」の実施を早め[3]、制度の上での西部衰退地区への長期的な効果のある援助システムを作り上げ、基本的な公共サービスの均等化を実現するためにも、資金保障を提供しなければならない。

　（二）食糧の主要生産区に対する補償力を強める

　経済学者の研究により、食料主産区の１人当たりのGDPと農民１人当たりの純収入は食糧の主な消費地区におけるそれを下回っており、その上この格差は絶えず拡大していっている[4]。これを踏まえ、食糧主産地の利益補償メカニズムをさらに充実させ、食糧主産地の財政圧力を緩和する必要があり、中央の食糧リスク基金の比率を引き上げることが考えられる。つまり、食糧主産区補償基金を設立して、食糧の主な消費地区から食糧を食べた量に応じて基金が補償され、食糧主産区の利益損失が補われるようにするべきなので

1　遅福林「加快推進基本公共服務均等化」[J]、『経済研究参考』、2008（3）、19-25ページ。

2　徐博「関于分税制下税収返還問題的思考」[J]、『財政研究』、2010（4）、69-71ページ。

3　張道慶「論中央与地方財政転移支付関係的法律調控」[J]、『現代法学』、2007（11）、56-68ページ。

4　魏後凱、王業強「中央支持農産品主産区発展的理論基礎与政策導向」[J]、『経済学動態』、2012（11）、49-55ページ。

ある。食糧補助金の面では、「普恵式」の農業補助金はすでに農民の食糧栽培を激励するのが難しくなり、農村地域の土地の荒廃、「双改単」、「糧改経」、「請負者が補助金を得て、食糧農家がリスクを負う」の問題が目立っている。今後は「作った人をきちんと補償し、また作った分だけ補償する」の原則に則って、耕地の食糧生産の名人、農村合作社への転換を奨励し、食糧生産の専門化経営レベルを上げていかなければならない。

（三）生態機能区への補償を強化する

　中国の重点的な生態機能地区に対して、現存する南北方向の転移援助は中央政府の財力の限界と、地方が生態機能地区を建設する積極性を結集できないなどといった問題に直面しており[1][2]、また外部性の部分を持った公共製品コスト利益の対称性も体現できていない[3]。横断的な生態補償を展開することは双方の獲得した情報を更に十分にさせ、資金の指向性を更に明確にさせ、更に資源の使用における効率を高めることができる。しかし、現在、中国の横方向生態補償制度はまだ完備ではなく、まだ模索段階にあり、特に補償基準や交渉方式などの面で問題がある。「十三五」の時期は「縦方向を主とし、横方向を補助とする」移転支払いシステムを徐々に構築し、中央財政が全国的な生態製品を担当し、地域性の生態製品は受益地域が担当し、中央政府は地方政府間の交渉過程において監督と協調の役割を果たすべきである。移転の支給金額を計算する時、ただ地区の標準的な財政収支の差額を考慮するのではなく、生態環境の要素を主要な測量指標とするべきである。同時に支払い方式を革新し、北京が南水北調プロジェクト「中央ルート」の重要な水源地・南陽に中関村産業園区を建設した経験を参考し、資金援助、飛地（他の区域内に離れて存在するが、行政上は主地域に属する土地）経済などの様々なルートを通じて生態機能区に対して補償を実施するべきである。

1　鍾大能「推進国家重点生態功能区建設的財政転移支付制度困境研究」[J]、『西南民族大学学報』（人文社会科学版）、2014（4）、122-126 ページ。

2　張宏艶、載鑫鑫「我国主体功能区生態補償的横向転移支付制度探析」[J]、『生態経済』（学術版）、.2011（2）、154-157 ページ。

3　楊暁萌「中国生態補償与横向転移支付制度的建立」[J]、『財政研究』、2013（2）、19-23 ページ。

（四）地域間の調和のとれた発展の管理構造を完備する

　中国の地域間の調和のとれた発展の管理機能は比較的分散しており、各部門は一定の管理権限を持っているが、統一的で権威のある協調機構が欠けており、「十三五」時期に管理機構を完備すべきである。フランスの「国土計画と地域行動委員会」の経験を参考にして、地域発展の管理機能を中央政府に集中させ、「全国地域協力発展委員会」を設立して、地域政策が順調に実施されることを保証するべきである。

　区域政策の制定過程において、現在の中央政府は大きな主導的地位を持っており、関連区域が意思決定に参与するメカニズムは完備していない。中国はEU委員会傘下の地域委員会が加盟国の利益要求を聞く方法を参考にして、各省区市政府の代表からなる「地域議事委員会」の設立を試み、「全国地域協力発展委員会」は政策を制定する過程で「地域議事委員会」の意見を聞く。

　このようにして2つの委員会が十分にその作用を発揮したとき、部門間での地域管理機構が統一できるし、また中央と地方の間の利益関係も調整できて、地域政策制定における科学性と規範性を上げることができ、地域政策の実施の権威性を保証することができる。

（五）地域協力発展の法律基盤を固める

　完備した法律システムは地域間の調和のとれた発展に不可欠であり、EU（欧州連合）、イギリス、日本、ドイツ、フランスと米国はかつて関連法律文書を発表し、地域発展戦略を実行した。海外の健全な地区発展法律体系に比べ、中国は地域間の調和のとれた発展を指導する基本的な法律さえ出ておらず、多くの地区の発展とガバナンスは依拠できず、これは地域間の調和のとれた発展の長期的なメカニズムを形成するのに不利である。このために、「十三五」の時期において、中国はEUと米国の経験を手本にして、地域協

1　王雅梅「欧盟区域政策研究」[D]、成都・四川大学、2005年。

2　張広翠「欧盟区域政策研究」[D]、長春、吉林大学、2006。

3　周葉中、張彪「促進区域協調発展機制的系統論分析」[J]、『湖北社会科学』、2012 (5))、142-147ページ。

力発展の法律基礎を整備し、全国レベルで「地域協力発展管理条例」と「地域計画管理法」¹などの法律文書を公布し、特殊な地域に対しては、地域レベルの法律条文を発布して、全国と地方とを、法律システムの中で結び付け、地域協力発展の推進を保障しなければならない。

参考文献

①曹克海、王海霞、郎雪紅、生態建設―西部大開発可持続発展的戦略選択 [J]、環境論壇、2000（12）、1-3 ページ。

②陳耀、新時代我国区域協調発展的着力点 [J]、中国国情国力、2013（2）、12-14 ページ。

③陳耀、深化我国区域経済重大問題研究 [J]、区域経済評論、2013（1）、24-28 ページ。

④遅福林、加快推進基本公共服務均等化 [J]、経済研究参考、2008（3）、19-25 ページ。

⑤杜鷹、全面看待区域経済発展努力延続協調発展勢頭 [J]、中国経貿刊、2014（2）、4-8 ページ。

⑥范恒山、区域協調発展五大改革突破 [DB/OL]、瞭望観察網、2014、03-31 ページ。

⑦范恒山、促進区域協調発展：基本方向与重点任務 [J]、経済研究参考、2014（13）、62-68 ページ。

⑧范恒山、乗勢而為 続写区域協調発展新篇章 [N]、中国能源報、2011-01-03。

⑨范恒山、区域協調発展：面臨敵挑戦和応対的思路 [N]、人民日報、2014-04-01。

⑩范恒山、我国促進区域協調発展的基本経験 [N]、人民日報、2014-04-01。

⑪范恒山、我国促進区域協調発展的理論与実践 [J]、経済社会体制比較、2011（6）、1-9 ページ。

⑫官永彬、我国区際基本公共服務差距評価指標体系構建及基実証分析 [J]、経済体制改革、2011（5）、13-17 ページ。

⑬国家発展改革委地区司、深入実施区域発展総体戦略 積極推動区域協調発展 [J]、中国経貿導刊、2014（2）、9-11 ページ。

⑭胡少維、促進区域協調発展的若干思考 [J]、開放導報、2013（10）、40-43 ページ。

⑮黄艶芳、対口支援運行機制探析 [J]、経済視角、2011（6）、180-181 ページ。

⑯林泉貞、華軍、試論意大利南部開発経験対我国西部大開発的啓示 [J]、中国地質、2000（7）、15-17 ページ。

⑰劉華軍、張権、楊賽、楊宝利、中国基本公共服務的空間非均衡及其与地区経済差距的関係 [J]. 経済管理研究、2014(2):53-59 ページ。

⑱劉生竜、胡鞍鋼、交通基礎設施与経済増長：中国区域差距的視角 [J]、国工業経済,2010(4):14-23 ページ。

⑲劉志彪、我国区域経済協調発展的基本路経与長効機制 [J]、中国地質大学学報（社会科学版）、2013（1）、4-10 ページ。

⑳陸大道．建設経済帯是経済発展布局的最佳選択――長江経済帯経済発展的巨大潜力 [J]. 地理科学,2014(7):769-772 ページ。

---

1 国家発展改革委地区司「深入実施区域発展総体戦略積極推動区域協調発展」[J]、『中国経貿導刊』、2014（2）、9-11 ページ。

㉑孟全省 . 西部農村貧困形成機理及治理対策研究 [J]. 干旱地区農業研究 ,2007(1):53-57 ページ。

㉒覃成林 . 区域協調発展機制体系研究 [J]. 経済学家 ,2011(4):63-70 ページ。

㉓覃成林 , 姜文仙 . 区域協調発展：内涵、動因与機制体系 [J]. 開発研究 ,2011(1):14-18 ページ。

㉔王筍旭 . 中国区域経済発展差距変動趨勢及成因分析 [J]. 開発研究 ,2013(5):18-22 ページ。

㉕王雅梅 . 欧盟区域政策研究 [D]. 成都：四川大学 ,2005 年。

㉖王永才 . 対口支援民族地区的問題与法治反思 [J]. 民族問題研究 ,2014(2):16-21 ページ。

㉗汪永福 . 区域協調発展基本法的地位探析 [J]. 湖北経済学院学報（人文社会科学版）,2014(2):90-91,94 ページ。

㉘魏後凱 . 中国区域基礎設施与製造業発展差異 [J]. 管理世界 ,2001(6):72-81 ページ。

㉙魏後凱 , 高春亮 . 新時期区域協調発展的内涵和機制 [J]. 福建論壇人文社会科学版 ,2011(10):147-152 ページ。

㉚魏後凱 , 高春亮 . 中国区域協調発展態勢与政策調整思路 [J]. 河南社会科学 ,2012(1):73-81,107-108 ページ。

㉛魏後凱 , 王業強 . 中央支持糧食主産区発展的理論基礎与政策導向 [J]. 経済学動態 ,2012(11):49-55 ページ。

㉜呉経璉 . 農村剰余労働力転移与「三農」問題 [J]. 宏観経済研究 ,2001(6):6-9 ページ。

㉝徐博 . 関於分税制下税収返還問題的思考 [J]. 財政研究 ,2010(4):69-71 ページ。

㉞宣暁偉 . 我国区域経済政策調整的趨勢性框架 [J]. 改革 ,2012(8):59-67 ページ。

㉟楊暁萌 . 中国生態補償与横向転移支付制度的建立 [J]. 財政研究 ,2013(2):19-23 ページ。

㊱楊蔭凱 . 培育跨区域増長極将成区域発展重点 [N]. 中国経営報 ,2013-11-11。

㊲楊蔭凱 . 準確把握促進区域協調発展的新要求——対≪政府工作報告≫中渉及区域発展有関内容的理解 [J]. 宏観経済管理 ,2014(4):26-27 ページ。

㊳楊蔭凱 . 促進区域協調発展戦略部署 5 亮点 [J]. 中国投資 ,2014(1):96-97 ページ。

㊴周毅仁 . 加強完善宏観管理　促進区域協調発展 [J]. 宏観経済管理 ,2014(1):26-27 ページ。

㊵張杏梅 . 中部崛起中的「三農」問題研究 [J]. 経済地理 ,2008(1):128-130 ページ。

㊶張道慶 . 論中央与地方財政転移支付関係的法律調控 [J]. 現代法学 ,2007(11):56-68 ページ。

㊷張広翠 , 景躍軍 . 美国、日本欠発達地区開発的経験対我国西部開発的啓示 [J]. 東北亜論壇 ,2003(4):31-34 ページ。

㊸張広翠 . 欧盟区域政策研究 [D]. 長春：吉林大学 ,2006 年。

㊹張宏艶 , 載鑫鑫 . 我国主体功能区生態補償的横向転移支付制度探析 [J]. 生態経済 (学術版),2011(2):154-157 ページ。

㊺張麗君 , 陶田田 , 鄭穎超 . 中国治辺開放政策実施効果評価及思考 [J]. 民族研究 ,2011(2):10-20,107. ページ。

㊻張学良 . 中国交通基礎設施与経済増長的区域比較分析 . 財政研究 ,2007(8):51-63 ページ。

㊼鐘大能 . 推進国家重点生態功能区建設的財政転移支付制度困境研究 [J]. 西南民族大学学報（人文社会科学版）,2014(4):122-126 ページ。

㊽周葉中 , 張彪 . 促進区域協調発展法律機制的系統論分析 [J]. 湖北社会科学 ,2012(5):142-147 ページ。

第 8 章
「十三五」時期の「都市と農村の一体化」の発展構想

　ここ数年、中国は特殊な資源の特徴と発展の良いチャンスを利用して、国民経済の急速な発展を実現した。特に「十二五」時期にに入ってから、中国の経済力はさらに向上し、2013 年に年間の国内総生産額は 568845 億元を実現し、前年より 7.7% 増加した。経済成長速度は世界のトップクラスにある。周知のように、中国は現在、新型都市化の重要な時期にあり、どのようにしてこの都市化の契機を利用するか、都市化の核心である「都市と農村の一体化」というテーマをめぐって、中国経済成長の新しい支持基盤を求めることは、我々の前に置かれている重要な課題である。

　中国共産党第 18 期中央委員会第 3 回全体会議（三中全会）で審議・採択された「改革の全面的深化における若干の重大な問題に関する中共中央の決定」は、都市と農村の二元構造が都市と農村の発展一体化を制約する主な障害であることを指摘した。体制メカニズムを健全にし、工業による農業の促進、都市と農村の互恵、都市と農村の一体となる新型の工・農・都市・農村の関係を形成し、農民が平等に現代化のプロセスに参与し、現代化の成果を共有する。現在、都市と農村の一体化を発展させることは、新型都市化を歩み、中国が「十三五」時期に持続可能な発展を推進するための重要なポイントである。

　本研究では、都市と農村の発展を統一する視角から、都市化戦略、産業構造調整、都市と農村機能区域の建設などの面から、中国の都市と農村の一体化経済の発展状況を具体的に分析し、都市と農村の一体化プロセスにおける経済発展の潜在力を検討する。

一、中国の「都市と農村の一体化」の発展状況

中国の「十二五」時期における経済発展の重点データの分析及び 2013 年の経済成長の特徴分析を通して、中国経済の総量規模と成長スピード、経済構造と産業成長の貢献、1 人当たりの効益と革新力などは、いずれも強い発展動力を示した。このような発展の勢いは中国の「十三五」時期に都市と農村の一体化を推進するために有利な条件を作り出した。

（一）伝統的な「都市農村一体化」と新型「都市農村一体化」との比較分析

一般的には、伝統的な都市化はその土地の都市化及び農業人口の都市化として表現され、さらに中国の都市化プロセスではその土地の都市化がかなりの比重を占めていて、さらにはいくつかの地区では土地の都市化こそが都市化であるとし、その街のその他の機能を軽視しているところもある。事実、農業人口の都市化こそが都市化の核心なのである。また農業人口の都市化は、単に人口の数量における都市化だけではなく、農業人口の「生存の質」の都市化も含むべきである。伝統的な都市化の観念の影響で、都市化された農村の住民および都市に入ってきた膨大な農村の人口は、ただ身分、生活場所、消費環境が変わっただけであり、職業、都市から認可の程度、再教育や収入増加の可能性に関してはそんなに変わっていないのである。このために多くの都市化した後の農村住民はほとんどが節約志向の消費理念を保持しており、仮に多様化した消費生活を夢見て都市生活に溶け込もうとしても、ほとんどが収入、職業及び消費環境の限界を感じ、理想的な消費状態を得られずにいるのだ。これもまさに伝統的な都市化の状況であり、都市化の総合的な実現度が 90%以上に達し、1 人当たりの所得が 10%増加しても、2013 年の農村住民の消費支出が 1.2%増に止まった理由である。李剣閣氏は、中国で現在言われている 50%以上の都市化率は、かなりの部分において「名目都市化率」であるとみなしている。彼は、中国の 2012 年の実際の都市化率は 35%に過ぎず、原因は中国の体制、メカニズムによるものだと考えている。

ゆえに、伝統的な都市化は単純にその土地の都市化を追い求めるものであ

り、科学的でも持続可能でもないのである。新型の都市化は、ただ簡単にその土地の変化を強調するのではだめで、特に、経済発展モデルが多元化している状況下で、「都市と農村の一体化」を核心とする新型都市化は、もっと豊富な内容を内包しなければならない。

　広義での都市と農村の一体化は、伝統的な都市と農村の一体化による土地や人口の変遷だけでなく、都市と農村の社会一体化、経済一体化、生態環境一体化、文化一体化、空間配置一体化などをもカバーすべきである。その中で、経済一体化は新しい都市と農村の一体化の構築に大きな役割を果たしているに違いない。新型都市・農村一体化における経済一体化は産業一体化、インフラ一体化と市場一体化を含む。そのうち、産業一体化は都市と農村一体化の最も重要な課題である。

　新型都市と農村の一体化プロセスにおいて、農村地域の産業発展は農村発展を支える根本的な力であり、同時に中国の都市と農村の一体化の重要な駆動力でもある。都市と農村の一体化プロセスにおいて、産業レベルの高低は直接農村経済産出の規模に影響する。第 3 産業の発展はすでに中国の新型都市と農村の一体化発展の重点になっているが、現在、中国の村・鎮（郷級行政区）の第 3 産業が占める経済の比重は経済全体のレベルよりはるかに小さく、しかも産業レベルが低い現象が深刻であり、これも農村経済の貢献不足、経済の相対的な立ち後れの重要な原因である。

（二）伝統的な「都市と農村の一体化」の欠陥及び新型の「都市と農村の一体化」の影響要素

　改革開放以来、中国は都市化の急速な発展時期に入り、都市と農村の一体化は強力に推進され、2013 年の都市化率は改革と開放の初期に比べて 3 倍に増加し、都市に入る農業人口は大幅に増加した。1978 年、中国の人口は 9 億 6 千万人、都市化率は 17.9218%に達し、都市人口は約 1 億 7 千万人だった。2013 年、中国の都市化率は 53.37%に達し、都市人口は 7 億人を超えている。都市化ペースの加速に伴い、30 年余りの間に、中国の都市部の人口増加は 5 億余りに達した。過去 30 年余りの間に、中国の毎年の都市化率は絶えず高まっている。林毅夫氏は次のように予測している。2020 年にな

ると、中国の1人当たりの所得は1万2700ドルに達し、高所得国になる。中国の都市化率は今後10年、20年以内に持続的に増加し、75%、80%に達す。

「十一五」時期は中国の都市と農村の一体化の急速な発展時期であり、国家の関連政策の指導の下で、中国の都市と農村の一体化のレベルは比較的に大きく向上し、「十二五」時期は中国が農村の都市化を全面的に推進し、都市と農村の一体化発展の新しい構造を加速的に構築する重要な時期である。「十三五」の時期は中国が新型都市化の推進を加速し、人間の需要・満足と発展を中心とする都市化を全面的に建設する重要な時期である。

1、伝統的な「都市と農村の一体化」の現実に対する考察：北京市の朝陽区を例にとって

現在の中国の都市と農村の一体化の発展状況をより深く理解するために、そして研究データの得られやすさを考えて、筆者は北京市朝陽区の高碑店等の各地域をサンプルとして点数化し、19の郷鎮において異なる時期で調査研究を行った。現在、朝陽区は農村地区が全区の約4分の3を占めていて、朝陽区の主な構成部分となっており、京津冀一体化の戦略を契機として、朝陽区の農村建設は一定の成果を収め、2012年の農村都市化の総合実現度は91.2に達し、「十二五」期間の農村経済総量は、年平均10%の成長を見せており、区の財政収入も年平均で9%以上増加し、農民の平均収入も年平均8%増加し、全体的に都市部に引っ越した村も46%あり、すべて計画目標に達した。しかしながら農村の都市化プロセスにはやはりまだ産業レベルが低く、経済貢献が小さいなどの問題や欠点が存在していて、現在の低いレベルでの都市化手段は深く考え直すべきであろう。

特に都市と農村間の格差という点において、2013年の朝陽区の農村経済総収入は1184億元で、区全体のGDPの30%にも満たないほどであり、税収貢献も20%にも達していない。農民1人当たりの純収入は24426元であり、都市住民の仮処分所得41035元に比べても相当な差がある。このため農村地区にはとても大きな発展の余地があり、都市と農村の統一発展により農村地域の経済成長潜在力をよく奮い立たせ、また区全体での経済協力と持続可能な発展を実現できる。

各都市化計画の農村経済への重要な影響について考察するために、コブダ

グラスの生産関数をもとにして、都市と農村に入っていった人口比（URR）、住民消費のエンゲル係数（EC）を伝統的な都市化と新たな都市化の指標として、同時に第 3 次産業の比重(TI)を産業構造調整の指標として、パネルデータの模型を作り、合理的な都市化の方法を模索した。パネルデータは時間の流れを軸にとり、その軸上に多く面を作って、その面上にサンプルの観測地を取り、サンプルデータを作成して、パネルデータを用いて軽量模型を作って極大値がサンプルの容量を超えられるように、そして同時に異なる地域間での異質性についても考慮し、各変量間での相関関係の正確な分析に役立つようにするものである。2008 年以降の各項指標が全体的に大きく変動していることから、上のデータは 2008 年から 2012 年の朝陽区 19 の郷鎮の相関データを選んでいて、北京市の相関価格指数を利用して比較データを得ていることがわかる。

　各変量の係数を観察してみると、URR の 2 次項の係数は正であり、1 次項の係数は負であるということは簡単に発見でき、これはつまり総産出と都市農村の人口比の間には U 型の相関関係が現れていて、都市化の比率が十分に高い時に経済に対して一定の促進作用が働いているということになる。しかし、もう少し分析してみると、都市農村人口比率が 157 以上になってはじめて、経済に対してプラスの影響を生み出しているということもわかり、これはつまり都市化の比率は 99.4％ほどにまで達してようやく経済を動かすことができるということであり、さらに係数から見てこの促進作用はかなり微小であるということがわかる。このことから、伝統的な都市化は農村経済の急速発展を実現することはできず、単純にその土地の都市化を強調するばかりで、また二元経済の統一発展を実現することも難しい、ということがわかる。また、別の視点では、新たな都市化は農村経済発展問題の解決のために新たな考え方を示してくれた、ということもできる。

　2、「都市と農村の一体化」に影響を与える主な要素

　EC 各項の係数を観察してみると、総資産とエンゲル係数との間には逆 U 型の相関関係が現れることが分かり、エンゲル係数が 57.2％を超えた時、経済は著しいマイナスの影響を受け、逆に下回っているとき、経済発展の速度は加速するだろう。また分析してみると、転換点は 28.6％のところで出

現したが、これは食糧消費の総消費に占める割合が 28.6％である時に、経済発展の速度が最大になり、この時に消費構造の最適化により経済成長が 2.64 ポイント促進されることがわかる。このことから、住民の消費構造の変化が経済発展に対して重要な効果を与え、また同時に新たな都市化の発展構想のためへの特定の証拠を示すということが証明された。現在、中国の農村都市化は相当な成果を獲得しており、現段階では経済の調整時期にあり、障害を突破するもう 1 つの方法は、農村住民に伝統的な消費理念と消費のやり方を変えさせ、よりよい消費環境とさらに多くの多様化した消費における選択肢を与えることで、農村住民の消費を引き起こし、そうすることで農村経済の新たな健康で、快速な発展を実現できるようにするのである。

　産業構造もまた、都市と農村の一体化に影響を与える重要な要素であり、第 3 次産業の比重が 1％増加するごとに、経済成長が 0.75 ポイント促進される。第 3 次産業が農村の主導産業であるといっても、やはり多くの町村の第 2 次産業は相当な割合を占めていて、また同時に農村地区経済構造と地域全体の平均水準にはやはり大きな差があり、もしも農村地区の第 3 次産業の占める比重が地域平均水準の 89.9％にまで追いついたならば、経済成長を 14％ほど引き起こすことができ、このことは、調整力の拡大と、産業構造の最適化の重要性をはっきりと表している。

　もう 1 つ、固定資産も都市と農村の一体化に影響を与える重要な要素であり、資本量が 1％増えるごとに、0.11 ポイントの経済成長が見込め、これにより固定資本投資を拡大することで、固定資本投資の基礎インフラ領域への注力を増やすことができ、農村経済の発展が実現でき、都市と農村の一体化の重要な動力を動かすことができる。

　以上の分析をまとめてみると、都市と農村の一体化の欠点を補い、新型の都市と農村の一体化と発展の動力は農業人口都市化の質の向上と、産業構造調整及び固定資本投資への注力などの要素にあることがわかる。その中でも一番重要なのは産業構造の調整と最適化である。もしも農村地区の第 3 次産業の占める比重が、全体の平均水準にまで追いついたならば、十何ポイントの経済成長が見込め、1 年半の経済成長の速度に相当し、効果は十分である。別の面では、農村地区が新型の都市化を推進するには、新たな発展のルー

トに従う必要があり、農村住民の消費構造の最適化へのさらなる重視が求められ、これが現段階の都市化発展の障害を取り除くのに新たな方法を提供してくれる。現在、中国政府は需要と供給構造の最適化を提唱しており、目的は新しい消費の増長点を育成し、安定的に消費規模を拡大することであり、これは新しい都市化の策略と一致し、伝統的な都市化が新型都市化へ徐々に転換する重要な標識でもある。

二、中国の「都市と農村の一体化」の発展動力不足と矛盾

「十二五」規画綱要によると、2015 年までに、中国の都市化率は 47.5％から 51.5％にまで上がる、このデータは「十二五」都市化のために出された高めの目標である。国家統計局の馬建堂局長は 2013 年の中国の運行の特徴を分析した際に、次のように説明した。2013 年の中国の国内総生産（GDP）は前年より 7.7％伸び、中国の都市化率は 53.73％で、前年より 1.16 ポイント上昇した。事実、中国の都市率は前もって制定された「十二五」計画の目標にすでに到達しており、さらに予想目標を 2.23％上回っている。同時に、中国の「都市と農村の一体化」にも発展の動力不足などの問題が存在することを見なければならない。

（一）　中国の新型「都市と農村の一体化」の発展における問題点

農村住民の 1 人当たりの純収入と都市住民の手にする収入の比率は、2013 年では 1:3.03 であり、これはつまり都市の住民の収入は農村住民の平均純収入の 3.03 倍であることを意味し、一番大きかったのは 2009 年で、その時の都市住民収入は 3.33 倍であった。しかし、発展していく上での、不公平や非協力、継続不可能などの問題が多く出てきて、その中でも都市・農村発展の非協力が最も重要なものである。中国社会科学院の、都市発展と環境研究所の副所長である魏後凱は、都市・農村発展での非協力は主に 4 つの面がある、と考えている。

1 つは経済成長と都市や農村の住民の収入の増加が釣り合っていないことである。2001 年から 2010 年までで、中国の財政収入は年平均で 20％増

加しており、GDP は年平均 10.5％増加したが、都市住民の収入増加は年平均 9.7％で、農民の純収入増加は年平均 7.0％であった。

　2つ目は、都市と農村の住民の収入格差が長期にわたって改善されていないことである。ここ 10 年、中国の都市と農村の収入格差はずっと 3 倍以上であり、2009 年の都市と農村の収入比は 3.33:1 であって、2010 年には農村住民の純収入の増加速度は都市住民のそれを上回り、収入比は改善した部分もあるが、それでも 3.23:1 といまだに差は大きい。また同時に、衰退地区になればなるほど、都市と農村の収入格差は大きく、貴州、雲南、甘粛などの収入比は 4 を超え、都市と農村の収入格差が 2.5 を下回っているのは基本的には沿海の発達地区である。

　3つ目は、都市部と農村部の占有資源と発展の機会の不平等である。2010 年には、都市人口は 50％にも満たなかったが、87％ほどの固定資産投資を占めており、都市投資の中でもさらにはっきりと大都市集中の傾向がみられ、50％を超える農村人口が得られる投資はわずか 13％ほどであった。発展の機会の面から見ても、全国で 2.2 億人もの農民が農村から都市に流れ込み、労働就業、子女教育、社会保障、保障的住宅購入など、都市住民と同等の待遇を受けることはできない。

　4つ目は、都市と農村のシステム分割現象が著しいことである。現在まで、中国の都市部と農村部の就職、建設用地、住宅市場、社会保障、公共サービス、福祉政策などの方面は依然として高度に分割されている。

　近年、中国の不動産業の発展情勢は強力で、地方産業の大黒柱とまでなっているが、不動産業の急速な発展は農村地区経済の持続可能な発展を導くことができず、また同時にここ数年の外部環境の変化及び、広い目で見た調整政策により、不動産業は二重の挑戦に直面させられている。一方は、産業レベルが低いという問題が農村地区で特に大きくなってきていることで、もう一方は農村地区の産業発展は農村発展の根本的な動力であるために、産業レベルの高低が直接農村経済産出の大小に影響してくる、ということである。第 3 次産業がすでに都市と農村の一体化に伴い中国の発達地域での主導産業になっているとは言っても、2013 年の第 3 産業の農村における経済比重は経済全体の水準と比べるとかなり小さく、このことも、中国の農村経済の

貢献不足を作り出している重要な原因であるといえるだろう。

（二）　中国の「都市と農村の一体化」発展の動力不足

1、「都市と農村の一体化」発展の動力分析：朝陽区を例にとって

　中国の農村が都市農村一体化に加入するべく新たな成長点を見つけるために、筆者は北京市朝陽区の各郷鎮をサンプルとして、各郷鎮の GDP と各産業産出とのパネルデータを量自回帰（PVAR）モデルにしたもので、PVARが VAR モデルとパネルデータの長所をまとめ、観測不可能な個体異質性をもコントロールでき、さらにその他の変量衝突時の GDP の動態反応も分析できて、これによりより正確に GDP とその他の変量間の動態の相関関係を分析できるようになる。

表 8-1　　　　　　　　　　PVER モデル GMM 推定結果

解釈変数	huGDP 経済総生産量		huRE 不動産産業生産額		hhuSI サービス業生産価値	
	b_GMM	t_GMM	b_GMM	t_GMM	b_GMM	t_GMM
L.h_GDP	-0.199	-0.822	-0.340	-1.016	-0.043	-0.542
L.h_RE	-0.662	-0.664	-0.295	-0.562	-0.263	-1.672
L.h_SI	2.152	1.820	0.865	0.822	0.681	2.479
L2.h_GDP	0.001	0.005	-0.001	-0.011	-0.006	-0.239
L2.h_RE	0.132	0.177	-0.304	-0.612	-0.037	-0.218
L2.h_SI	-0.694	-2.93	-0.248	-0.720	-0.049	-0.611

注：h_• は変数がすでに Helmert で変換されたことを表す。Li.h_• は対応変数の i 段ヒステリシスを表す。

　表 8-1 に示された結果から、郷鎮経済の産出遅れは 1 期自身に弱いマイナスの影響を及ぼし、2 期遅れの影響は弱く、無視できるほどであることがわかる。このことは 2008 年以来、郷鎮経済の総産出は、持続不可能な成長状態であり、前の期間の成長がふたたび急速な経済成長をもたらすこともない。またこのことは近年の経済成長速度が年々下降していることと一致し、そして経済がまさに転換期の入り口にあるために、経済を再び急速に発展させて経済調整期に新しいチャンスをつかむひつようがあるということを示し

ている。不動産業の停滞1期は経済総産出に対して大きなマイナスの影響をもたらしており、たとえ停滞2期の産出への影響がプラスであったとしても、この影響は停滞1期におけるマイナスには遠く及ばず、そのために、全体から言って、不動産業の発展は郷鎮経済の成長速度を遅らせ、これにより産業を適正化する構造が調整され、第3産業における不動産業の支柱という地位をだんだんと弱らせることが、現段階での1つの重要な任務である。現段階における重点的に発展させるべく主導産業の代表として、サービス業の経済動向に対する作用は、第1期では2.15ポイントであり、これはつまり1単位のサービス業の産出額の増加は総産出2.15単位の成長を引き起こすということであり、このことはまさにサービス業には強大な発展の余地が潜んでおり、また少しずつサービス業を増やしていくことで経済全体に新たな発展のチャンスがもたらされるということを表明している。近年、不動産業は少しずつ萎縮していて、現代の増加額のうちサービス業が占める割合は2010年の21.7%から2012年には19.3%にまで下降しているのだが、別の角度で見れば、現代のサービス業全体では急速な発展の情勢を見せており、また地区財政収入も大きく増加している。2012年、現代サービス業の主な営業収入は8462億元であり、1年で11.7%も増加した。区の範囲での財政収入は188.7億元に達し、年度の区財政収入の56.5%の割合を占め、「十二五」末には、「現代サービス業の区における財政収入が220億元を突破し、区財政収入の60%超えを実現」という目標が達成できることを予想している。以上のデータから見て、現代サービス業はまさに急速発展の段階にあり、経済及び財政を動かす作用は日に日に明確になってきていて、都市と農村の一体化の主な支える力となり、また不動産業の主導的地位は揺れ動き、経済発展の余地は賃貸しやビジネスサービス、金融、文化創意などの他の業種にある、ということがわかる。

　一方、表8-2に示された分解結果を見ると、第10期から第30期ではGDP変動, 不動産生産高変動およびサービス業生産高変動が総生産高変動に占める割合は0.814:0.049:0.137であった。つまりGDPの成長は、5%ほどが不動産業によるものであり、14%ほどがサービス業によっていて、これは現段階において、不動産業の経済を動かす作用にはかなりの限界があり、

表 8-2　　　　　　　　　　　PVAR モデルの分解結果

	時期	GDP	RE	SI
GDP	10	0.8137	0.0493	0.1370
RE	10	0.1112	0.8208	0.0680
SI	10	0.1738	0.2821	0.5441
GDP	20	0.8137	0.0493	0.1370
RE	20	0.1112	0.8208	0.0680
SI	20	0.1738	0.2821	0.5441
GDP	30	0.8137	0.0493	0.1370
RE	30	0.1112	0.8208	0.0680
SI	30	0.1738	0.2821	0.5441

　また、サービス業の成長は郷鎮の総産出額が多く力を貸しており、4 大主導産業の発展を続けていくためことは農村地区の経済成長をもたらすのに役に立ち、産業構造の最適化は必要不可欠である。

　2、「都市と農村の一体化」の新たな動力メカニズムの分析

　朝陽区の状況をまとめると、不動産業はすでに経済の急速発展を維持できなくなっていて、また現代サービス業を主導とした第 3 次産業の発展はどんどん重要な効果をもたらしてきていて、都市農村一体化をさらに促進している。現在の中国経済は全体的に調整期にあり、経済成長は自身の動きを完成できず、成長速度も長期に持続できず、新たな支柱となる産業を発展させ、経済の前向きな急速発展をもたらす必要がある。

　現代サービス業（MS）の各業界における横向比較の中でいかなる地位にあるのか、そしてその他の産業が経済の動きの中でいかなる作用を発揮しているのかをさらに確定させるために、本文でははほかの 2 つの重点産業—ハイテク産業（HT）と文化創意産業（CI）を導入し、各経済変数間の動態相関関係を分析した。

　第一に、ln(GDP) の 1 期遅れによる自身への影響係数はマイナス 0.79、つまり前期 1%の経済成長は当期 0.79 ポイント減少し、現段階で朝陽区の

経済成長が停滞期にあることを改めて証明した。

　第二に、前期の高技術産業における 1％の成長が当期の経済成長を 0.15点減少していて、高技術産業の成長が経済に与える効果はいまだはっきりしていないということになり、これは主に高技術産業の現在の都市農村一体化の中での発展が大きくなく、産業増加額の GDP に占める割合も低めになっている。したがって「十三五」時期において新たな都市農村一体化の歴史的なチャンスをしっかりつかみ、新たな思路で都市と農村の産業発展をもたらす必要があり、そうすることで高技術産業も都市農村一体化に加勢することができるのだ。

　第三に、前の期間の現代サービス業の成長 1％で経済成長が 0.21点もたらされていて、これは現代サービス業の経済を動かす作用はやはり持続しており、発展を速めることのできる現代サービス業は依然として地域経済の急速発展の重要な動力の源泉であり、このために今後も地球規模で、経済の重心を東へ移すチャンスを逃してはならず、転換の方式と構造の改良により現代サービス業の支柱としての地位をさらに強めて、最適化と改良をもって都市と農村の一体化をさらに推し進めていくべきである。

　第四に、前期の文化創意産業の成長 1％につき、経済成長が 1.26点あって、これはつまり文化創意産業の地域経済の発展において最大の可能性を秘めているということになる。成熟期にあるサービス業と、芽生えの時期である高技術産業に対して、文化創意産業は中国においてまさに発展のピーク段階にあって、この角度から見れば、文化創意産業が発展の最大の可能性を持っているということは疑う余地のないことである。「十一五」時期に、中国のいくつかの地区は文化産業を大きく重視し始め、文化創意産業を地域重点発展の 4 大高度産業のうちの 1 つとして、国民経済と社会発展の全体規画に取り入れた。「十三五」時期には、文化創意産業の発展を新型の都市農村一体化の発展の中に融合して、これをもって都市と郷鎮の経済構造の調整と発展方式の転換を図り、産業の高度化とランク別発展戦略の中で、産業構造を絶えず最適化し、これにより都市・農村一体化発展の莫大な可能性を引き出して、都市と郷鎮の経済の持続可能な発展能力をさらに強めるのである。

三、中国の「都市と農村の一体化」レベルの区分と具体的な位置づけ

　都市と農村の一体化プロセスにおいて、都市と農村間の機能区域の建設は最も重要な一環であることは間違いない。都市と農村の機能区は農村の都市化を実現する重要なキャリヤーであり、機能区の建設は都市と農村の経済一体化を促進し、「十三五」時期の都市化を完成する重要な任務である。

　1、都市機能区域と「都市と農村の一体化」レベルの区分

　都市機能区域の発展は、産業構造の最適化とアップグレードを促進し、社会管理と環境品質を維持し、産業の搭載とサービス能力を倍増させた。地域経済発展の過程において、都市機能区域の建設及び周辺の郷・鎮への影響は、トップ企業を集め、新興産業をリードし、経済成長の新しい高地を創造するのに重要な役割を果たしている。

　都市機能区域の周辺農村にたいする影響がもたらす作用について研究するために、また同時に各郷鎮間の経済の格差を是正するために、本研究では朝陽区各郷鎮の 2013 年の相関指標に対して類型分析を行い、経済発展の相似の程度によって各郷鎮を分類した。指標は 1 人当たりの平均 GDP、第 3 次産業のそれぞれの占める割合、固定資産投資の総額、都市・郷鎮の人口比、労働者の平均収入、農村の平均労働所得などを含んでいる[1]。

　WARD 法を使って、朝陽区の各町村の集計結果を分析して、朝陽区の各町の発展段階の特徴に応じて、朝陽区の各町を以下の 3 種類に分類した。

　1 種類目の地区は、第 2 次産業に比率が比較的高く、収入と産出額が低めの地区で、孫河、金盏、三間房と豆各庄などの 4 つの郷鎮を含んでいて、これらの地区の経済発展は比較的遅れていて、自身の発展の動力が不足しており、発展の可能性もいまだ引き出されておらず、政府がより多くの資金と政策により支援する必要がある。これらの地区に対しては、今後は産業構造の調整により力をいれて、住民の収入を増加して、新たな経済成長点を育てていく必要がある。

　2 種類目の地区は、第 3 次産業の比率が高めであり、収入と産出額も大き

1　データは 2013 年『朝陽区統計年鑑』より。

い地区で、崔各庄、常営、管庄、十八里街や平房などの地区を含んでいて、これらの地区は農村都市化の発展の中間地帯にあり、より多く中心区の技術や経済の外部流出を吸収してさらに発展する必要がある。これらの地区に対しては、政策の上でより多くの支持を与えて、よりよい発展空間を手に入れる必要がある。

　３種類目の地区は、第３次産業の比率が高く、収入と産出額も大きい地域で、南磨房、高碑店、太陽宮、将台、小紅門、東風、王四営、東垻、黒庄戸や来広営などの郷鎮を含んでいて、これらの地区はほとんどがCBD（北京商務中心区）の周囲に位置しており、北京商務中心区の経済作用を十分に受けることができ、そのために産業構造の調整と発展の方面である程度有利である。これらの３種類の地区は、できるだけ早急にCBDの東部拡大を推進するべきであり、それらに、CBD区域内の範囲でCBDを中心として形成した規模の経済効果を利用させてこれらの地区の経済の急速発展をもたらすべきなのである。

表 8-3　　　　　　　朝陽区各郷の分析及び都市化レベルの比較

各郷の分類	地理的範囲	特徴	農村都市化潜在力ポイント
１種類目の地区	孫河、金盞、三間房、豆各庄	第２次産業の割合は比較的に高くて、収入と産出は比較的に低い。	産業構造の調整を強め、住民の収入水準を高め、新たな経済成長点を育成する。
２種類目の地区	崔各庄、常営、管庄、十八里街、平房	第３次産業の割合が比較的に高く、収入と産出が比較的高い。	より良い発展空間を得るためには、政策上の傾斜と支援が必要。
３種類目の地区	南磨房、高碑店、太陽宮、将台、小紅門、東風、王四営、東垻、黒庄戸、来広営	第３次産業の比率が高く、収入と産出が高い。	CBDの東拡を加速し、それらをCBDエリアに集約し、規模の経済効果を形成する。

　各郷鎮の発展のレベルの違いにより、農村都市化の発展段階も異なるために、３類地区に対してできるだけ早くCBDを用いて当該地区の都市化を進め、２類地区に対しては、政策の傾斜が必要で、より多くの発展のチャンスが必

要である。1 類地区に対しては、現地都市化などの道を推進し、地区の農村都市化を加速させる必要がある。

　2、中国の「都市と農村の一体化」の具体的な位置づけ。北京市を例として

　都市郷鎮一体化の現実が示したように、伝統的な農業は中国経済の急速発展にはもう合わなくなっており、それに伝統農業の転換は都市町村一体化の基本要求なのである。「十三五」時期における中国の都市と農村の一体化プロセスにおいて、主にどのような新型農業を発展させ、いかにして農業産業の改良を実現すればよいのだろうか？本書では北京市の都市機能開拓区の各区・県の施設農業（SS）、観光レジャー農業（GG）、農村サービス業（FW）および民俗旅行業（MS）などの各項のデータを利用して、総産出額（GDP）を変量として変型数のパネルデータモデルを作成し、これにより中国伝統農業の今後の産業発展の重点について考察したのである。石景山区には農業がなく、そのためサンプルがその他の 3 つの県のみを含んでいて、同時に北京市全体のデータを対比材料として取り入れ、またデータの得られやすさのために考察時期は 2008 から 2012 年とした。

　観察結果から、施設農業項は海淀区の係数のみプラスであり、このことは各地区の施設農業が増加した時に、海淀区のみ経済成長率の上昇を促進するが、その他の 2 つの区と北京市全体の経済成長率はどれも下降するということを表している。また、朝陽区の施設農業項の係数は北京市のものよりも小さく、これは北京市全体の水準と比較して、朝陽区の施設農業はすでに飽和状態に近づいており、この産業を発展させることは経済成長速度の増加の役に立たないだけでなく、逆に経済発展を制限してしまう、ということである。朝陽区のデータ観察から分かることは、施設農業産出額はまさに少しずつ下降段階にあり、事実、施設農業は占める土地が大きいだけでなく投資額も大きく、同時に付加価値もとても低い、さらに朝陽区の発展の全体情勢と合っておらず、現在ある量を維持して、増やすことはしないという前提の下で、少しずつ削減していくべきであり、そうすることでその他の新型農業の発展創造空間が得られるのである。

四、「十三五」時期に中国は新型の「都市と農村の一体化」を推進する構想

（一）都市化はまず人間の都市化である

　新型都市化の最も根本的なものは人への関心であり、大都市、小都市の発展を問わず、人の都市化において、都市と農村の統一に力を入れるべきである。都市化と農村発展を「１つの将棋盤」の上に並べ、都市化の衝突あるいは農村発展に反する行為を避けて、都市と農村の計画、産業配置、インフラ、公共サービス、就業社会保障と社会管理などの面での「一体化」の歩調を速め、都市と農村の間での公共資源のバランスのとれた配置、発展要素の平等な交換を促進し、都市と農村の良性相互作用の共同繁栄を実現するよう努力しなければならない。

　都市と農村は、それら自体は対立するものではなく、農村人口の都市への流入が必然的なものでもなければ、都市とともに進んでいくものでもない。産業があってはじめて、この部分の人口が都市へ流れることができる、そのため、それは産業とともに進んでいくものなのである。中国の工業化は20年の発展段階を経て、現在の段階においては大きなシステム性の変化と調整に直面している。この調整に従って、土地と人口、とくに産業に参与する産業労働者の要求も変化しているのである。

（二）都市と農村の一体化はまた都市と農村の産業一体化である

　過去20年の間で、農村人口の数は減ってきているのだが、すべての人が都市に流れ込んでいるのではなく、また農村に残っている人々も、かなりの部分が第１次産業から第３次産業へと転換しており、農村のサービス業あるいは農村の小中都市に対するサービス業に従事している。一部産業は都市から農村へと入っていくことができ、農村と都市との距離を縮めているが、これは市場化政策の一部に過ぎない。政府の角度からみても、政府は農村に対してより多くの投資をして、農村の発展を支えていくべきである。将来の産業においても、一部は農村あるいは小さな町村で行われる可能性があるため、農民は第１次産業の仕事以外にも、農村や小都市において第３次産業

につくこともできるようになる。都市と農村の二元化問題が解決されていない状況において、農民は自ら少しずつこの道を歩んでいるのである。都市化がもしも人々の発展要求を解決できたとしたら、それは人々が農村における都市産業の体系的なものを十分に発展させることができた、ということであり、これこそが正確な向かうべき方向なのである。

　農業生産方式の転換を加速し、規模化経営を奨励し、家庭農場、協同組合、農家などの規模化生産方式を通じて、農業生産の効率と農民収入をさらに高める。農村の集団経済組織の財産権制度の改革を推進し、集団資産の街・鎮の1級プラットフォームへの集中を奨励し、確かな株を確認し、収益分配のメカニズムを改善し、農民に集団の「ケーキ」の味を味わわせる。土地流通の組み合わせの政策措置を改善し、農村における労働力の移転と就業を保障し、長期的に安定的な農民収入の増加メカニズムを確立しなければならない。

（三）農村市場を育成し、専門化した農村市場システムを構築する

　都市化の発展は農村市場の活力を引き起こし、農村市場に未曽有の繁栄局面をもたらした。都市化の促進により、生産を重視して市場を軽視する農民の伝統観念が変わった。市場の建設と育成に関心と支持の積極性と自覚性が誘発された。伝統的な農民は農村市場の新しい市場主体となり、市場を正視し、市場を理解し、積極的に市場に参加するようになった。さらに、特色ある農業の発展は農村市場の発育を促進し、農村市場の発展は特色ある農業と農村経済の発展と同期し、大中小結合、卸小売結合、総合専門結合の農村市場システムが形成され始めた。また、農業のトップ企業の発展も農村市場の繁栄を促進した。農産物加工企業と農村市場は互いに補完的に発展し、各トップ企業の影響範囲内に活発な農村市場があり、各農村市場の周りには農産物加工企業があり、「企業＋市場＋農家」のモデルを通じて、企業の発展を促進し、市場を拡大させ、農民の収入を増加させ、まさに一挙多得なのである。

　市場の資源配置に対する決定的な作用を十分に発揮し、新型都市化の建設プロセスにおいて、未来は更に市場の作用と市場規律の掌握を重視し、そしてこの基礎の上で新型都市化の政策決定を行う。

（四）点と線の結合と、適度に集中した農村の基礎インフラネットワークを構築する

1、農村コミュニティの科学的計画と合理的配置は、新農村建設を良くし、都市と農村の一体化を実現する重要な前提である。「十二五」の期間中、現代農業の急速な発展に伴い、新農村計画は農村において無から有に至り、簡単から繁雑に至り、政府の推進と主導から農民とコミュニティまで絶えず深く参与し、農村コミュニティ計画とレイアウトは日々合理的になってきた。

観光業と文化産業と緊密に結合し、農村コミュニティの発展に頼っている現代農業は、農村コミュニティの機能に対してより高い要求を提出し、それに応じて、村の計画がより科学的で合理的になることを要求している。

2、農村の交通ネットワークの建設を強化する。特色ある農業の発展は農産物及びその加工製品の高速回転と流通に対して更に高い要求を提出し、特色ある農業の発展による農村観光業も農村の交通条件が更に便利であることを要求した。「十三五」時期に、農村道路網の改善を特色農業発展と農村都市化の重要な構成部分とするべきであり、便利な通信と交通条件は農業発展と農村都市化のブースターなのである。

3、完璧な農村の基礎インフラ体系を構築する。農村のインフラ整備のレベルは農村の各産業の持続可能な発展能力と農村の都市化プロセスを決定し、農村のインフラという重要な環節をつかんでこそ、特色ある農業の発展を加速するために堅実な物質的基礎を提供し、社会主義新農村建設を着実に推進することができる。北京、杭州などの地域の特色ある農業を発展させると同時に、農村地域のインフラ建設を強化し、財政資金と信用資金を総合的に運用し、便利、通達の農村交通体系、バスシステムと電力通信施設を建設することを非常に重視している。

今後、新農村の「5つのインフラ」建設プロジェクトと「農村が明るくなり、農民が暖かくなり、農業資源が循環する」プロジェクトを着実に推進するべきである。クリーンエネルギー、再生可能エネルギー、省エネルギー製品の使用を促進する。農村公共サービス情報システムの建設は段階的に改善すべきであり、経費調達メカニズム及びインフラ建設の投資メカニズムを明確に管理する責任がある。

4、農民の生産・生活様式の近代化を推進する。都市と農村の一体化の発展は農村に活力を与え、農業に利益をもたらし、農民に収入を増加させた。

五、結論

本文では中国の都市農村一体化建設のもたらす経済発展の可能性と、それぞれの都市化からの手段、産業構造の最適化及び機能区建設などの3つの方面で比較的詳細に分析し、以下の主な結論が得られた。

1つ目に、伝統的な都市化は、農村地区の経済を再度急速に発展させることはできず、新たな都市化の道が都市と農村の経済を統一して新たな思路を提供してくれる。住民の消費構造を改善することで住民の消費呼行動がさらに引き出され、それにより農村地区の経済成長がもたらされて、また産業構造の調整も農村地区の経済発展にとても役に立つ。

2つ目に、現段階では経済は全面的な調整の時期にあり、経済発展は自己持続できず、不働産も農村地域の基幹産業として経済を十分にリードすることができない。サービス業の発展は経済成長に新たな動力を注入し、4大主導産業の大いに発展させることは新たな経済発展のチャンスをつかむ必然的な要求である。

3つ目に、不働地産業の過熱と最近の退温に伴い、現段階では不動産の経済貢献は限定的であり、今後の都市と農村の一体化をさらに推し進め、都市と農村の機能区域の建設により、不動産経済の発展に新たな突破口を提供すべきである。

第 9 章
「十三五」時期の外資投資環境と中国経済成長の関係

一、はじめに

　対外開放の進展に伴い、中国はすでに世界第 2 の経済体となっている。持続的かつ安定的な経済成長、国民消費水準の向上、貿易のすさまじい発展、社会主義市場経済システムの漸進的な改善及び関連法律政策の健全化と最適化は、中国の世界外資投資の吸引力を次第に増強させた。世界著名な管理顧問であるスコットスターニー会社が 2002 年 9 月に発表した「外国直接投資自信指数」によると、中国はすでに米国を超えて世界の外資直接投資の第一選択の目的地の 1 つになっている。改革開放以来、外商が中国に投資する分野は少なくから多くなり、規模は絶えず拡大し、すでに第 1 次産業から第 3 次産業までにいたるところに存在し、東部、中部と西部の 3 大地域にまたがっている。現在、外国投資家の直接投資が中国経済に占める比重はますます大きくなり、中国が外国資本に巨大な吸引力を持つと同時に、中国経済も外国資本によって重大な影響を及ぼしているといえる。中国共産党第 18 期中央委員会 3 中全会の公報では、「投資参入を緩和し、自由貿易区の建設を加速し、内陸沿いの開放を拡大しなければならない」と明記している。このように、「十三五」時期にどのように外資の投資環境を最適化し、優良な外資を拡大・誘致し、中国の経済成長を促進するかを考えることは、非常に重要な課題である。本研究では中国の外資投資の発展状況と経済成長の現状を整理し、現在の中国の外資投資環境の特徴と欠点を見つけ出して、外資投資環境、外資投資と経済成長の関係を利用して、関連政策の提案を提出し、良質な外資を誘致し、中国の経済成長を促進する目的の達成を目標としている。

二、中国の外資投資発展の状況及び経済発展の現状

（一）中国の外資投資の発展状況

１、中国の外資投資の発展過程

改革開放以来、中国の外資投資の発展過程は大きく５つの段階に分けられる。

第１段階（1979 ～ 1987 年）は外商投資のスタート段階である。1978年の中国共産党第 11 期３中全会で対外開放の基本国策が確立され、外資の利用が対外開放の重要な構成部分となった。1979 年 7 月、中国は「中華人民共和国中外合弁経営企業法」を公布した。この法律は外国人直接投資の誘致と利用に明確な法律根拠を提供し、外商直接投資をスタートさせ、発展させた。しかし、この時期の外国人投資を誘致する法律は完全ではなく、相応の政策制度と具体案も熟していないため、外国人投資は比較的保守的であり、多くは香港とマカオ地区に集中していた。

第２段階(1988 ～ 1995 年)は外商直接投資の急速な成長段階である。「中華人民共和国中外合資経営企業法」の基本法律法規が公布され、中国政府は関連の外国投資家の直接投資を奨励する優遇政策を打ち出した。参入の障壁を解消するために、良好なプラットフォームを構築し、外国投資の分野を開拓し、低いリスク、高い投資安全性及び巨大な利益で大量の外資を中国に誘致した。この時期において、外資投資が中国で急速発展の情勢を見せたのである。

第３段階（1996 ～ 1998 年）は外商直接投資の調整段階である。16 年近くの外資導入を経て、特に 1988 年から 1995 年までの外資の高度成長期を経て、大量の外資が中国に流入し、全体量も大きくなり、またいくつかの分野、特に純粋な貨幣資本領域ではすでにある程度の飽和状態を見せるようになっていた。しかしながら、またいくつかの分野では極度に外資資本が不足していた。加えて、大量に流入した外資は良いものも悪いものも混ざっていて、当時の中国経済の発展にもマイナスの影響を与えた。そのため、この時期、中国政府は質の悪い外資事業を制限し、もしくは禁止した。

第４段階（1998 ～ 2005 年）は外商投資の反落段階である。前段階の調

整作用により、この段階になってから外資の流入量がある程度抑制された。さらに、1998年の東南アジア金融危機の影響で、外国人投資の流入が減速した。この時期、金融危機の泥沼から抜け出し、経済の成長を回復することが核心課題となった。そのため、中国政府は外国人投資を誘致するためのさまざまな優遇策を再び打ち出し、中国の外商直接投資は2001年から回復の兆しを見せ始めた。しかしながら、2005年になると、またもや少しではあるがマイナス成長となった。

　第5段階（2005 ～ 2012年）は外国人投資のモデルチェンジ段階である。人民元レートの調整により、貨幣資本の流動は大きく増加した。外商直接投資は中国の実体経済に入っただけではなく、投資の機能を持つ株式市場と住宅市場にも流れ込んだ。また、この時期の外商投資は更に安定性があり、例えば2009年のグローバル直接投資はグローバル金融危機の影響で40%近く減少したが、中国が実際に利用していた外商直接投資はわずか2.56%減少したのみであった。もちろん、これは中国の世界外資に対する巨大な吸引力を表明している。2010年に中国が実際に利用した外商直接投資が1000億ドルの大台を突破し、外商投資はこれからもさらに広く、そして深く中国の経済発展に影響を与え、それにより中国の外商直接投資の利用に関しては、新たな段階に突入するであろう。

表 9-1　　　　　　　　　中国の外資投資の発展過程

時期	段階	特徴
1979 ～ 1987 年	スタート段階	「中華人民共和国中外合資経営企業法」が公布された。外国投資家の投資は比較的保守的で、多くは香港とマカオに集中している。
1988 ～ 1995 年	急速な成長段階	優遇政策。外資投資は中国で急速な成長を遂げた。
1996 ～ 1998 年	調整段階	一部の分野ではすでにある程度の飽和が発生していた。大量に流入した外資は玉石混交が激しく、政府は品質の劣る外資プロジェクトを制限・禁止した。
1998 ～ 2005 年	反落段階	前期調整および1998年の東南アジア金融危機の影響により、外資流入量は反落した。
2005 ～ 2012 年	モデルチェンジ段階	人民元の為替レートが調整され、貨幣資本の流動性が増大し、投資機能の株式市場と住宅市場に進出した。

2、中国の海外投資の現状

（1）外資の投資総量は安定的に増加し、限界増量は緩慢である。

2000 年から 2007 年の期間に、中国で実際に利用した外資額は、2005 年に小幅な反落がある以外、着実に上昇しているが、ずっと 1000 億ドル以下である。2008 年に急激に成長し、952.53 億ドルに達した。2009 年、世界金融危机の影響で、小幅ながら減少した。2010 年には成長を回復し、初めて 1000 億ドルを突破した。2011 年も成長を続け、現在のデータではピークに達していた。このように、中国ではこの十年以来、外資に対する利用総額は絶えず増加しており、外資に対する吸引力は大きく、しかも外資を安定させる能力は次第に増強している。

（2）3 次産業の外資利用が極めて不均衡

中国の 3 次産業は外資を利用する比重がきわめて不均衡である。第 1 次産業は 1984 年からだんだんと下降していて、2011 年までに 10％近くにまで減っている。第 2 次産業は 1978 年改革開放から今に至るまで一貫して 40％から 50％の間で比較的高い比重で変動している。第 3 次産業は 1984 ～ 1985 年の間に第 1 次産業の比率を追い越し、一貫して上昇して、少しずつ第 2 産業との差を縮め、2008 年から 2010 年の間には、その比率は第 2 次産業とほとんど変わらない。再度 2008 ～ 2010 年の状況をみてみると、第 1 次産業が実際に使用した外資金額は 2008 年から 2010 年までの 3 年間で着実で小幅な増加があった。外商直接投資金額の比率も同様に少しだけ増加しているが、1％から 2％の間と、その比率はかなり小さい。第 2 次産業が実際に使用した外資金額はいずれも 500 億ドル以上で、その中で世界的な金融危機の影響を受けて、2009 年には小幅な下落があった。外商直接投資金額の比率は安定して 50％前後であり、実際の利用総額は 2009 年に下降していたが、比率としては 53％にまで上昇していた。第 3 次産業が実際に使用した外資金額は 2009 年に 425.6 億ドルに下降した以外は、2008 年も 2010 年も平均して 500 億ドル以上であり、2010 年の上昇幅は 27.82％である。外商直接投資金額の比率も、2009 年には減少したほか、ほぼ 50％前後であった。また、2008 年、第 2 次産業と第 3 次産業が実際に使用した外資金額の比重はほぼ同じであることが分かりる。2009

年には世界金融危機の影響で、第2次産業が第3次産業を8%近く追い越した。しかし、2010年には第3次産業が再び回復し、第2次産業を4.45%追い越した。このために、第2次産業と第次3産業は、実際に使用した外資の2大産業であり、第1産業を大きく上回っていて、また第3産業は経済復興の状況下で成長状態を見せた。

（3）業界は外資を利用して「4つの梯隊」の特徴を呈している

2006年から2011年までの間に、製造業が実際に利用した外商直接投資額はほかの業種を大きく超えており、首位に立っていて、2006年の400.7671億ドルから2011年の521.0054億ドルまで、一貫して増え続けているということである。すぐ次に続くのは不動産業であり、2007年は2006年に比べて107.65%増加し、その後毎年安定した成長を続けていて、2011年には268.8152億ドルにまで達した。賃貸し及びビジネスサービス業は、交通運輸と倉庫、郵便業、卸売り及び小売業、電力、ガス及び水の生産、供給業は情報運輸、コンピューターサービス及びソフトウェア業などの5つの業種は実際に使用した外商直接投資額は平均10億ドル以上であり、少しずつ増加傾向を見せている。住居と飲食業、農、林、牧畜、漁業及び科学研究、技術サービス、地質調査業、住民サービス及びその他のサービス業、採鉱業、金融業、文化、体育及びレジャー業、水利、環境及び公共施設管理業などの業種は実際に使用した外商直接投資額は2006年で平均1から10億ドルの間にあり、少しずつの増加状態にある。そのうち農、林、牧畜、漁業と科学研究、技術サービス及び地質調査業、住民サービス及びその他のサービス業、金融業など業種の増加幅はさらに大きく、2011年にはおおむね100億ドルを超えていた。教育業、衛生、社会保障及び社会福利業と、公共管理及び社会組織業、国際組織業など業種が実際に使用した外商直接投資額は最も少なく、その中でも、教育業は、先に上昇して後に下降する逆「U」字型の特徴を持っている。

このことから、実際に使用した外商直接投資額では、「製造業、不動産業」がはるかに先を行き、「教育業、衛生、社会保障及び社会福利業、公共管理及び社会組織業、国際組織業」が後に続き、「農、林、牧畜、漁業、科学研究、技術サービス及び地質調査業、住民サービス及びその他のサービス業、金融

表 9-2　　中国の 2006-2011 年業種別実利用外商直接投資額

（単位：万ドル）

	2006 年	2007 年	2008 年	2009 年	2010 年	2011 年
製造業	4007671	4086482	4989483	4677146	4959058	5210054
不動産業	822950	1708873	1858995	1679619	2398556	2688152
リース・ビジネス・サービス業	422266	401881	505884	607806	713023	838247
交通運輸、倉庫、郵便業	198485	200676	285131	252728	224373	319079
卸・小売業	178941	267652	443297	538980	659566	842455
電力ガス、水の生産及び供給業	128136	107255	169602	211206	212477	211843
情報通信、コンピュータサービス、ソフトウェア業	107049	148524	277479	224694	248667	269918
宿泊・飲食業	82764	104165	93851	84412	93494	84289
農・林・牧・漁業	59945	92407	119102	142873	191195	200888
科学研究、技術サービス、地質探査業	50413	91668	150555	167363	196692	245781
住民サービス及びその他のサービス業	50402	72270	56992	158596	205268	188357
鉱業	46052	48944	57283	50059	68440	61279
金融業	29369	25729	57255	45617	112347	190970
文化、スポーツ、娯楽業	24136	45109	25818	31756	43612	63455
水利・環境・公共施設管理業	19517	27283	34027	55613	90859	86427
教育業	2940	3246	3641	1349	818	395
衛生、社会保障及び社会福祉業	1517	1157	1887	4283	9017	7751
公共管理と社会組織	707	44		1		66
国際組織業			6			

データの出所：『国家統計局進度データベース』。

業」が大幅に成長し、その他の業種は穏やかに増加している、という「4つの梯隊」という特徴を見せている。

　3、外商直接投資の傾向

　中国の外商投資の発展過程と現状を整理してみると、中国の外商投資が全体的に見て「投資総量は安定的に増加し、限界増量は緩慢である」「3次産業の外資利用が極めて不均衡」そして「業種別の外資利用では「4つの梯隊」の特徴を呈している」などの特徴を持っていることがわかる。また、海外資本投資の主力軍として、外商の直接投資には独自の発展傾向と特徴がある。第一に、生産規模の効果が大きいことである。外資系投資企業の平均資産は2000年から10年にかけて0.9億元から2.1億元に増えた。第二に、技術と人的資本への投資にさらに関心が集まっている。改革開放以来、中国は労働集約型から資本技術集約型の生産方式への転換を加速し、生産技術及び労働者の素質は非常に大きい程度の向上を得ており、それに伴い、中国の国際産業移転における地位も向上した。このため、多国籍企業は資本、技術集約型産業や生産段階を中国に移転する力を強めている。1994年にカナダ北方電信会社が北京に初の多国籍企業研究開発センターを設立したのを皮切りに、2011年2月末までに多国籍企業が中国に各種類の研究開発センターを設立したのは1400余りに達した。第三に、独資化の程度が高くなる。中国の外資投資政策の緩和に伴い、外商投資の安全性は大幅に保障され、これは投資リスクを下げ、外商投資は多数の国内外の共同出資から外商独資の方式に発展している。1990年に外資独資が中外合資経営を超えてFDI流入の第二の大きな方式となり、2000年から外資独資がFDI流入の一番多い投資方式となった。2011年に外資系企業が実際に使用した外資直接投資は912.05億ドルであり、その年の外国投資家の直接投資額の78.62％を占め、実際の外商直接投資利用額の78.62％を占めていて、国内外合弁経営企業と国内外合弁経営企業の両方式の外資利用の約3.94倍である。

　（二）中国の経済発展の現状

　中国のGDPは2000年から2013年まで成長を続け、2006年に20兆元、2008年に30兆元、2010年に40兆元、2012年に50兆元を突破し

た。さらに2001年から2007年にかけて中国のGDP成長率は徐々に上昇し、毎年前年比1ポイント近く成長し、2007年には14.2%に達した。2008年の世界的な金融危機の影響で、GDP成長率は9.6%に落ち込んだが、この伸び率は同時期の世界の他の国に比べて依然として速い。中国のGDPは2010年に少し回復したが、その後再び減少傾向に転じている。この下降態勢は中国の経済構造を調整し、経済の粗放的な成長を追求してから経済成長の量と質を共に重視する発展の段階である。

三、中国の外資投資環境、外資投資と経済発展の関係

（一）中国の外資投資環境と外資投資の関係

投資環境とは、投資活動の全過程に伴う様々な周辺状況と環境の有機的な総和をいう。要約すると、投資活動に影響を及ぼす自然要素、社会要素、経済要素、政治要素、法規・政策要素などが含まれる。その中、経済要素、自然要素と法規政策要素は外資投資環境の3大核心要素である。この3大核心要素と外資投資との関係は次の通り。

1、経済要素と外資投資の関係

経済要素は主に市場と基礎施設の2方面を指しており、外資投資との関係は主に以下の2点が現れている。

第一に、市場発展規模が大きいほど、市場需要レベルが高いほど、外資投資量が大きくなることである。市場では、市場の発展規模と需要レベルが外資投資に顕著な影響を与えている。中国は十数億の人口を有し、世界で最も潜在力のある大きな市場であり、中国経済の持続的な高速成長に加え、市場経済システムは絶え間なく健全で発展し、大きな市場の潜在力は次第に発掘されている。中国は、世界の多国籍企業に巨大な原材料市場、人材市場、販売市場及び資本市場を提供することができ、これらの地域優勢は多国籍企業に対して独占優勢を発揮することに巨大な作用があると言える。商務部研究院外国投資研究部の研究によると、巨大な市場は中国の外国人投資誘致の主な原因となっている。加えて、中国国民の生活レベルの日々の向上、中国住民の可処分所得レベルの増加、市場の有効需要は絶えず拡張され、さらに中

国住民の消費能力、消費自信及び消費レベルも絶えず向上し、需要は多元化している。これは外商の投資利益を更に高く、更に安定させる。例えば、中国の内部では、広東、江蘇、山東、浙江、福建及び上海など東部の消費レベルの高い省と都市は、西部地区より外商の直接投資に対する吸引力が大きい。そのため、市場の発展規模が大きいほど、市場の需要レベルが高いほど、外資の投資量は大きくなるといえる。

　第二に、良好な基幹産業と施設は外資誘致に有利である。基幹産業と基盤施設には農林牧漁業、原材料工業、運輸・郵便・電気通信業、水利管理業、エネルギー工業、都市公共サービス業がある。良好なインフラ建設は、外資の直接投入重点ではないが、これらの条件は要素の流動と集中を加速させ、外資が順調かつ効率的に利用できる保証である。例えば、中国東部の沿海地区は地勢が平坦で、地理的位置が優れており、鉄道・道路が散在しており、交通が便利で、電信網の主幹線が集中しており、情報の疎通がスムーズで、生産設備が先進的である。中西部地区の多くは山地で、交通建設が制限され、情報の疎通が悪く、効率が悪く、設備が古い。それでは、外資は自然に東部地域に集中し、中西部地域から遠く離れる。コミュニケーションの情報だけを見て、情報の疎通の順調、適時と有効性は市場探索コストと市場の情報を獲得するコストを減らすことに役立ち、企業はいつでも市場のフィードバック情報に基づいて製品の設計をできるだけ早く調整し、製品を迅速に本土化させ、競争優位を獲得する。そのため、良好な基幹産業と施設が外資誘致に有利だ。

　2、自然要素と外資投資の関係

　自然要素とは、自然資源と労働力資本の要素を指しており、外資投資との関係は以下の2点である。

　第一に、豊富かつ良質な自然は外資を誘致するのに有利である。天然資源の面では、天然資源の総量と分布状況が外資誘致に重要な影響を与えている。例えば、20世紀80年代初め、中国は米国の多国籍企業と共同石油開発契約を締結した。米国の直接投資は主にエネルギー開発分野に進出しており，米国企業はこれらの投資から大きな収益を上げている。希少金属資源の生産を必要とする企業では、生産先の選定に依存性があり、資源が豊富な地域で

生産できれば、生産コストを大幅に下げることができる。したがって、これはこの種類の外資企業の重要な考察要素である。また、中国の自然資源の総量は大きいが分布は不均衡であり、これは外資投資の地域不均衡をある程度悪化させた。自然資源が豊富で、自然資源が優れている国は外国人の直接投資の流入を誘致するのに有利である。

　第二に、低コスト、高素質の人的資本が魅力的である。理論的には、労働力コストと外商直接投資額は負の相関関係にあり、その他の要素価格が変わらない場合、労働力価格が高いほど、企業の経営利益は低くなり、資本は利益の利益より高い投資を選択する。つまり、一地区の労働力コストが低いほど、外資の流入は高くなる。そうでなければ、この地域の外商直接投資に対する魅力は低下する。従って、コスト要素の角度から考えると、人力資本コストの高低は外商直接投資の流れに影響する。例えば、多くの外資企業は安い労働力を重視して制造業を中国に置き、完成した制品を他の国や地域に輸出する。しかし、中国の安価な労働力コストの優位性は徐々に弱まる一方で、これらの FDI は為替レートの影響を大きく受けており、2004 年から 2011 年にかけて、人民元の米ドルに対する切り上げ幅は 28％を超え、中国制品の競争力は影響を受け、輸出力が低下し、制造業の外資利用は一定の抑制を受けている。

　一方、中国の経済社会の発展に伴い、中国の都市部における就業者の平均賃金は 1990 年の 2140 元から 2011 年には 41799 元に上昇した。また、人力資本の素質の角度から考えると、十分な素質の高い人材は、多国籍企業の技術移転と生産拡張を促進し、訓練コストを下げ、製品の本土化を加速することができる。高い素質の労働力コストは低い素質の労働力コストより高くても、高い素質の労働力は高い利潤を生むので、外国人投資に強い吸引力がある。実際の競争は人材の競争であり、国家、企業に至っては、人材資本の企業発展における地位はますます重要になり、人材資本のレベルが高いほど、効率的な労働者を探すコストは低くなる。一般に、外国人直接投資が集中している地域や業種は、労働力コストの低い地域や人材が集中している地域である。

（二）中国の外資投資と経済発展の関係

1、産業の角度に基づいた数量の分析

産業の角度に基づいて、3次産業が実際に使用した外商直接投資額と、GDP に対する貢献率及び GDP の変動に与えた作用から、外資投資と中国の経済成長との関係を考察した。

（1）第1次産業の外商投資は一定の水準で安定しており、経済成長への貢献は小さい

第1次産業。1997 ～ 2004 年に第1次産業が実際に使用した外商直接投資額は少しずつ増加しており、2005 年と 2006 年には明らかな下降がみられるが、2006 ～ 2011 年にはまたある程度増加していた。また、第1次産業の外商投資が全体外商直接投資に占める割合は、2008 ～ 2011 年にわずかながら上昇したが、2%を超えていない。2000 年から 2011 年までで、第1次産業の GDP に対する貢献率は安定した動きを見せており、2003 年と 2007 年にそれぞれ 3.4%と 3%、2004 年には 7.8%と急激に上昇した以外は 4%～ 6%とほぼ安定していた。2000 年から 2011 年まで、第1次産業の GDP に対する貢献率はすべて 1%以下であり、その形態は第1次産業の GDP に対する貢献率の変動とほぼ一致している。総合的に言えば、ここ 10 年来、第1次産業の外国人投資額、GDP に対する貢献率と牽引作用は比較的に安定しており、第二、第3次産業に比べ、低いレベルを維持している、即ち外国人投資額の総量は少なく、成長幅は小さく、この産業の経済成長に対する貢献と牽引作用も小さい。

（2）第2次産業こそが外商投資の重点産業であり、経済成長への貢献も大きい

第2次産業。1998 年に第2次産業の外国人直接投資総量が明らかに減少したことを除いて、その他の年は持続的に安定的な成長の勢いを維持した。1990 年から 1993 年にかけて、外国人直接投資総額の割合はわずかに減少した。1994 ～ 2004 年、第2次産業の比重が急速に上昇し、第3次産業との格差が広がり、外国人の直接投資の集中度が高いことは、中国の産業化に有利である。2005 年から 2011 年にかけて、製造業の FDI の割合が減少したことは明らかであり、これは主に中国の労働力コストの上昇によ

るものである。しかし、2008 年から 2011 年までのデータによると、第 2
次産業の外国人直接投資を吸収しても、実際に外資を使用する金額の割合
は減少したが、総量は 500 億ドル以上を維持し、外商投資の重点産業であ
り、製造業は依然として他の業界をはるかに上回って外商直接投資の首位に
なっている。この 10 年来、この産業の GDP に対する貢献率は 50%以上で
あり、2000 年には 60.8%に達し、中国の安価な労働力の外資に対する吸引
力を十分に反映した。2001 年、2002 年、2008 年には 50%以下に低下し
たが、2010 年、2011 年には減少傾向にある。2000 〜 2011 年における
中国の第 2 次産業の GDP 成長への貢献率は、2001 年に 3.9%、2007 年に
7.2%に低下したことを除くと、4%から 6.5%に変動しており、その形態は第
2 次産業の GDP 貢献率の変動と、2007 年を除いてほぼ一致している。総じ
て言えば、第 2 次産業はここ 10 年来外国人投資の重点産業であり、しかも
この産業は中国の経済成長に貢献し、中国の経済成長を比較的に良く牽引し、
客観的に中国の工業化プロセスに有利である。また、同産業の外商投資額、
GDP への貢献、けん引役なども、最後の 2 年間で減少傾向を見せているこ
とに注目しなければならない。

（3）第 3 次産業の外商投資は少しずつ上昇し、経済成長への貢献も顕著
である

　第 3 次産業。1999 年から 2006 年にかけて、第 3 次産業の外商投資総額
はほぼ安定しており、増加幅は小さい。2006 年から 2011 年にかけて、第
3 次産業の外商投資総額は著しく増加した。1990 年から 1993 年にかけて、
第 3 次産業の割合は急激に上昇し、外商直接投資総額における割合は 49%
に増加し、第 2 次産業の割合とほぼ同じになった。1993 年、不動産・公共
事業・サービス業の外商直接投資契約金額は 437 億 7000 万ドルで、1992
年の 2 億 4000 万ドルより多かった。1994 年に第 3 次産業の外商直接投
資は明らかに減少し、1995 年には第 2 次産業の 40%近くに後れを取り、
2004 年まで、両者の間の差はずっと縮小していない。その主な原因は中国
の不動産産業 FDI に対するマクロコントロールと不動産政策である。1993
年下半期、中国政府は不動産市場の整理と整理を行った。1997 年に「外国
人投資産業指導目録」を発表し、高級ホテル、別荘、高級オフィスビル、国

際会議コンベンションセンター、成片土地開発（土地に対して総合的な開発建設を行う）は外国人の独資開発を許可しないことを提出した。2002 年の新しい「外商投資産業指導ガイド」は外商が一般住宅の開発建設に投資することを奨励した。2004 年から 2007 年にかけて、不動産 FDI は急速に増加し、実際に外資を利用する額は 3 倍近く増加し、不動産の FDI 総額に対する割合は 2007 年の 22.9%まで上昇し、13%を超えた。2005 年から 2011 年まで、第 3 次産業は外商直接投資の重点となり、これは客観的に産業構造の最適化とアップグレードを促進することに有利である。また、2004 年から、中国のサービス業の開放度が向上し、大量の FDI も誘致し、第 3 次産業の FDI の割合の上昇を促進した。2000 年から 2011 年までの GDP に対する中国の第 3 次産業の貢献率は 2000 年、2003 年、2004 年と 2010 年は 40%以下であったが、他の年の貢献率は 40%以上であった。また、ここ 10 年間で GDP に対する第 3 次産業のけん引効果が顕著であり、2007 年には 6.6%に達し、2000 年、2003 年を除いて 4%以下に低下したが、その他の年では 4%から 6%と変動していた。総合的に言えば、第 3 次産業のここ 10 年以来の外商投資に対する吸引力は次第に増大し、第 2 次産業の吸引力が低下する傾向の下で、第 2 次産業を追い越す勢いがあり、第 3 次産業の GDP に対する貢献と促進作用は着実に増大する傾向を呈している。

　以上のような産業角度に基づいて、外資投資と中国の経済成長との関係を分析した結果、外国人投資の重点産業は時期によって異なることが分かった。同時に、当該産業の発展、利益率の向上及び関連政策の好調は外資の流入を逆に引き付ける。そのため、外資投資が中国の産業別に与える影響は明らかに異なっており、第 1 次産業に流入する投資量は比較的に低く、第 2 次、第 3 次産業の流入量は比較的に大きく、第 2 次産業の流入量は減少し、第 3 次産業の流入量は上昇している。外商投資重点産業の移転に伴い、経済成長に対する産業の貢献も変化している。これは客観的に中国の産業構造の最適化とアップグレードに有利である。産業の角度から見れば、外商投資は中国の経済成長と正の相関関係にあると言える。

　2、地域の角度に基づいた数量分析
　地域の角度に基づいて中国の外資投資と経済成長の関係を分析し、動態と

静態の 2 方面から展開していった。

（1）動態の方面

1996 年から 2004 年までの間、外商直接投資の東部地区における投資分は 85%以上であったが、2005 年から徐々に減少し、2011 年には 74.61%まで減少した。1996 年から 2004 年までの間、中部地区における外商直接投資のシェアは 10%以下であったが、2005 年から徐々に増加し始め、2011 年には 16.83%に達した。1996 年から 2004 年まで、外商直接投資の西部地区における投資シェアは 5%以下であったが、2005 年から徐々に増加し、2011 年には 8.56%になった。全体的には、FDI の東部地域への平均投資額は 83.28%、中部地域 11.40%、西部地域 5.32%だった。このように、FDI の東部、中部と西部での分布は不均衡であり、2005 年からこのような不均衡が少し改善されたが、FDI の東部での投資シェアは依然として中部と西部を大きく上回っている。その原因として、東部地区の投資環境は比較的に優れて、例えば良好な立地条件と技術基礎と優遇政策など。2005 年から、対外開放が沿海から内陸へと絶えず推進され、中西部地区は投資環境、対外開放度などの面で東部地区との格差が次第に縮小している。

また、地域別 GDP 貢献率を見ると、東部、中部、西部では 59.22%、24.65%、16.13%と安定しており、変動の幅は小さかった。また、2005 年から 2011 年までの外資投資の地域間投資シェアの変化が、地域ごとの経済成長への貢献に大きな影響を与えていないことが分かる。

（2）静態の方面

2010 年を例にとって、東部が実際に利用した外資の増加率は 20%であり、GDP の成長率は 25%近くにまでなった。中部地区が実際に利用した外資の増加率は 32%前後であり、GDP の成長率は 30%前後である。西部地区が実際に利用した外資の増加率はマイナス 15%程度であり、GDP の成長率は 22%程度である。ここから、実際に利用した外資の増加率という面では、西部は東部には及ばず、中部のその年の利用率が最高であった。各地区の GDP の成長率においても西部は東部には及ばず、中部が一番高かった。東部の十分な外資投資に対して、東部の外資の実際の利用の増加率に決して前向きなものではなく、また西部地区では、外資投資の量自体は少なく、そ

の外資の利用状況もあまりよくない。それに対して、中部地区は、外資投資の総量は少ないのだが、実際の利用額の増加率とGDPの成長率はどちらも比較的よい状態である。

2010年の東部国家級経済技術開発区GDPの相対的な割合は71%、中部18%、西部11%であった。まず、国家級経済技術開発区の数を見ると、中部と西部を合わせたものよりも東部が多く、これらの経済技術開発区は外商投資を誘致する主要な力である。次に、これらの経済開発区のGDPへの貢献が著しい。東部地域は中部と西部を合わせた地域よりずっと多い。このうち、中部地域の国家級経済技術開発区は西部より1つ少ないが、GDPは西部より7%も高い。

2010年の東部、中部、西部の国家級経済技術開発区の実際の外資利用の相対的比重はそれぞれ80%、15%、5%である。東部国家級経済技術開発区の実際の利用額は中部と西部の合計の4倍です。中部地区の国家級経済技術開発区は西部より1つ少ないが、実際の利用額は西部地区の3倍である。

上述の地域角度に基づいて中国の外資投資と経済成長の関係の動態と静態の2つの方面の分析を通じて、外商投資の地域差が非常に大きく、東部から西部へ順次に傾斜式に減少し、GDPに対する貢献も似たような形を呈している。中国のFDIの地域分布不均衡の背景にある重要な原因は、中国の東部沿海から中西部地区へ向かってだんだんと進んでいく対外開放戦略であり、国家の地区傾斜政策と地理的位置の優遇政策により利益を得ていて、東部地区が改革開放政策の一番の受益者となっており、FDIがまず沿海の経済特区と開発区に入って、その地の経済発展を力強く推し進めたことで、その後もFDIが東部地区に入っていくための有利な条件を提供したのである。つまり、FDIの主な投資先は中国の東部地区であり、最初の原因は主に政策や地理的位置の要素であったが、東部地区は経済が率先して発展して形成した良好なインフラ、労働力などの生産要素の東部地区への流動及び産業集積などの優れた経済発展環境のおかげで、FDIが引き続き東部地区に主に投資する要因となっている。

四、中国の外資投資環境の優位性と問題点

（一）中国の外資投資環境の優位性

中国の外資投資環境の利点は主に以下の4つの方面に表れている。

第一に、中国の市場規模が大きく、潜在力が大きいである。中国は十数億の人口を有し、世界第1位であり、世界で最も潜在力のある大きな市場であり、中国経済の持続的な高速成長に加え、市場経済システムは絶え間なく健全で発展し、大きな市場の潜在力は徐々に発掘されている。加えて、中国の社会主義市場経済システムの漸進的な完備は、外資に全面的な規模の巨大な原材料市場、人材市場、販売市場及び資本市場などを提供できる。

第二に、中国市場の需要が旺盛である。中国住民の可処分所得の増加と生活水準の向上に伴い、中国住民の消費能力、消費自信及び消費水準も大きく向上し、需要が多元化の特徴を呈している。これは外商の投資利益を更に高く、更に安定させる。

第三に、経済環境は安定している。中国のマクロ経済コントロール政策は日々成熟し、安定的な財政と貨幣政策を採用し、固定資産投資の増加を促進するだけではなく、経済効果を高めることを中心に、資金投入を最適化し、技術改造投資の比重を高めることに注意している。これは外商投資に良好な見通しを提供した。また、WTOに加入した後、WTOの基本原則と関連規定に従って、中国は関連する法律と法規と政策を改正したり、新たに制定したりして、国際と統合し、これも外国商人が市場規律と国際慣例に従って生産と販売を行うのに有利である。

第四に、外資政策及び法規は優遇、安定及び連続性がある。中国の対外開放は長期にわたる基本的な国策であり、開放度は絶えず高まり、その安定性は外国人投資の政治リスクを低下させている。30年間は関連法律や政策の修正と補完し、外国投資家の直接投資を利用する政策法律、法規、地方法規はすでに200以上に達し、直接投資、技術導入、税関管理、渉外経済契約の輸出入管理、工商行政管理、税収及び労働賃金制度など各方面をカバーしており、既に比較的完備した政策体系を初歩的に形成した。

175

（二）中国の外資投資環境の主な問題点

1、現代市場システムはいまだ未完成である。

第一に、開放統一と競争秩序の現代市場システムが構築されていない。市場の開放程度は依然として低く、資本、技術、労働力などの生産要素の市場は相対的に遅れ、地域の封鎖、業界の独占現象は依然として深刻である。また国有経済の比重が大きく、伝統的な計画経済の根が深い概念であり、行政の関与を受ける企業ももっと多い。非国有投資は依然として差別、融資、税収、企業の高コストに直面している。

第二に、社会信用体系の確立は現代経済発展とまだ大きな差がある。政府の信用、企業の信用、個人の信用などには懸念すべき問題がある。例えば、粉飾会計、偽装販売などの違法行為が頻発している。

2、関連法律法規の整備が不十分

中国では、外資投資方面で1つの基本的な法律体系をすでに作ってはいるが、しかしいくつかの方面では法規が具体的でなく、その機能性も優れておらず、地方法規政策との間での統一不十分や、相互矛盾などの現象がやはり存在している。これらの地区の差異は外資の流入の邪魔をしてしまうだろう。

また、中国の市場経済システムの絶えず改善と外資投資が中国で発展する新しい特徴によって、従来の法律法規（法律基礎、立法手続き、運営メカニズムなどの面を含む）は市場経済の原則に反する規定が現れ、外商投資の発展にうまく適応できない。これらの問題は特に資本開放市場の限界、国内市場の地域分割と知的財産権保護の不備などに顕著に現れている。

3、外資誘致政策は転換を急がなければならない

1つ目は、外資に対する優遇政策が、中国の要素コストを優位に立たせてくれる、ということである。長い目で見て、外商の中国への投資は、中国の労働力や土地などの要素の価格の優位さを気に入ってのものであり、各種の外資に対してこれらの優位をさらに強化してくれるのである。改革開放の初期には、中国の主な問題点は資金の不足であって、それにより優遇的な税収政策は外資の流入とその利用規模を大きく拡大した。しかし、外資規模の拡大と中国の済発展のレベルの向上に伴い、中国が切実に必要としているのは

経済効果の向上であり、ただ量的な増加ではないため、優遇政策から開放度の向上への政策転換は必須となった。ここ数年、中国はすでに租税優遇の強度を弱め、外資の「超国民待遇」を廃止し、内外資統一の「国民待遇」を次第に実行し始めた。「中華人民共和国企業所得税法」は 2 税一本化を実現し、これによって外国人投資企業が国民待遇を実行することを更に一歩前進させたが、この転換は重く道は遠い。

第二に、中国のサービス業の開放程度が低い。これまでの製造業への外国人投資は開放の度合いが大きく、開放の優遇政策が多かった。これは初期に製造業の発展を確実に促進し、製造業大国となり、工業化を促進した。しかし、ここ数年、中国の多くの制造業分野における生産能力の過剰供給は、経済発展の重心が従来の主に生産能力の拡大から有効な供給能力の向上、つまり外資の制造業への投入が過剰になっている。しかし、それに比べて、中国のサービス業における制限は依然として多く、これは近年、米国からの投資流入が停滞して、あるいは下降している重要な原因の 1 つであり、同時に外国人投資の質と水準を有効に高めることができない。加えて、中国は産業構造の転換とアップグレードの重要な時期にあり、サービス業の外資に対する制限も、構造転換の妨げとなるであろう。

4、地域間の投資環境の差が大きい

第一に、東部と沿海地区の投資環境は明らかに中西部地区より優れている、ということである。世界銀行の調査データによると、東部と沿海地区には便利な港の運輸条件、質の高い労働力、優れた金融環境と基礎施設などがそろっており、それと比べて西部地区の国内市場への進出は妨げが多く、税収負担も大きく、労働力市場も衰退している。中部地区の投資環境は東部地区と西部地区の中間であり、東から西にかけて、投資環境はだんだんと悪化していくのだが、東部がかなり突出して優位にあり、中部や西部よりも大きく優れているのである。

第二に、長江デルタと珠江デルタの投資環境の優位性が顕著である。長江デルタの生産技能と技術レベルは高く、中国最大の港湾群と都市群を有し、そのインフラは完備しており、国内市場への進出の障害は少ない。珠江デルタは経済の国際化と外向性が高い。これに比べ、環渤海湾地区の外資の進出

量は少なく、投資環境は一定の差がある。

　第三に、東北老工業基地都市間の投資環境の差異が大きい。長春、大連、ハルビン、本渓の4つの都市に対する世行の環境評価結果によると、長春と大連の投資環境の評価は東部沿海都市と中西部の間に位置し、本渓とハルビンの評価は21位と23位にとどまった。

五、中国「十三五」時期の外資投資の特徴と動向

（一）外資投資総量の高成長の勢いは減速し、全体的な傾向は安定している

　「十三五」期間中、外資投資総量の高速成長の勢いは減速し、徐々に安定的な成長を目指す。これは中国の長期的外資導入の発展規律と関連する経済計画と密接な関連がある。中国が外資投資を導入する前期に、中国は外資を導入する時、「量」を重視し、後期には「質」を重視する。この転換は「十三五」計画の中で明確に現れていて、同計画では、外資の利用水準のさらなる向上と外資構造の整備、知力、人材及び技術の導入へのさらなる注力、中国で外資企業研究開発センターの設立への奨励、国際的に成功している管理理念、制度、経験を手本とした、体制と科学技術のさらなる革新などを特に強調している。

　一方、経験的なデータから見ると、2000年から2010年にかけて、個別の年を除いて、中国の外資投資の総量は急速に増加し、2011年にピークに達し、一部の地域と業界ではすでに相対的に飽和状態に達しているといえる。一方、中国は経済構造調整の重要な時期にあるため、「十三五」計画では「金融、物流などのサービス業の対外開放を拡大し、アウトソーシングを発展させ、教育、医療、スポーツなどの分野を着実に開放し、良質の資源を導入し、サービス業の国際化レベルを向上させる」と強調した。医療、スポーツなどの分野で外資を導入する力はあるが、この開放のプロセスは依然として着実に進んでいるので、総量から見ると外資投資は依然として増加の態勢を維持している。

（二）外資投資業界の構造は分化し、一部の業界は投資の重点になる可能性がある

　中国の外資投資の構造の角度から、前に中国の外資投資現状を分析した結果、中国の外資投資業界の構造は「4 つの梯隊」の特徴を呈し、この特徴は「十三五」時期に維持される。また、「十三五」計画の指導のもと、一部の業種は投資の重点となり得る。

　第 1 梯隊にあるのは製造業と不動産業であり、2011 年までに、製造業が実際に利用した外商直接投資の総額は 521.0054 億ドルであり、不動産業は 268.8152 億ドルであって、ほかの業種をはるかに上回っている。第 2 梯隊にあるのは農、林、牧畜、漁業と、科学研究、技術サービス及び地質調査業、住民サービス及びその他のサービス業、金融業である。第 4 梯隊は教育業と衛生、社会保障及び社会福利業、公共管理及び社会組織業、国際組織業である。その他の業種は第 3 梯隊に属し、適度な成長傾向を維持していくであろう。

　以上の「4 つの梯隊」の外資投資業界の分化特徴は投資ストック量の角度から見たものである。実際に「十三五」計画の中で「投資を誘導し、さらに民生と社会事業、農業農村、科学技術革新、生態環境保護、資源節約などの分野に傾斜させる」と強調している。このことから第 2 梯隊の技術サービス業、金融業などのサービス業及び第 4 梯隊の教育業は「十三五」規画から利益を得て、外資投資のホットスポットとなるであろう。

（三）外資投資管理モデルは導入を強調してから国民待遇＋ネガティブリストに転換した

　外資投資政策の転換は顕著であり、前期の外資総量の高速成長は外資導入を強調し、市場で技術を交換するという政策のおかげであった。しかし「十三五」時期の外資政策は国民待遇＋ネガティブリストのモデルに転換する。

　「ネガティブリスト管理モデルの構築を模索する」は『中国 (上海) 自由貿易試験区全体方案』に示された 9 つの主要任務と措置の中で第 3 位であり、「行政管理体制改革の深化」と「サービス業開放の拡大」の 2 つの任務に次ぐ。

具体的には、「ネガティブリスト管理モデルの確立を模索する。国際的なルールを参考にして、外国人投資に対して試行的に国民待遇に入る前に、試験区の外国人投資と国民待遇などのネガティブリストを作成し、外国人投資の管理モデルを改革することを検討する」

　具体的に、中国は外資導入のプロセスにおいて、国民の待遇と合わないある管理措置をリスト形式で公開し、外資企業がこのリストを参照して自己検査を行い、自分で要求に合わない部分を調整し、外資導入の質と効率を高める。しかし、ネガティブリスト以外の分野では、国務院が規定した国内投資プロジェクトが依然として審査認可制を維持しているのを除いて、国内外資本一致の原則に基づいて、外国資本の投資プロジェクトを審査認可制から登録制に変更し、工商登記と商事登記制度改革を結びつけて、登記手続きの最適化を逐次的に推進する。

（四）外資投資制度のさらなる整備と、政府による管理の合理化

　対外開放が進むにつれて、中国の外資投資制度はバラバラな規定の状態からシステムを作り出し、差別的な優遇からすべてを平等として、また東部から中西部へと優遇政策の範囲を少しずつ拡大し、優遇政策の及ぶ領域もどんどん多く、その力もどんどん大きくなっていき、現在も少しずつ整備され続けて、また同時に政府による監督、管理も合理的になっていっている。「十三五」規画の中で、政府の投資範囲の線引きと、地方政府の融資機構の管理をより強力に、規範的にして、投資のリスクを防止することが、明確に打ち出された。ここから、「十三五」時期において、中国政府の外資管理はさらに合理化され、外資投資管理制度と、国と国とをつないでいくプロセスは、新たな一歩を踏みだそうとしている、ということがわかる。

　「十三五」規画の中で、政府機能を転換して、政府と企業の分離を早めに推進し、政府のミクロ経済活動に対する関与を減らし、法治政府とサービス型政府の建設を加速させることが強調された。このことは経済の活性化につながるだけでなく、加えて外資投資企業と国内企業との公平な競争にもつながるのである。また同時に、政府の公共サービスに対する保障、金融サービスへの支持などにより良好な国内投資環境が形成される。制度が整備され続

けることで、中国政府の外資投資管理もさらに合法で、公平で、透明なものになり、このことも外資投資環境をさらに安全なものにすることができるのである。

これにより、「十三五」規画では、中国の外資投資制度の体系はより健全になり、投資環境はより優れ、政府の監督・管理もより合理的になると予想される。これによって、外資投資は中国で積極的な能動性を維持しつつ、新しい投資分野で絶えず推進し、国内資本と一定の範囲内で公平な競争を繰り広げることになる。

六、「十三五」時期の発展に適応するために必要な外資投資政策への提案

外商投資が中国の経済成長に対する重要な貢献、及び投資環境と外資投資、経済成長の相互作用関係を考慮し、中国の「十三五」規画が提出した「互恵・ウィンウィンの開放戦略を実施し、対外開放レベルをさらに高める」の発展需要に合わせて、以下の点を提案する。

（一）外資投資に開放領域を拡大し、一部の業種の国際化レベルを重点的に高める

外資の開放金融、物流等サービス業などの領域を拡大、開放し、アウトソーシングを発展させ、教育、医療、体育などの領域を着実に開放し、良質な資源を導入してサービス業の国際化レベルを上昇し続けるのである。

第一に、絶えず対外開放レベルを拡大し、市場参入の敷居を下げ、区別した応対、分類指導をし続ける。より多くの外国人投資家が中国の中西部地区、東北の古い工業基地に投資することを奨励し、国内企業の販売と投資の効率を高める。同時に、市場撤退のメカニズムを更に改善し、国際協力と競争に深く参与する。国際交流を拡大すると同時に、海外の先進技術を導入し、米国企業の先進的な経験を学び、大手多国籍企業の国際マーケティングチャンネルと国際市場の情報を利用することに注意しなければならない。

第二に、サービス業の秩序ある開放を推進する。サービス業の秩序ある開放を推進するには、依然として開放禁止の分野を禁止範囲に組み入れる必要

がある。各業界の競争力と保護水準を結びつけて、外資に対する業務範囲の制限を解除するまで、ネガティブリストの範囲を逐次削減する。上海自由貿易区のサービス業のネガティブリストをもとに、金融、教育、文化及び医療業界のさらなる市場参入許可のステップを深く研究する。「秩序ある開放」を原則として、中国の重点サービス分野の開放を適度に推進する。また、知識技術が密集しているサービス企業に対しては、それなりの外資誘致策を講じる必要がある。

（二）国民待遇＋ネガティブリストの外資投資モデルを構築し、関連法規を完備する

　第一に、中国の開放レベルに適応した国民待遇＋ネガティブリストモデルを構築する。米国は、自由貿易区協定と二国間投資協定の締結を基礎とし、ネガティブリストの国際投資ルール体系を構築した。これまで米国が 46 カ国と結んだ二国間投資協定、20 カ国と結んだ投資の章節を含む自由貿易協定は、ほとんどネガティブリストのモデルを採用してきた。現在，世界で少なくとも 77 カ国が、FTA や BIT 協定でネガティブリストを採用している。そのため、中国も国際ルールの変化に順応し、中国の開放レベルに合うネガティブインベントリ準入モデルを構築しなければならない。具体的には、国内法とネガティブリストの合理的な結びつきを原則として、中国の国内法に現存する、国民待遇と、最恵国待遇と相容れない条項を整理し、国家の安全と国民の生活に関する重点分野は国民待遇、最恵国待遇、業績要求、幹部の要求などの正面的な承諾を適用しないことを堅持しなければならない。中国の競争力の弱い産業分野は、なるべく不適用の措置を導入していくべきである。

　第二に、法律と行政法規の実行力を高める。全国の範囲で法律に基づく行政を強力に推進し、司法手続を簡素化し、地方政府官吏の法律教育を強化する。民間企業への投資の保護力を重視し、民間企業の健全な発展を保障する。各種の権利侵害行為に対する打撃を強化し、裁判所の効率を高め、関連貿易紛争を公平に解決し、できるだけ中国の投資政策を国際と結びつけ、良好な国際イメージを確立させる。知的財産権保護法律の執行を強化し、知的

財産権を尊重する社会環境の確立を推進する。海賊版及び侵害行為の広範な存在は法の執行力の不足及び社会公衆が知的財産権に対する重視の不足に起因し、欧米などの高い技術レベルの直接投資をさらに誘致するためには、政府が知的財産権保護システムを構築することが不可欠である。

もちろん、法と行政法規の実行力を高めた上で、関連法規の広報も強化しなければならない。現在、中国はすでに政府の法制情報ネットワークを開通し、「外国人投資企業政策」を刊行しており、その中には外国人投資企業が近年導入した国家と地方の関連政策法規が含まれている。政策と法規の情報ルートを明確し、政府情報の開示を法制化の軌道に乗せる。「集中に堅の塁を攻略し、ネットワークと協力し、責任を実行し、期限つき終了」という方法を採用し、法をもとに調停し、外国の苦情も「わだかまりなく、外国投資者の合法権益を守る」ようにさせる。

（三）外資の先進的生産要素を導入し、中国の労働力の素質を高める

現在、中国の人材の数量、素質と構造はまだ完全に経済発展の需要に適応することができず、これは中国経済の持続的かつ有効な発展に不利であるだけでなく、外資に対して持続的な吸引力を形成することもできない。そのため、外資の知能、人材と先進技術への導入作用を発揮し、外資企業が中国に研究・開発センターを設立することを奨励し、中国企業が国際先進の管理理念、制度、経験を参考し、体制革新と科学技術革新を促進すると同時に、中国の労働力の素質を高める。もちろん、中国の労働力の素質を高めるには以下の2つの方面の仕事をしっかりやらなければならない。

第一に、国民全体の素質教育を推進する。基礎教育を引き続き強化し、教育メカニズムを調整し、成人教育と職業教育を強力に発展させ、リストラされ、一時帰休された従業員の再就業訓練を行い、実用技術人材の育成を加速させる。人材の育成を重視し、中国の経済と社会の発展に必要な人材の導入を速める。国際人材の急速な流入を促進する。同時に、中国の重点業種と地域の外資誘致の需要を満たすために、国内、国外の関連人材の交流と学習のプラットフォームを構成しなければならない。より多くの人材育成機構の創立と人員の交流を奨励し、また、優れた人材を激励する措置を講じて良好な

社会の雰囲気を作っていく。

　第二に、科学技術知識プラットフォームを構築し、知識技術革新の良好な雰囲気を造成する。政府の指導の下で、業界協会、科学研究機構、大学及び企業は共同で努力し、関連業界の知識と技術をフォローし、投資資源の積み立てを注意、促進すべきである。関連性の基礎研究への投資を適度に拡大して、技術と知識の普及を重視する。人材競争がますます重要になっている時代に、素質の高い人材はすでに持続的な外資誘致と安定の必要条件になっていると言える。

（四）外資導入と対外投資を総合的に考慮し、外資政策と産業政策の結合を促進する

　現在、中国は経済構造の調整と産業のアップグレードの重要な時期にある。外資を利用した投資の関連政策もこのような変化に適応すべきである。優遇政策のモデルから国民待遇＋ネガティブリストのモデルへの転換を実現すると同時に、外資導入への重視から外資と対外投資を共に扱う形式への転換も実現すべきであり、それはつまり互いに利益のある開放形式へと変わっていくべき、ということである。また同時に、外資投資政策と国内産業政策の結びつきも推進する必要があり、外資企業の技術の拡散と増加による効果によって、外商直接投資こそが中国の産業のアップグレードと経済構造の転換の大きな動力となりうるのである。

　外資の導入と対外投資を総合して考える、ということは投資環境の改善を重視するということを指しており、質の面で外資を導入すると同時に、「外海進出」戦略の実施を速めるべきである。市場をもとに方向性を決め、企業の自主性原則を発揮しながら、各類の所有制企業が秩序よく多形式の海外投資プロジェクトを展開するよう誘導する。例えば、海外工事請負、農業国際協力プロジェクト、国際エネルギー資源互恵協力プロジェクトなど。中国の大型多国籍企業と多国籍金融機関を段階的に創設し、発展させる。海外投資を展開するために、前期の国際投資環境研究、投資プロジェクト評価、投資期間のリスク予防と早期警戒メカニズムなどを、政府が特別資金で支援するに加え、各種国際条約において、中国企業の海外権益の保護を特に重視すべ

きである。

　外資政策が広く産業発展政策と結びついていることを促進し、外商直接投資を獲得することが中国産業のアップグレードと経済構造の転換を推進する動力になる。現在、中国経済構造のアップグレードは、客観的により多くの資本集約型と技術密集型の外商直接投資を誘致する必要があるので、優先的に発展する業界に関連分野の奨励政策を打ち出し、外資の順調な流入を促進しなければならない。インドのやり方を参考にして、インド政府は外資が自国の技術と知識産業に投資する外国直接投資の割合を絶えず高め、優遇措置を増やし、制限条件を減らし、コンピュータソフトウェア産業を大いに育成している。インドは 17 のソフトウェア技術団地を全国に造成し、これらのハイテク団地に進出した内外の企業に対し、輸出入ソフトウェアに対する二重課税の免除、中小企業のコンピューター技術導入制限の緩和などの優遇策を実施している。

　また、中国の投資環境地区の不均衡、という特徴を利用し、外商の直接投資が中国内部における産業移転を実現し、労働集約型産業を徐々に中西部地区に移転しなければならない。同時に、外資を利用して適度に先行するインフラ整備を行い、特に中西部地区のエネルギー交通型基礎施設の開発を進めるべきである。

（五）投資ソフト環境を充実させ、金融サービスの水準向上に力を入れる

　中国の経済と社会の発展に伴い、中国の投資環境は次第に改善され、世界で最も投資吸引力のある国の 1 つである。投資環境におけるハード環境、例えば交通などインフラの発展は著しいである。それに比べて、ソフト環境における金融サービスのレベルはだんだん発展の短所になっている。したがって、「十三五」規画では、対外開放の好調な政策を利用して、中国の金融サービスのレベルを重点的に高めるべきである。

　中国経済の発展に従って、金融サービスのレベルは外資に対する影響力はますます大きくなっている。世界銀行の研究によると、中国の金融部門の効率は高くなく、一部の生産潜在力の大きい企業は直ちに銀行から資金を獲得できず、その他の非公式な融資ルートに頼らざるを得ない。そのため、金融

体制の改革を加速し、中国の金融機関の運行効率を高め、資金資源を合理的に配置し、多元化の企業融資体系を確立し、企業特に中小企業と新型企業の融資コストを下げることは急務となっている。企業に対する融資の効率を高め、特に外資を誘致する重点業種、重点地域の関連企業の金融サービスのレベルを高める。企業のリスク投資・融資体制を整え、全面的な金融サービスを提供し、資金の使用リスクを分散化し、特に重点企業に対しては、政府が主要なリスク負担者として、銀行のリスクを低減し、関連企業により大胆に貸与することができる。資金の配分方式は主に政府の承認と銀行の評価の2種類である。政府の審査は主に財政資金の振り替えに対して、銀行の評価はローンに対してである。資金の使用効率をできるだけ保証し、使用リスクを低減する。資金の使用状況を追跡、監督する一方で、資金の使用効率を評価し、企業が後に資金の支持を求める参考基準としなければならない。

参考文献

①賀燦飛.外商直接投資区位：理論分析与実証研究 [M].北京：中国経済出版社 2005.

②楊征,蒋瑛.外商直接投資、産業特征与経済増長：実証考察和産業比較 [J].経済問題,2014(4):23-28 ページ。

③任暁潔.浅析対華外商直接投資的決定因素 [J].経済研究導刊,2014(9):249-250 ページ。

④王晶晶,黄繁華.FDI 結構性転変是否促進経済増長 [J].南方経済,2013(12):1-12 ページ。

⑤丁翠翠.外商直接投資対我国経済増長影響的動態効応与区域差異 [J].統計与策,2013(16):116-119 ページ。

⑥劉勝軍,鄭雪.FDI 与我国投資環境優化浅析 [J].経済研究導刊,2012(05):192-193 ページ。

⑦賀紅波,屠新暖.FDI 与中国経済増長之間関係的実証検験 [J].統計与決策,2005,21(3):62-63 ページ。

⑧鄭先勇,胡純.制度穏定性和変遷視角下的我国直接投資政策評価 [J].特区経済,2010(8):240-241 ページ

⑨李凡,李潔.中印利用 FDI 政策比較研究 [J].石家庄経済学院学報,2009(8):56-60 ページ。

第10章

中国の産業構造の変遷と「十三五」経済成長の展望

【要旨】中国経済減速の原因が「構造的な減速」かどうかを検証するために、本稿は産業レベルに分解できる経済成長計算フレームを構築し、この方法を利用して第 1 次産業、第 2 次産業、第 3 次産業の労働生産性、3 次産業内部の各生産要素と 3 次産業間の労働力再配置が 2008 ～ 2012 年の経済成長に貢献したポイントを測定し、またその結果を改革開放以来の経済成長の減速期と比較する。研究により、(1) 1985 年から 1990 年の間に、産業構造サービス化は一貫して経済成長を妨げ始めていたが、その要素は始めから終わりまでずっと労働力の都市化と工業化の経済成長に対する前向きな貢献により帳消しにされ、これにより労働力の部門間での流動が全体ではやはり経済成長を促進しており、その上その促進作用は 2008 ～ 2012 年の間では全く弱まることがなかった。(2) 008 ～ 2012 年の間で第 3 次産業の労働生産率の貢献した経済成長率は、2000 ～ 2007 年と比較すると下降しているのだが、やはり 2.84％の高い数値であり、1991 ～ 1992 年の急速成長時期よりももっと高い。このことは第 3 次産業の労働生産率は現在も促進されているが、経済成長の妨げになっているわけではない。(3) 3 次産業の全要素生産性成長率が 2008 ～ 2012 年の経済成長に貢献したポイントが同時に低下したことが、今回の経済減速の主な原因である。上述の結論は、中国経済減速の原因を構造的な減速に帰着させることは証拠が乏しいことを意味する。「十三五」の時期に中国 3 大産業の全要素生産率の増加率が向上すれば、中国経済は依然として高速成長を回復することができる。

一、はじめに

　改革開放以来、中国経済はずっと高速成長を続けている。1978 ～ 2013
年の平均経済成長速度は 9.85% に達し、中国の GDP 総量の世界ランキング
は 1978 年の 10 位から 2010 年には 2 位になった。しかし、2007 年以来、
中国経済成長の勢いは顕著な変化が現れ、経済成長率は明らかに低下した。
2002 年から 2007 年までの中国の平均経済成長率は 11.23% であったが、
2008 年から 2013 年までの成長率は 8.98% にとどまった。このような経済
減速が続く中、「十三五」（2015 ～ 2020）時期の経済成長に挑戦している。
　学術界では、今回の中国経済減速は長期的な構造的要因によって駆動され
る可能性が高く、特に構造的な減速という観点で注目されている。いわゆる
構造性の減速は、袁富華（2012）の説明によると、「先進国の産業構造のサー
ビス化の過程で、第 3 次産業の労働生産率の増加速度は第 2 次産業よりも
低く、全社会の労働生産率成長率の低下につながっている」、そして、「労働
生産性の成長減速が発生した国では、国民所得の成長速度が鈍化する」とさ
れている。言い換えれば、第 3 次産業の比重が高くなれば、経済成長は長
期的に鈍化する傾向にあり、中国はこの段階にあるということである。この
ような観点が注目されるのは、学術界が提起したその他の経済成長の長期減
速の原因、例えば、人口の高齢化、国有企業の非効率、労働力の低コストメリッ
トの消失、輸出と投資の伸び率の減速、政府の規制過多などの問題は、すべ
て政府が解決しようとする問題である。このような問題を解決するための政
府の政策目標が矛盾しないということである。構造的な減速だけが政府の政
策目標と矛盾しており、第 3 次産業の比重を高めることは政府の産業構造
のアップグレードの既定目標であり、第 3 次産業の比重を高めると同時に
構造的な減速を引き起こしたら、政府の「着実な成長」と「産業構造のアッ
プグレード」という 2 つの政策目標は矛盾している。
　「構造性の減速」という観点は、見たところ中国の現実状況と合っている
ようで、改革開放以来、中国の第 3 産業の就業と増加値の比重は一貫して
上昇している。しかし、注意すべきところは、1987 ～ 1990 年と、1993

〜 1999 年の期間に、中国も持続的な経済成長の衰退を経験しており、その後にこの 2 度の衰退はどれも周期的な経済減速であったということが証明された。しかし、この 2 度の経済減速期間において、第 3 次産業の就業と増加値の比重もともに上昇していたのである。なぜ上記の 2 度の経済減速は周期的な減速であり、また 2008 年に始まった経済減速は構造的な衰退なのであろうか？この問題に対して、学術界は、明確な答えを出せていない。我々は、経済減速の原因に対して、分析を行うことは十分に必要なことであると考える。現在の経済減速は、減速の幅から言っても、時間の面から言っても、以前の 2 度の経済減速を超えてはいない。このため、我々は今回の経済減速は構造的なものなのかを、論理的にはっきりとさせる必要があり、こうすることで我々は正確に「十三五」時期の経済成長を予測できるのである。もし、経済減速が本当に構造的な減速であったならば、それは政策決定部門の、「十三五」時期の経済成長目標の下方修正を余儀なくされるだろう。

　本文の割り当ては以下のようである。第 2 部分では関連文献と本文のオリジナルの部分を紹介し、第 3 部分では構造的な経済成長の計算モデルを設立して、第 4 部分ではデータの出所を紹介し、第 5 部分では成長計算の分析結果を詳細にし、最後はまとめである。

二、文献の要約

　中国経済減速に関する研究文献は、大きく 2 つに分類できる。1 つ目は、経済成長の計算方法を用いて経済衰退の原因を研究しているもので、もう 1 つは計量方法を用いて中国経済減速が構造的なものかどうかを研究しているものである。

　成長の計算方法を利用して中国経済の成長を研究している文献は多く、例えば Chow（1993）や Young（2003）などである。しかし、これらの文献の研究機関はどれも中国経済の急速成長の時期であり、このため中国経済減速の問題についてはいまだに打ち出せていない。本当に中国経済減速を研究した文献は近年になってようやく現れ始めた。Wang,Fan と Liu（2007）は計量の方法を利用して GDP と資本、労働、市場化、都市化、対外貿易など

の要素との関係を分析し、そして成長計算の全要素の生産率を解釈可能な部分と解釈不可能な部分に分解し、中国の経済成長は決して、クルクマンの予言したような生産率の進歩のない投資型の成長ではないということを発見したが、政府の行政コストと最終消費の構成歪曲によって、一部の TEP が流出し、将来の経済減速につながるかもしれないということも分かった。

　Zheng,Bigsten と Hu（2008）の分析で、中国経済の成長は資本の積み立てに頼りすぎではあるが、資本の積み立ての効用と効率は国有企業と政府の口出しによりかなり歪曲されていて、このために中国経済減速が起こったと考えている。

　Eichengreen,Park と Shin（2011）は、経済減速に対して評価のフレームを設定し、彼らは経済成長の計算方法を利用して、世界経済体の成功と失敗の経験を研究し、1 人当たりの GDP が 16740 ドルに達した時、経済減速が起こる可能性が高くなることを発見し、また中国経済減速は 2015 年から 2017 年に起こると予測した。

　Lee,Hong（2012）は成長計算方法を利用して、12 のアジア発展途上国の成長経験を分析し、これらの国家の成長度合いにあった「条件収斂」の法則を発見した。この法則によって、彼らは中国経済のこの先の 20 年間の、10 年ごとの成長率はそれぞれ 6.09％と 4.98％にまで下降すると予測しているが、しかし適切な改革政策により経済減速の到来を遅くすることができ、成長率もそれぞれ 7％と 6.23％を維持できるのである。陳彦斌と姚一旻（2012）は成長計算を利用して中国の 2008 年以来の経済減速を分析した。彼らは「十二五」時期と「十三五」時期の経済成長率は 2000 ～ 2010 年と比べるとそれぞれ 2.3％と 4％減少していて、経済減速の原因は輸出と投資の増加速度の減速や、低コストという優位さの徐々な消失、さらには全要素の生産率の増加速度の下降などであると予測している。

　構造的な減速を研究している文献はここ 1、2 年でやっと現れ始めた。袁富華（2012）は労働生産率の定義式を利用して、1 人当たりの産出を労働生産率と労働参与率及び労働年齢人口比率に分解し、また産業構造の変遷が発達国家の生産率に与える影響を計算した。その結果、1970 年代後の発達国家の経済成長の減速が主に第 3 次産業の比重の増加が原因であることが

分かった。呂健（2012）は空間パネルデータモデルを利用して、中国の構造的な減速現象を分析し、中国経済の成長と空間には相関性があって、東部地区が現在構造的な減速を迎えており、中西部地区は構造的な加速を迎えている、ということを発見した。中国経済成長の最先端課題グループ（2012）は、人口構成の転換、要素の弾力性の変数の逆転、経済構造サービス化の形成は中国経済の成長を促す 3 つの原動力であると考え、また中国が穏やかな成長段階に入ってしまったとしても、1 人当たりの GDP は発達国家の並びに入ることができると予測している。張平（2012）は中国経済の成長は構造的なもので、周期性はなく、貨幣数量による刺激の通常の総体的な政策では効き目は現れにくく、経済体制が、構造的な改革によって構造的な減速がもたらす弊害に適応できるようになる必要があると考えている。他に、張暁晶（2012）や、沈坤栄、滕永楽（2013）、王慶（2011）などの学者たちは統計分析と、国内外の対比あるいは定性分析を利用して、異なる方面から「構造的な減速」に対して詳しい記述を行った。これらの文献は、構造的な要素の作用を研究したものではあるが、しかしすべて第 3 次産業の比重などの指標から現れた産業構造の変遷を指しており、また、労働力の産業間における異なる方向の転換と経済成長との関係の中で、その指標が完璧に現れることは難しく、特に労働力の工業化や都市化が経済成長への影響を無視したものなのである。

　すでにある文献と異なり、本文は産業レベルにまで分解できる経済成長の計算フレームを導き出し、そのフレームは中国の経済成長率を第 1 次産業、第 2 次産業、第 3 次産業部門の労働生産率の貢献と、3 次産業内での各生産要素の貢献及び 3 次産業間の資源再分配の効果や反応の貢献に分解することができて、それによって産業間の各種異なる方向の転換において労働力の影響を完璧に表現することができ、我々が 2008 年以来の成長の停滞が構造的な減速によるものなのかどうかをはっきりと見ることができる。このようにして、我々は成長停滞の原因に対して比較的信頼できる結論が得られ、またこれを基本として正確な政策の提案を打ち出していくのである。

三、フレームの分析

　この節では、産業のレベルにまで分解できる経済成長の計算分析フレーム
を導き出した。[1]我々は３つの段取りに分けて GDP 成長率を分解し、第１段
階は GDP 成長率を沪魚津生産率成長率と労働力の成長率に分解し、第２段
階は労働生産率成長率を３次産業の労働生産率成長率と資源の再分配効果
と反応（Reallocationeffect）に分解し、最後にそれぞれの産業の労働生産率
成長率を、物質資本、人力資本、土地及び全要素の生産率と成長率に分解し
た。それぞれの段階で示された結果はみな次の段階の示すものの出所となっ
ている。上記の３つの段階を通じて、我々は経済成長率を産業レベルにま
で分解できるのである。

　第１段階。GDP 成長率を労働生産性成長率と労働力成長率に分解する。
これにより GDP 成長率は、労働生産性成長率と労働力成長率の和に分解さ
れる。次に、労働生産性の成長率について再度分解する。

　第２段階。労働生産性成長率を３次産業労働生産性成長率と資源再配置
効果に分解する。

　ここで労働生産率の成長率を３次産業の労働生産率の成長率と資源の再
分配の効果と反応へと分解することができる。資源の再分配の効果と反応と
は、労働力を生産率の低い部門から生産率の高い部門へと移していく過程の
中で生まれた生産効率の上昇のことを指している。各産業の１人当たりの
産出の成長率の変化の加重の和を表しており、各産業における労働生産率の
成長率の変化を比較することで、要素の産業間での流動が関係なくなる。各
産業の労働力の要素の増加の加重平均を表していて、この項において要素の
産業間における新たな分配を代表しており、その上各産業の労働生産率の時
間による変化には左右されず、そのために資源の再分配の効果と反応と呼ば

1　Boswortthand Collins（2008）も経済成長率を労働力成長率と各産業の労働生産性成長率に分
解した。本論文の経済成長の計算分析フレームとこの文の主な違いは、農業と非農業産業の間、農
業と工業の間、サービス業とサービス業の間の労働力の流れが経済成長に寄与するということをそ
れぞれ推定することができる。BosworthandCollins（2008）はこれができず、彼らの方法は「構
造的減速」の有無を判断するのに利用できなかった。

れるのである。

　第 3 段階。各産業の労働生産性成長率を物質資本、人力資本、土地と全要素生産性の成長率に分解する。

四、データについての記述

　本文の成長計算には全国レベルと 3 次産業レベルの GDP、労働力、物質資本の数量、土地、人力資本のデータが必要であり、年度は 1978 年から 2012 年までである。特記のない限り、全て中国統計年鑑による。データの記述を通じて、中国の産業構造の変遷の軌跡を見ることができる。

（一）3 次産業の GDP、労働力の成長率と、労働生産率

　『中国統計年鑑』をみると、国内総生産と 3 次産業の増加値の時間序列が得られ、それぞれ総量と 3 次産業の GDP デフレーターで上述の時間序列データを割った。統計年鑑の「年末従業員数」は、全国レベルと 3 次産業レベルの労働力データを提供している。増加値データを労働力データで割ると、3 次産業の労働生産性の時間序列データが得られる。総労働生産性は 1978 年から 2012 年までの平均増加率は 7.76％であった。第 1 次産業は 1 人当たり 362 元から 1 人当たり 1819 元に増加し、年平均 4.86％増加した。第 2 次産業は 1 人当たり 2512 元から 1 人当たり 28626 元に増加し、増加率は 7.42％に達した。第 3 次産業は 1 人当たり 1784 元から 1 人当たり 10316 元に増え、年間成長率は 5.3％であった。第 2 次産業の労働生産性の増加率が第 1、3 次産業より遥かに高いことが分かる。

　以上の 3 次産業の労働生産率をそれぞれの就業シェアと掛け合わせると、加重平均後の生産率が算出される。このとき、加重平均をした 3 次産業の労働生産性の合計値は 6.17％であり、全体の労働生産性 7.76％と 1.59％の差が見られた。この差は、労働力が低生産性部門から高生産性部門に移動した後、資源が最適化・配置されることによる生産性の向上と考えられ、「資源再分配の効果と反応」（Peneder, 2003; BosworthandCollins, 2008）と呼ばれる。

（二）物質資本と土地

　物質資本の シリンダー残量の計算に関して、筆者は通常の継続記録法を採用しており、その計算公式は Kt=Kt-1（1-δ）+It となっている。そのうち K は物質資本の シリンダー残量を表す。公的データがないため、中国全国と各産業の基礎資本のシリンダー残量を確保するのが難しい。我々は、Young（2003）を手本として、基期固定資本の総額を 10%で割って基期資本の シリンダー残量とし、1978 年の物質資本の シリンダー残量は 7388.7 億元であり、3 次産業の物質資本の シリンダー残量はそれぞれ 738.9 億元、4649 億元、2360.9 億元である。

　It は各年度の投資流量の指標である。本文に使われた指標は統計年鑑の「固定資本形成」項目である。価格要因の影響を取り除くためには、それを割る必要がある。統計局が 1991 年から発表した「固定資産投資価格指数」は、最も適した水準である。以上のようにして、投資流量の指標を 1978 年不変価格の「固定資本形成」に統一的に整理した。

　δ は減価償却費である。減価償却率は 0.05 とする。基礎期間の初期シリンダー残量は Young（2003）の 1978 年の物質資本剰余金を参照する。各年度の指標を継続記録法の公式に組み込むと、各年度の物質資本シリンダー残量のデータが得られる。

　土地が第 1 次産業に果たす役割を考慮し、第 1 次産業には生産要素である土地のみを記載し、第 2 次産業と第 3 次産業にはこれを含まない。土地指標は統計年鑑の「農作物総播種面積」指標を用いた。

（三）人的資本（人間が持つ能力）

　人的資本の計算に対して、筆者は Bosworth と Collins（2003）を参考し、教育の収益率を毎年 7%と仮定し、H は人力資本を表し、S は教育を受けた年数を表すとすれば、人力資本の計算式は H = (1.07)S である。1978 年から 2005 年までの 1 人当たりの教育年限のデータはからのものであり、軍の労働力の平均教育年限を含む。2006 ～ 2012 年のデータは『中国人口と就業統計年鑑』に記載されている人口の教育水準に関するデータから計算したものである。教育水準を未就学、小学、中学、高校、専門学校、大学、大

学院生などの段階に分け、各段階の教育年限をそれぞれ 0、6、9、12、15、16、19 年とし、各段階の人口が総人口に占める割合というウェイトを付与すれば、その年の平均人口の教育年限を得ることができる。

（四）産出の割り当て

Bosworth と Collins（2008）の中で α は直接定数値 0.4 を与えられ、この仮説は主に 2 つの面から考えられる。第一に、Bosworth と Collins の検証を経て、α が一定の値を与えることは結論に与える影響は大きくない。第二に、小さいシェアを与えたのは、人的資本に教育年限の影響を加えることで相対的にシェアが大きくなり、物質的なシェアが小さくなったためである。したがって、本稿では α = 0.4 の仮定に従う。

五、経済成長計算の分解結果

上記の分析フレームとデータを利用すると、我々は中国の 1978 ～ 2012 年の経済成長率に対して分解を行うことができる。筆者は、35 年間を 3 つの経済成長率上昇期間と 4 つの経済成長率低下期間に分け、上記の区分基準に基づき、1978 ～ 2012 年の経済成長率の分解結果を 7 つの期間に分け、その結果は表 10-1 の示すとおりである。

（一）全体の分解結果

まず、全体労働生産性の分解結果を分析し、表 10-1 の 2 行目から 4 行目は総生産増加率、労働増加率、1 人当たりの生産増加率である。35 年間の総産出の平均成長率は 9.83%、労働生産性の平均成長率は 7.76% であった。

7 つの期間を比較すると、中国の経済成長率は比較的明らかに変動していることが分かる。経済成長の減速は、1978 ～ 1981、1985 ～ 1990、1993 ～ 1999、2008 ～ 2013 年の 4 回あり、1993 ～ 1999 年の減速期間は 7 年に及び、2008 年以来の減速期間の長さを超えている。経済成長率だけを見ても、2008 ～ 2012 年の成長率の減速がこれまでとどのように変わったのかは分からない。今回の経済減速の性質を探究するために、総生産と労

表 10-1　　1978 ～ 2012 年の経済成長率の分解結果（成長率％）

	1978-1981	1982-1984	1985-1990	1991-1992	1993-1999	2000-2007	2008-2012
総生産量	6.88	12.99	7.87	14.24	9.78	10.79	9.17
労働力	2.88	3.15	5.36	1.01	1.11	0.63	0.38
労働生産率	3.89	9.54	2.38	13.10	8.57	10.10	8.77
第1次産業 労働生産率	0.63	3.48	-0.10	1.34	0.92	0.83	0.85
- 物質資本	1.28	0.80	0.16	0.38	0.42	0.30	0.48
- 人的資本	-0.03	0.07	0.15	0.07	0.08	0.05	0.04
- 土地	-0.21	-0.02	-0.25	0.04	0.09	0.07	0.13
-TFP	-0.38	2.55	-0.15	0.83	0.32	0.41	0.18
第2次産業 労働生産率	1.32	2.14	1.23	7.79	4.77	3.86	3.16
- 物質資本	0.56	0.49	0.50	1.01	1.19	1.59	1.86
- 人的資本	-0.05	0.12	0.28	0.16	0.24	0.20	0.22
-TFP	0.81	1.51	0.44	6.44	3.24	1.99	1.02
第3次産業 労働生産率	0.28	0.92	0.53	2.14	1.50	3.47	2.84
- 物質資本	0.39	0.20	0.31	0.76	1.19	1.64	2.00
- 人力資本	-0.02	0.06	0.20	0.13	0.18	0.17	0.21
-TFP	-0.09	0.65	0.02	1.22	0.12	1.58	0.59
再配置効果	1.65	3.00	0.72	1.83	1.38	1.93	1.93
- 効果	1.78	3.27	0.78	1.44	1.51	1.92	1.75
- 効果2	-0.13	- 0.27	- 0.06	0.39	- 0.13	0.01	0.18

働生産性の成長率をさらに分解し、どの部分が経済減速を招いたのかを検討する必要がある。

　表 10-1 の 5 行目から 20 行目では、総労働生産性成長率を 3 次産業労働生産性成長率と資源再配置効果に分解した。改革後の 7 つの期間における労働力と 3 次産業労働生産性成長率の経済成長率への貢献度を比較することによって、次のような特徴を見出すことができる。

　1、労働力の成長が経済成長率に貢献するのは、1991 年から 1992 年の間に絶えず下がり、2008 年から 2012 年の間に労働力の成長は 0.38 ポイ

ントの経済成長に貢献しただけで、経済成長への貢献率は 5%を下回った。これは、中国の余剰労働力の減少と人口ボーナスの減少によって、現在の経済成長は労働投入の増加に頼ることができなくなり、労働生産性の増加に頼るしかないことを示している。また、労働力の成長の寄与が 1991 〜 1992 年から低下していることから、2008 年以降の経済減速を説明するのも適切ではないようである。

　2、35 年の平均結果から見ると、第 2 次産業の労働生産性が貢献する経済成長率の平均は 3.38%で、3 大産業の中で最も高い。しかし、経済成長に対する第 3 次産業の労働生産性の貢献率は変動的に上昇傾向にあり、2003 〜 2007 年の間に第 2 次産業との格差は 0.32 ポイントに過ぎなかった。第 1 次産業の労働生産性の経済成長への貢献率はずっと低い。これらの現象は、中国の経済成長が第 3 次産業の労働生産性の向上にますます依存していることを意味する。しかし、第 3 次産業の労働生産性が経済成長を萎縮させる兆しは見られなかった。2008 年から 2012 年の第 3 次産業労働生産性が貢献した経済成長率は、2000 年から 2007 年に比べて低下したものの、2.84%と高い成長率を記録しており、1991 年から 1992 年の高度成長期よりも高い。言い換えれば、産業構造のサービス化が経済成長に貢献しているということである。この結果は、袁富華（2012）が述べた産業構造のサービス化が国民所得の鈍化を招くという予言とは合わない。また, 表 10-1 の結果から見ると、35 年間の労働力の産業間移行はあくまで経済成長を促進する要因であり、その促進作用は 2008 〜 2012 年の間は減衰しなかった。このうち、労働力の第 1 次産業から第 2 次、第 3 次産業への移転は、経済成長を促進する効果が大きい。これは、産業構造サービス化が経済成長に貢献することがマイナスであっても、労働力の郷——城移転が経済成長に肯定的な貢献によって相殺される可能性があり、産業構造サービス化が経済成長に貢献することがプラスであることは言うまでもない。つまり、3 大産業の労働生産性と資源再配置の観点から、中国経済の構造的な減速は証拠不足である。しかし、2008 年以降の中国経済減速の原因を明らかにする必要があり、これは 3 次産業の労働生産性を構成する要素をさらに分解する必要がある。

（二）３次産業の労働生産率の具体的な分解結果

　第３部分の経済成長計算モデルによると、我々は３次産業の労働生産性成長率を物質資本成長率、土地成長率、人的資本成長率、全要素成長率（TFP）の成長率に分解する。結果は表 10-1 の 6-17 行目であり、各産業の生産要素ごとに貢献する経済成長率の変化傾向が見られる。

　物質資本投入を見ると、2008 〜 2012 年の経済成長減速の過程で、第１次産業、第２次産業、第３次産業の物質資本投入が貢献した経済成長率はいずれも高位の下落傾向を示したが、下落した後も 2000 〜 2007 年の同じ指標と横ばいだった。総合的に見ると、2008 年から 2012 年までの第１次産業、第２次産業、第３次産業の物質資本の投入による経済成長率の平均値はそれぞれ 0.48%、1.86%、2.00% であり、2000 年から 2007 年までの経済成長率より高かった。

　人的資本投入の成長情況から見ると、第１次産業の人的資本投入が貢献した経済成長率は波動下降の傾向を呈している。第２次産業、第３次産業の人的資本投入が貢献した経済成長率はいずれも波動上昇の傾向を示した。2008 〜 2012 年の経済成長減速の間、第２次産業と第３次産業の人的資本投入が貢献の経済成長率の平均は、それぞれ 0.22%、0.21% といずれも前の高度成長期（2000 〜 2007 年）の平均値 0.20% と 0.17% より高く、第１次産業の人的資本投入による経済成長率の平均値だけがわずかに低下した（0.05% から 0.04% に低下）。そのため、今回の経済成長の減速も、人的資本の投入の減速によるものではないようだ。

　全要素生産性は、要素の成長によって説明されないその他の部分を含み、全要素生産性の計測は技術進歩のレベルをある程度代表することができるため、経済発展の質を評価する重要な基準となっている。2008 〜 2012 年の３大産業の全要素生産性成長が全体経済成長率に与える貢献度はいずれも低迷しており、それぞれ 2000 〜 2007 年の 0.41%、1.99%、1.58% から 2008 〜 2012 年には 0.18%、1.02%、0.59% に低下していた。総労働生産性の経済成長への貢献は 2000 〜 2007 年の 10.10% から 2008 〜 2012 年の 8.77% に低下し、経済減速の要因となっている。しかし、2008 〜 2012 年の総労働生産性貢献に影響を与えたすべての要素の中で、３大産業の物質

資本、人的資本要素及び第 1 産業の土地要素は、経済成長に対する貢献はすべて上昇している（第 1 次産業の人的資本の貢献がわずかに減少したことを除いて）。3 大産業の全要素生産率だけが経済成長に貢献する割合は大きく下がった。これは、3 大産業の全要素生産性の成長が緩慢であることを意味し、今回の経済成長減速の本当の原因になる可能性がある。

　しかし、3 大産業の全要素生産性の表現から見て、構造的な減速の結論は得られない。これには 2 つの理由がある。第一に、3 大産業の全要素生産性は経済成長への貢献度が低下しており、構造的な差はない。第 3 次産業の全要素生産性の貢献が低下し、第 2 次産業の全要素生産性の貢献が上昇するだけであれば、構造的な減速の兆候もあると言えるが、事実はそうではない。第二に、中国の全要素生産率は順周期的ではなく、経済成長率の変動に対して強い説明力を持っている（Heetal. 2009）という文献があり、これは表 10-1 の分解結果と一致する。表 10-1 からわかるように、1985 〜 1990 年と 1993 〜 1999 年の経済成長の減速期間においても、3 大産業の全要素生産率が経済成長に寄与するポイントの減少が見られた。今回の成長減速で、3 大産業の全要素生産性の低迷も周期的な現象ではないかと疑わざるを得ない。もちろん、今回の成長減速はまだ終わっていないため、現時点ではそうは言えない。しかし、少なくとも今のところ、今回の成長減速が構造的減速であるという証拠は乏しい。

六、結論

　2008 年以来、中国の経済成長は減速の傾向にある。今回の経済減速の原因が構造的な減速であるかどうかについて、国内外では説得力のある研究が不足している。本文を保障した 1 つの産業に分解できるレベルの経済成長の計算分析フレームを分析し、同計算分析フレームは経済成長率を 3 次産業の労働生産性成長率への貢献、3 次産業内部の各生産要素への貢献、産業間労働力再配置への貢献に分解し、経済減速の原因を産業レベルで考察することができる。筆者らはこの方法を用いて、2008 年から 2012 年までの中国経済減速の過程における構造的な要素の貢献と生産要素の貢献を推計し、

その結果を改革以来の経済減速と比較し、今回の経済減速の原因と性質について信頼できる判断を試みた。その結果は以下の通り。

1、20世紀90年代の初めから、労働力の増加は中国の経済成長率に対する貢献は次第に下がっている。これは中国の経済成長が労働力の投入増加に頼ることができなくなり、逆に労働生産性の向上にもっと頼ることができることを示している。一方で、2008年から2012年の経済減速を労働力成長の減速要因で説明することは適切ではないと説明している。

2、35年間の労働力の産業間移動は経済成長を促進する要素であり、このような促進作用は2008～2012年の間には緩和されなかった。2008～2012年の労働力の第2次産業から第3次産業への移動は、経済成長率への貢献が2000～2007年の間よりも増加した。また、2008～2012年の第3次産業の労働生産性が貢献した経済成長率は、2000～2007年に比べて低下したものの、2.84％と高い成長率を記録し、1991～1992年の高度成長期よりも高かった。これらの結果は、中国経済の構造的な減速の論点は証拠が乏しいことを示している。今回の経済減速が本当に長期的だとしても、その原因は構造的な減速ではない可能性が高い。

3、2008～2012年間、3次産業の全要素生産性と第2次産業、第3次産業の労働生産性の、全体の経済成長への貢献は、高速成長の2000～2007年よりも低下した。しかし、このような状況は、1985～1990年と1993～1999年の経済成長の減速期間にも見られたが、いずれも周期的な経済減速であり、構造的な減速ではない。したがって、現在把握されている証拠だけでは、今回の経済減速が周期的な減速であることを否定するには不十分である。

4、今回の経済減速の性質とは関係なく、3大産業の全要素生産率が経済成長に貢献するポイントの減少は、今回の経済減速の主な原因である。

本文の結論としては、中国経済成長の構造的な減速は証拠不足である。経済成長の次のステップを判断するのは難しい課題である。本稿の研究結果によると、少なくともこれまで構造的な減速の兆候は見られなかった。したがって、今回の経済減速は、1985～1990年、1993～1999年のように、周期的な経済減速の可能性を否定することはできない。前の部分はすでに指

摘したように、3 次産業の全要素生産率の減速は、今回の経済減速の本当の元凶であるが、全要素生産率はまた高度な順周期性がある。これは、中国が「十三五」時期に全要素生産率の増加率を高めることができれば、中国経済が依然として高速成長の軌道に復帰する可能性があることを意味する。しかし、「十三五」時期に全要素生産率の成長率が低迷を続けると、中国経済成長の速度はさらに減速する。また、3 次産業では全要素生産率の伸びが鈍化しているため、この問題を構造調整で解決することは難しい。

　以上の結論は、2 つの可能性が同時に存在するため、「十三五」時期の経済成長速度を正確に予測することは困難であることを示している。しかし、本論文で得られた重要な結論は、産業構造のアップグレード、あるいは第 3 次産業比重の向上は、「十三五」時期の経済成長減速を招くことはできず、この要因はもともと 2008 ～ 2012 年の経済減速の原因ではないからである。これは中国政府の政策決定が「着実な成長」と「産業構造のアップグレード」というジレンマに陥ることを避けた。中国政府は、着実な成長措置を通じて、中国経済の高成長軌道への復帰を目指す可能性がある。政府の着実な成長政策は 3 大産業の全要素生産性の向上と労働力の産業間移転を同時に重視すべきである。

参考文献

①陳彦斌, 姚一旻 (2012):『中国経済成長の衰退の原因、挑戦と対策』、『中国人民大学学報』第 5 期。
②呂健（2012）:『産業構造の調整、構造的な減速と経済成長の分化』、『中国工業経済』第 9 期。
③沈坤栄、滕永楽 (2013):『「構造的」減速下の中国経済の成長』、『経済学家』第 8 期。
④王慶、章俊,ErnestHo(2011):『2020 年前の中国経済：成長の減速は起こるのか、またいかにして起こるのか』、『金融発展評論』第 3 期。
⑤袁富華 (2012):『長期成長過程における「構造的加速」と「構造的減速」：一種の解釈』,『経済研究』第 3 期。
⑥張平 (2012):『「構造的」減速下での中国マクロ経済政策と制度機制の選択』,『経済学動態』第 10 期。
⑦張暁晶 (2012):『成長の衰退は「オオカミ少年」ではない:中国未来成長前景展望』,『国際経済評論』第 4 期。
⑧中国社会科学院 (2013):『マクロ経済白書：中国経済成長レポート (2012~2013)』、北京：社会科学文献出版社。
⑨中国経済成長最先端課題グループ (2012):『中国経済の長期成長手段、効率と潜在成長の水準』、『経済研究』第 11 期。

第 11 章
公平な競争環境の実現を目指す国有企業の混合所有制改革

　改革開放は深刻な社会変革として、中国経済の急速な発展のために巨大な利益を釈放し、中国国有企業の発展と巨大な利益をもたらした。「十三五」時期に、国有企業の改革は依然として社会主義基本経済制度という基本的な国情を堅持し、市場化改革を深化し、社会主義公有制と市場経済との結合の有効な実現形式と新しいルートを求め、国有企業の活力と国際競争力を強化していかなければならない。

一、「十三五」時期の国有企業改革は国内外の挑戦に直面する

（一）国有企業の改革は新しい情勢に直面する

　新ラウンドの国有企業改革が直面する国内外の環境はより複雑である。国際的な面から見ると、2012 年の第 4 回中米戦略経済対話以来、対話内容は我々がよく知っている反ダンピング、反補助金、金融改革、知的財産権などの議題のほかに、国有企業は異例にも中米対話と渡り合う新しい議題になり始めた。また、「中国側は国有企業の配当上納比率を着実に向上させる」などの表明が初めて中米戦略経済対話の成果に組み入れられた。特に注意すべきなのは、ここ数年、米国などは WTO ルールとは異なる TPP 協定を積極的に主導し、推進してきた。知的財産権、金融改革などのルールと標準のために、より高いハードルを設定し、「競争中立」政策を口実に「国有企業」を TPP に組み入れ、太平洋にまたがるアジア太平洋経済協力システムを主導し、「東アジア共同体」を解体し、客観的に中国の台頭に対する戦略的抑制を図る。少なくとも、国有企業の条項から中米の戦略的経済対話と米国が TPP 交渉を主導する際の深い思慮を見え、米国はすでに国有企業が中国の国家競争力の主要な源の 1 つであり、今後中国と実際に競争するのはすべ

て政治制度と軍事力だけではなく、中国の強大な国有企業も含まれることを
十分に認識している。このため、米国の競争力に有利な新型ゲームルールを
作り、中国の国有企業を制限・抑制し、これらの抑制手段を国際ルールに引
き上げることは自然に米国の戦略重点となっている。「既存の国際経済ルー
ルが国有企業と民間企業の公正競争の欠陥を確保できないことを補い、国有
企業に国際市場上での公正競争を要求し、さらに国内市場の開放を求め、国
内外企業に対して同等の待遇を実施する」。経済やビジネスを担当する米国
務院のフィナンツ国務次官補は「中国の国有企業をビジネス企業のように表
現する」と言うのは、TPP が要求する厳しい競争中立政策と似ている。シ
ンガポールのリー・シェンロン首相も、「中国には依然として多くの問題が
あり、国有企業の改革が急務だ」と指摘した。「環太平洋パートナーシップ
協定（TPP）」、「汎大西洋貿易と投資パートナー協定（TTIP）」のような戦略
的な挑戦に直面している中国は、グローバル・ガバナンス体制及び経済貿易
の枠組みの下での不利な地位を絶えず変える必要があり、中国が TPP など
の国際交渉に参加するか否かにかかわらず、これらは中国国内の経済体制改
革に深長な影響を及ぼすに違いない。中国の国有企業は、米国が主導する
TPP 関連条項の影響を受けざるを得なくなり、TPP などの国際分野におけ
る競争中立のための新たなルールは、中国国有企業の改革に新たな挑戦を示
すことになる。したがって、世界第 2 の経済大国である中国にとって、中
国はすでにグローバル・ガバナンス体制の重要な参加者となり、ガバナンス
体制変革の重要な推進者となった。中国は、世界的な視野とグローバル・ガ
バナンスの価値判断で自分の国際行為を調整し、開放された体系の下で国有
企業改革の方向づけを、より理性的な思考と選択にする必要がある。

（二）国有企業改革に内在する動力の新たな状況
　中国国内の状況から見て、国際金融危機が起こって以来、ここ数年、危機
対応による政府投資が社会全体の固定資産投資総額に占める割合が高くなっ
ていることから、国家財政収入が国民の収入の中でシェアの増加を続けてお
り、特に、国際金融危機の衝撃がもたらした伝統的な比較優位に基づく企業
競争力の減少によるモデルチェンジがドラッグされ、企業総量の絶対多数を

占める民営（中小）企業の資金難とモデルチェンジ・アップグレード問題は日々顕著になり、「国進民退」は中国社会各界の関心を集めている話題の1つである。これを受けて、国有企業あるいは国有経済の競争的な領域からの脱退や、「脱国有化」などの声は絶えることはなく、同時に、国有企業の私有化による腐敗の激化、国有資産の流失及び社会的富分配の格差の大きさなどの体系的な問題は国有企業改革の論争を高め、国有企業の内部管理と外部監督がまだ目標に達していないため、新たな国有企業改革は自然に矢を放たなければならない。このため、中国共産党第18期3中全会は、中国特色のある社会主義制度を完備、発展させ、国家統治体系（ガバナンスシステム）と統治能力の現代化推進を改革の全面的な深化の総目標とし、中国が長期にわたり社会主義初級段階にあるという最大の現実を改革の全面的な深化の立脚点とし、資源配置において市場が決定的な役割を果たすこと、政府の役割をよりよく発揮することを改革の全面的な深化の重点とし、公有制を主体として多種の所有制経済が共に発展する基本経済制度を、中国の特色ある社会主義制度と社会主義市場経済体制を支える重要な支柱と体制の基礎とすること、を提案した。そのため、国有経済の主導的役割を発揮し、非公有制経済の発展を支持・誘導するためには、所有権保護制度を絶えず改善し、混合所有制経済を積極的に発展させ、国有企業の現代企業制度の完備を推進し、中国経済のより効率的、より公平で、より持続可能な発展を推進する必要がある。しかし、混合所有制という基本的な経済制度をどのように実現するかについて、一部の学者は、混合所有制経済の発展は国有経済の比重を減らし、最終的には「脱国有化」、「脱公有制」、さらには国有経済が体制的に公共サービスの提供にしか向いていない、競争的な分野で撤退する、と主張しているが、これらの主張や見方は、中国共産党第18期3中全会の精神に反するだけでなく、中国の実際と国際発展の経験にも合致しないので、完全に間違っている。

　国有企業の改革を深化させるという大きな文章は、一貫して注目と議論を呼び集め、党と国家の運命にかかわる重大な問題であり、中国の国情に基づいて歴史発展の脈絡から国際経験との比較という視野をもって、中国の国情に合った問題の正確な解決への道を模索しなければならない。

二、国有企業改革の国内外での模索及びその経験による啓示

　国有企業は世界でほとんどどの国においても、多かれ少なかれ程度に違い
はあるがあまねく存在している。もちろん、国々の位置する経済発展の段階
や、社会制度、歴史文化の違いなどの原因により、国有企業の規模、分布、
位置や作用はそれぞれ異なっていて、その社会の性質と発展条件には違いが
あり、また改革発展の方向やルートも一致しないために、外国の国有企業改
革の経験及び最新の研究の進展を分析することは、中国の国有企業改革を指
導していく上で重要な意義を持っている。

（一）国際的な観点：視野を比較した上での世界各国の国有企業改革

　20 世紀 30 年代の資本主義経済危機とその後の第 2 次世界大戦により、
資本主義国家は経済に対して全面的に干渉し始めて、国有経済は急速に発展
し、第 2 次世界大戦後に国有企業の数量と規模はピークに達した。ケイン
ズ主義の衰退と新自由主義の台頭に従って、各国の国内経済の発展と世界経
済の情勢には新たな変化が起こり、20 世紀の 70 年代に始まった地球規模
の私有化運動は、国有企業の数と国有経済の構造を大幅に縮小させたが、国
有企業は依然として多くの経済体において重要な役目を担っており、競争的
な市場においても私企業と競争していた。OECD 国家の私有化プロセスと効
果から見て、私有化改革後の国有企業は決してすべての競争的な領域から撤
退しているわけではなく、多くの国で、国有企業はほとんど一定の社会目標
を担っており、存在し、発展していく必要性があって、国有企業の経営効率
の向上をもとにした私有化改革の効果も国によって異なっている。

　世界的に見て、国有企業はほとんどの市場経済国家にあまねく存在して
おり、全体に対して国有企業はいまだに 20％の投資と 5 ％の就業を占有
しており、また一部の国では生産量の 40％を占めるところもある（IFC,
2005）[1]。高収入経済グループである OECD（経済協力開発機構）加盟国には、

1　世 界 銀 行 IFC:『improvingthecorporategovernanceofstate—ownedenterprises: theapproa
choftheworldbank』、http://www.ifc.org/ifcext/corporategovernance.nsf/AttachmentsByTitle/
Improving_+CG_SOE/ $FILE/Improving_CG_SOE.pdf, 訪問日期 2012 年 4 月 25 日。

中央クラスの国有企業が 2085 社あり、その株主持分は 14168 億ドルであり、従業員は 433 万人である。もし OECD 加盟国の全体を 1 つの国家であるとみなしたとすると、その人口総量は中国よりも低いのだが、その GDP の合計は中国の 6 倍以上であり、1 人当たりの中央クラスの国有企業の権益は 1557 ドルになって、中国の 1 人当たりの中央企業の純資産の 1100 ドルよりはるかに高い[1]。

　欧州諸国を見れば、欧州各国が保有している国有企業の権益比率が GDP の 10%以上を占めており、2008 年の金融危機を前後して国ごとに異なる。最も際立っているのは、北欧諸国と東欧諸国の移行経済国における国有企業の権益が GDP 比の最高を占めており、ノルウェー、フィンランド、スウェーデン、ポーランド、チェコがそれぞれ上位 5 位で 20%以上を占めている。ノルウェー中央政府の国有企業は 46 社あり、雇用者は 23 万人（ノルウェーの総就業件数の 9.4%を占め、OECD 加盟国の中で最も高い）、企業価値の合計（3 つの持株上場企業を含む）は 1310 億ドルである。2009 年、移行経済国のポーランド、チェコ中央政府は国有企業 586 社（持株上場・非上場企業のみ含む）、124 社を保有している。国有企業の従業員を最も多く抱えているのはフランスで、フランス政府が多数の持分を持っている企業の数は 51 社、従業員は 83 万 8000 人で、国有企業の権益は GDP の約 15%を占め、欧州各国の 6 位にランクされている。

　統計によると、ロシアの国有経済固定資産の比重は 40%に達し、国有経済がコントロールする GDP は 50%近く、国有経済における就業の比率は 31%に達した。また、ベラルーシの国有経済の比重は 70%を超えた。先進国から見ると、ドイツ、フランス、インドの国有経済の比重は 20%を超えている[2]。実際には、ロシア、インド、東アジアのシンガポール、先進国のフランス、ドイツを問わず、国有企業は国民経済に重要な役割を果たしている。実際には、多くの国はすべての国有企業に対して完全または徹底的な私有化

1　人民日報によると、中央企業の純資産総額 9 億 5000 万元を為替レートで換算した。白天亮：『中央企業の主要経営指標 5 年倍増年平均国有資産保護価値率 115%——中国の背筋を伸ばして』、人民日報、2011 年 1 月 25 日。
2　「国有企業はどうすればいいですか？」、光明日報、第 16 版、2012 年 4 月 18 日。

を実施していない、政府は一部の私有化企業の中で大きな株を保有し、ほとんどの政府は国有企業に対する監督管理を放棄したくないである。

　グローバルな大規模私有化ブームの効果は、私有化が国有企業の問題を解決する妙薬ではないことを示している。私有化改革に対して本当に企業の業績を改善したかどうかの学術界の論争を抜きにして、国有企業は依然として多くの国に存在、発展していることは争わない事実である。政府が国有企業の所有権と支配権を保持する主な原因は、非商業目標（社会的目標）の実現である。

　西側諸国にとって、政府は国有企業を通じて個人企業が解決しにくい市場の故障と外部性の問題を解決したいと考えている。一部の新興経済体の中で、国有企業は自国の経済安全を保護し、産業政策を実施し、市場環境を育成する目標を与えられている。具体的には、政府が国有企業を持つ動機は主に以下の3つである。

　第一に、政府は、支配権を持つ国有企業を通じて、公共物品やサービスを提供することが多い。一部の国有企業が提供する製品の価格が低いため、政府は相応の財政支援を行う。

　第二に、経済発展を促進する。政府は通常、国有企業が新興国に進出し、国際市場の競争に参加するなどの活動を支持し、国有企業のある産業における優位性を維持し、国内国有企業を外国企業に買収されないよう保護するために、政府も国有企業を支援する。

　第三に、他の社会目標を実現する。政府は国有企業を通じて雇用を増やし、労働者の収入を増やすことができ、経済危機時には、政府は国有企業を通じて個人企業を支援することができる。

　第四に、財政収入を獲得する。一部の国有企業は、政府が財政収入の主要な源を獲得するので、例えばエネルギーの採掘と加工の業界の独占的な国有企業、公共物品を提供する国有企業は大部分が独占的な性質を持っていて、政府が財政収入を求める動機は政府に独占的な地位を利用して競争性活動に参加させるかもしれない。また、政治的要因も政府が国有企業を所有し、支配する一因である。

　現代企業制度の発展につれて、ますます多くの企業が大手企業集団と多国

籍企業に成長し、現代企業における代理問題をどう解決するかが世界各国の注目を集めている。20世紀の末期、会社のガバナンスは全世界で流行し始めて、世界の各国は次から次へと会社のガバナンス改革を始めて、国際レベルで、OECDは1999年に『OECD会社ガバナンス準則』を公布して、各国のために会社ガバナンスの参考を提供した。しかし、この時の会社ガバナンス改革は個人企業だけに注目している。国有企業のガバナンス問題は国内と国際からあまり注目されていない。

　世界範囲の国有企業の発展に従い、ますます多くの国有企業が会社化の改造を行った。新しく設立された国有企業の多くは「会社法」によって設立された現代企業である。一部の国有企業は上場を経て多様な株式会社になり、国際競争に積極的に参加し、一連の改革実践を推進した。一部の国際組織も国有企業のガバナンス問題について深く研究しており、例えばOECDが2005年に発表した「OECD国有企業企業ガバナンスガイドライン」は、OECDの25の加盟国及びその他の国の国有企業ガバナンスの確立と改善に重要な影響を与えている。企業管理を核心とする改革目標は2つの方面がある。1つは国有企業の効率を改善することであり、2つは国有企業と私企業の間に公平な競争の環境を作ることである。そのため、改革の重点は2つの問題を解決することである。

　第一に、国家がいかに有効に所有者の機能を行使すると同時に、国有企業の経営管理活動に対する不当な干渉を回避することである。

　第二に、どのように国有企業と私企業の公平性を確保し、政府が市場監督機能を行使する時に取引規則を歪曲しないことを保証する。

　2009年以来、OECDは競争中立問題を深く研究し始め、政府と国有企業の関係を規範化する角度から国有企業の改革に対して研究を行い、競争中立政策の骨格を提出した。競争中立政策が実際に解決したのは国有企業と市場経済の融合問題である。競争中立政策は、国家所有権の行使を規範化し、国有企業の社会目標と経済目標を明確に区分し、国有企業業が商業活動に従事する際に享受する特殊待遇をなくすということである。会社は国有企業を市場化の規則に従って個人企業と公平に競争させる。

（二）歴史的緯度：社会主義市場経済の体制でなぜ国有経済を発展させなければならないのか？

30 数年来、中国の経済体制改革の主な内容は、社会主義市場経済体制の基本的な枠組みを探索・確立・改善し、伝統的な計画経済体制から社会主義市場経済体制への制度変遷を実現することである。この壮大制度のうねりの過程で経験した国有企業の経営改革——市場主体の育成——国有企業の所有権と法人財産権改革——国有企業の監督管理体制改革——市場メカニズムの整った市場化過程を経て、政企分離、政資分離、権利と経営権分離などの関連体制、法律体系の改革を実現した。国有企業産業改革は経済体制改革の中心的な一環として、計画経済下の政府付属物から社会主義市場経済環境下のミクロ経済主体に転換することが主な任務である。

30 年余りの国有企業の発展過程を見て、理論と実践方面のたゆまぬ探索と改革革新に伴い、国有企業は優れた成果を得て、貴重な経験を蓄積した。理論の面から見て、国有企業の改革は、「商品経済」、「所有権と経営権の分離」、「社会主義初期段階」、「社会主義市場経済」、「現代企業制度」、「社会主義基本経済制度」、「株式制と公有制の主要な実現形式」、「国有資産の監督体制」などの方面で絶え間ない理論の探索と刷新を行い、国有企業の機能付け、構造、実現形式などの面における認識の上に、さらに深く、革新的な認識が得られた。

実践という面から見ると、国有企業の改革は一貫して 3 つの面での展開を繰り返しており、第一に、政治と企業の分離、政治と資産の分離であり、政府と国有企業との間の関係をうまく処理することである。第二に、科学的で合理的な企業の内外部でのガバナンス構造を構築することである。現代企業制度を設立し、国有企業と市場経済との間の関係をうまく処理することである。第三に、国有企業の外部の発展環境の改革であり、国有企業と外部環境との関係をうまく処理する。社会主義市場経済体制には、独立した市場経済主体と公平な競争環境の形成が求められている。30 年余りの国有企業の改革に対する探索も、国有企業の改革が難関を突破するのは、社会主義市場経済体制の枠組みの下で、国有経済を萎縮させるのではなく、国有経済を発展させ、それによって国有経済の主導的役割をよりよく発揮することである

ことを認識させた。国有企業の改革は重大な進展と段階的な成果を得たが、改革の任務はまだ完成していない。

1、国有企業の発展は社会主義初期段階における経済発展の内在的な需要である

　生産力の発展に従って、社会分業がますます細かくなり、産業チェーンもますます複雑になり、資本の蓄積と集中も生産が社会的性質を持つようになった。日に日に複雑な社会化生産と絶えず発展する生産力は、客観的に生産資料を社会全体に配分し、社会が生産資料を統一管理し、社会公衆に生産資料の共同占有を要求し、このようにしてこそ、経済のさらなる発展の現実的な需要を満たすことができる。社会主義の初期段階にある後発大国として、飛躍的な発展を実現するためには、国有経済に強く依存し、揺るぎなく国有経済を発展させなければならない。これは、社会主義初級段階における国有経済、多種所有制経済が競って発展している市場経済環境の中で、国有企業は国家が新型工業化建設を推進する効果的な担体であり、革新型国家を建設する牽引力であり、国の経済安全を保障する重要な力であり、中国の経済発展と社会進歩を促進する最も積極的な力でもある。国有企業は効果的にマクロ経済のコントロール能力を発揮する実現手段であり、力を合わせて大事を処理する社会主義制度の優位性の体現である。

　経済のグローバル化の急速な発展に伴い、後発国の中国は日増しに激しい国際競争に直面し、国有企業を発展させなければならない。経済のグローバル化に伴い、国際独占資本は資源、技術、市場、人材などの面で、知的財産権、資本、技術、貿易などを通じて世界経済に対するコントロールを強化し、多国籍企業は民族経済に対する競争圧力を強めつつある。生産力が遅れている発展途上国にとって、激しい国際競争の中で不敗の地に立つためには、国家経済の安全を保障し、国家の力で資本の集中と蓄積を加速させ、国際競争力のある国有企業を育成することは経済発展の必然である。中国の国有企業は中国における資源配置の水準を向上させるだけでなく、世界における資源配置能力を向上させ、国内国外の「2つの資源、2つの市場」を十分に利用し、国家経済安全保障の肝心な領域に対する国家の制御力を保持し、国有企業と国家の国際競争力を高める。したがって、国有経済の発展はわが国の特定の

210

経済発展段階における現実的な需要を反映している。

　中国共産党の「十八大」報告書は、「国有経済を発展させ、国有経済が国民経済の命脈を掌握することは、社会主義制度の優越性を発揮し、わが国の経済力、国防力及び民族凝集力を増強するのに重要な役割を果たす」と強調している。胡錦涛総書記は、中国共産党創立 90 周年を祝う会での演説で、「私達はすでに世界中から注目されている偉大な成果を収めたが、中国はまだ長期にわたり社会主義初級段階にある基本的な国情は変わっていない。人民の日増しに増加する物質文化の需要と立ち遅れた社会生産との矛盾という社会の主要な矛盾は変わっておらず、わが国は世界最大の発展途上国である国際的地位は変わらない」と述べた。社会主義の初期段階の基本的な国情、主要な矛盾、国際的地位は、国有経済を揺るぐことなく発展させ、国有企業の競争力、制御力を高め、国有経済を徐々に萎縮させるのではなく、国有企業を私有化することを決定した。

　2、国有企業の発展は社会主義市場経済の正常な運行の一般的な要求である

　社会主義市場経済は、市場経済の 1 種である。一般的な市場経済にとって、国有企業の存在は重要な意義を持っており、市場メカニズムの正常運行の自然な需要であり、主に市場の欠陥を補うためである。市場という「見えない手」は万能ではないです。公共品、自然独占、外部性と情報の不完全、非対称などの市場の故障状態の存在と、それが持っている自発性、盲目性とヒステリシスなどの市場自体が克服できない欠陥があるので、国有企業は個人企業が経営したくない或いは市場メカニズムが調整できない市場の故障領域に参入し、個人企業と市場メカニズムの不足を補い、社会の再生産の条件を保障し、国民経済の持続的、安定的、健康的な発展を推進する必要がある。

　実際には、各国の国有経済はすべて異なった程度で、国あるいは政府が経済に対して介入とコントロールを行う機能を担当し、市場経済の正常な運行を保証している。国有企業の市場経済運営における一般的な機能は、具体的には、公共物品または公共サービスの提供である。市場が排他的でないと非競争的であるために発生するコストが収益より大きい「無料で便車に乗る」現象を提供するには、国有企業が社会に必要な公共物品を提供する必要があ

る。第二に、国際競争と戦略的な産業の発展に向けた機能である。国有企業をキャリヤーとして、国際競争に参加し、個人部門が不確定なリスクとコスト問題のために負担したくない、国家の発展と経済の安全に関わる戦略的産業である。第三に、民間企業の救済機能を維持し、経済の安定的な運営を保証する。危機に瀕している民間企業の維持と救助において、国有経済は経済をコントロールするツールの1つとして、その「安定器」の機能を発揮することができる。第四に、経済社会の発展などの総合的な機能を促進する。社会の平等な発展を促進し、地域の差異を縮小するために、立ち後れた地域に国有企業を設立することによって富と収入の再分配を実現する。経済成長の促進と安定のため、雇用の創出、中小企業の発展の促進などの各種の社会政治目標の実現も国有企業の発展の職能の1つである。このように、国有企業は市場経済国家の中で普遍的に存在する現象の1つとして、資本主義国家だけではなく、その機能作用は市場経済の欠陥と政府が経済に関与する必要によって決定される。

　したがって、国有企業は政府の経済社会の機能の延長とその意図を実現する政策の道具であり、営利を唯一の目的としないことがよくある。これも国有企業と一般個人企業との違いである。国有企業は利益を追求するだけでなく、一般企業としての経済目標を実現し、その他の非営利的な社会目標を両立させなければならない。もちろん、国有企業は社会主義市場経済の条件の下で、社会主義の基本的な経済制度と関連しているので、資本主義の条件の国有企業と違っている。資本主義の条件の下で、国有企業は自然と資本主義制度と密接につながっている。資本主義社会の再生産の正常な運行を維持し、独占資本の再生産に有利な条件をさらに創造し、資本家階級が継続的に高い利益を得ることを保証するのが主な目的である。資本主義国家の国有企業は資本主義制度の付属物であり、個人経済または資本家階級のために奉仕するものである。社会主義国家の国有企業は全体国民のために奉仕し、最終的には全体国民の共同富裕を促す。

　国有企業が市場経済の一般機能を実現するという観点から、社会主義国家であれ資本主義国家であれ、国有企業は主に市場の機能を補い、基礎性、戦略性工業と公共施設分野、金融分野、軍需工業と特殊専門分野、新興工業分

野に分布している。例えば水事務、電力などの業界は膨大な固定資本の投入が必要で、自然的な独占の特徴があり、国家の民生にかかわる重要な基礎産業であり、国有企業が国家のマクロコントロールによってこれらの公共サービスを提供する必要があり、単純な営利を目的として社会的責任を負うのではなく、高額な独占利益の追求を避け、社会生産の正常な運行と大衆の日常生活の需要を満足させる。

　また、いくつかの個人資本がうまくできない、できない、やる気がない戦略的、支柱的産業は、往々にして高いリスクと高い投資のために個人企業が投資したくない或いは力がない苦境に直面しているが、戦略産業の発展はハイテク産業、戦略的新興産業など長期的には代替できない役割を持っている。一部の部門は、非公有制経済の参入と発展を支持し、国民経済の運営効率を向上させる。

　3、国有企業の発展は社会主義基本経済制度を堅持する本質的な要求である

　市場経済の正常な運営には国有企業が必要であるが、中国の社会主義基本制度の本質的な要求は国有企業をさらに発展させなければならない。社会主義国家として、国有経済は社会主義基本経済制度と直接関連している。国有企業は国家の指導と経済社会の発展を推進する基本的な力であり、社会主義の本質的な要求を体現している。

　社会主義の本質は、生産力を解放し、生産力を発展させ、搾取を消滅させ、両極化を解消し、最終的には共同の富に至ることである。生産は分配を決定し、財産関係は分配関係を決定し、異なる所有制は異なる収入分配制度を決定し、生産資料に対する占有関係は生産、分配、交換などの過程における人々の地位と相互関係を決定した。したがって、経済社会の発展過程で出現した収入格差の拡大と過大な問題に対して、分配と再分配の段階から収入格差の拡大と過大な問題を解決するだけでは不十分であり、これは所有制構造、財産関係から収入格差の拡大と過大な問題を明らかにする必要がある。この問題の根本的な解決は、公有制の主体的地位を強化することによって解決しなければならない。生産物の所有権はすべての国民が占有するのであって、いかなる私的占有にも帰するのではないため、資本と労働の間の対立的な社会

213

的矛盾を根本的に解消する。そのため、生産財共有制を堅持してこそ、労働分配を主体とし、多様な分配方式が共存する所得分配制度が形成され、所得格差の拡大を防ぎ、両極化を防ぎ、共に豊かになることができる。

　国有企業は全国民に所有され、その利益は国民に創造され、自然も全体国民に享有され、国有経済は国民のために利益を図る属性を体現している。国有企業は労働生産性を向上させることによって、国有資産の価値の保持・増値を促進し、全国民が国有企業の所有者としての権益を増加させ、生産力をよりよく発展させるために、国民の日増しに物質文化の需要を満足させ、強固な経済基盤を創造する。国有企業を発展させ、優れた国有企業にすることは、生産社会化と生産資料の個人占有との矛盾を克服し、社会全体の利益と局部利益、長期的利益と当面の利益、公共利益と個人の利益との有機的な結合を実現することに役立ち、調和のとれた社会を構築するために経済基盤を打ち立てる。党の第15期4中全会が可決した「国有企業改革と発展に関する若干の重大問題に関する中共中央の決定」[1]は、「国有経済を含む公有制経済は、わが国の社会主義制度の経済基盤であり、国家の指導、推進、経済と社会発展の基本的な力であり、広範な人民大衆の根本的利益と共同富裕を実現する上で重要なものである」と指摘した。鄧小平は、「中国経済は公有制が主体になれば、両極化を避けることができる」と強調した。これは非常に深刻な論断である[2]。

　したがって、「国有企業の独占と国民の利益争い」、「国進民退」と「国退民進」の「国」と「民」の関係を正しく認識しなければならない。その中のいわゆる「国」は「国有経済」を指し、「民」は「民営経済」を指すと言われているが、「民営経済」は法律概念ではなく、一般に「非公有制経済」と定義されている。しかし、「国進民退論」、「国有企業と民争利論」を誇張した一部のメディアと学者は、いわゆる「国」と「民」の対立を意図的にレンダリングし、私有制の範疇の「私営経済」を「人民大衆」を代表する企業として粉飾し、全

1　張宇「国有経済の社会主義市場経済における地位と役割を正しく認識する」『毛沢東思想鄧小平理論研究』2010年第1期。

2　劉国光：『公有制は社会主義初級段階の基本的経済制度の礎石である』、『国有企業』、2011年第7期。

国民が公有する「国有企業」を「国家独占」の「官僚資本」としてレンダリングし、意図的に概念をすり替え、いわゆる「国」と「民」の対立を宣伝し、市場経済の下で国有企業と私有企業という 2 つの市場主体の間で平等に競争する正常な行為を「民と利益を争う」という概念にすり替える。事実上、通常非難される「国有企業と民の利益争い」は、実質的に国有企業が個人企業、個人資本と利益を争わないように要求し、「民と利益を争わない」という理由で、国有企業にあらゆる競争業界からの撤退を要求し、ひいては、国と国民の生活と国家の安全にかかわる重要な分野からの撤退までするのは、公衆の視線を混乱させ、徹底的に私有化するためのものにすぎない。社会主義市場経済の条件の下で、国有経済と非公有制経済などの各種の所有制経済はすべて市場経済の運行規律に従い、市場競争の中で平等に競争し、各自の優勢を発揮し、相互に促進し、共に発展し、両者を対立させてはならないのである。

三、公平な競争環境の実現を目指す国有企業の混合所有制改革についての政策提案

　新時期の国有企業改革の最終目標は市場化と国際化の発展に適応し、国有企業と市場経済の融合を更に促進し、国有企業を真の市場主体になることである。国際的な経験から見ると、国有企業は必ずしも競争分野から全部撤退する必要はなく、特に中国の当面の経済発展レベルで、国有企業は依然として競争分野で国民経済に対する主導的役割を発揮する必要があり、改革の重点問題は国有企業が撤退するべきではなく、国有企業の機能と位置づけを総合的に分析した上で、国有資本の有進と有退を実現する。公正競争、競争中立は、国有企業と市場経済の融合が、市場化の法則に従って市場競争に参加し、国有企業の国家所有権による競争優位を撤廃し、市場メカニズムを発揮して国有資本配置の調整における決定的な運用を行う、と表明している。同時に国有企業内部は、市場化の要求に適応した現代企業制度と市場化のルールに従って国有企業を運営しなければならない。新たな国有企業改革にも最適化する国有資本の配置、国有企業の経営効率化と市場の競争力を高めると同時に、市場化の改革方向を堅持し、国有企業と民間企業の公平な競争を促

進するため、我々は混合所有制の改革を行うと同時に、競争中立政策の関連措置と結合し、新しい時期の国有企業の株式多元化改革の政策措置を制定する必要がある。

（一）国有企業の機能と位置づけを明確にし、分類改革を実行する

　国有企業の改革を深化させる段階では、個体としての国有企業に具体的に機能と位置づけによって分類して改革戦略を実施する必要がある。上述の国有企業の機能に対する分析によれば、国有企業はだいたい公共政策的なものと、特殊機能的なもの、そして一般競争的なものの３種類に分けられる。以上の３種類の企業に対して、改革の方式は異なっているべきである。異なったタイプの企業経営の主要な目標も違っている。具体的には、国有企業ごとに多かれ少なかれ異なる社会的目標と経済的目標を持っている。これは各企業の具体的な状況から出発して、国有資本の出資比率を把握し、国有企業の株式の多様化を分類して進める必要がある。

（二）異なる業界の特徴に基づき、国有企業の持分構造を最適化する

　国有企業の機能と位置付け、及び業種別の競争度に基づき、国有企業の持分構造をさらに最適化し、以下の４つの形式を取ることができる。第一に、国家の安全に関わる少数の国有企業と国有資本の運営会社に対して、国有資本の形式を採用することができる。第二に、国民の生活に関係する重要な業界と重要な分野の国有企業は、基本的に公共政策と特殊機能性の国有企業のために国家の絶対的な持ち株を維持し、同時に複数の国有資本運営会社を通じて株式を保有し、複数の株主が相互にバランスを取る持分構造を形成する。さらに、これらの企業の業務を分類し、非国有資本が参加する競争的業務を許容すべきである。第三に、基幹産業とハイテク産業及びその他重要業種の国有企業の多くは特殊機能型国有企業であり、国家の相対的持株を維持し、市場化の方式を通じて積極的に社会資本を導入して投資に参加する。第四に、国有資本のコントロールを必要としない業界、すなわち一般的な競争性の国有企業については、国有株の出資又は全部の退出という形で、国有株の出資比率は国家発展戦略の要求に基づき合理的に進退し、かつ国有株の退出時に

は財産権市場のルールに従って退出し、国有資産の流失を慎重に防ぐことができる。

（三）混合所有制の株式多元化の傾向に適応し、国有資産の監督管理メカニズムを完備する

　株式所有権の多元化傾向に従って、株式所有権が多元化している企業において、国有資本と社会資本は互いに融合、共同発展しあい、国有資産監督管理委員会が監督しているのはもはや一つ一つの国有企業ではなく、一つ一つの混合所有制企業における国有株式の所有権であって、これにより伝統的な、企業の管理を主とした監督方式はすでに国有企業の株式所有権の多元化が進んでいくという情勢に適応しなくなっており、「資本の管理」を主とした国有資産の監督管理を強化していくべきである。

　1、国有資本の運営会社を設立し、出資者の職責を着実に履行する

　国有資本の運営会社を設立することによって、国有資産監督管理委員会（国資委）は「最終的な出資者の代表」として国有資産の最終出資者の役目を行使し、国有株式に対して統一的な管理を行い、国有株式を複数の法人性質のある株式経営機関である国有資本の運営会社に委託して運営することによって、出資者の職責を具体的に履行する主体を多元化する。国有資産監督管理委員会、国有資本運営会社、国有企業（国有独資、国有持株、国有株に加入する企業を含む）の 3 階構造の下で、国有資産監督管理委員会は国家授権の最終出資者代表として、主に国有資本発展戦略を全体的に制定し、国有資本経営予算を編成し、国有資本の運営会社の主要責任者と審査・承認することに責任を負う。国有資本の運営会社は国資委が出資者の職責を実現する特殊な主体であり、原則として国有独資の方式を採用し、もっぱら株主の身分で国有企業に投資し、資本の運営を通じて国有資本の進退と国有資産の価値増値を実現し、具体的な製品経営に従事しない。第 3 階の国有企業は独立した法人財産権を持ち、独立経営を通じて国有資産の経営管理職責を実現し、利益の最大化を目標とする。

　3 階のアーキテクチャモードで、国有資産監督管理委員会は「統一監督者と最終出資者の代表」として、全体的な発展戦略を制定した後、国有資本運

営会社の資本運営を通じて実現し、そして国有資本運営会社は、具体的な国有企業の中で株式の数及び株主権力の大きさを通じて国有企業の社会目標と収益目標を均衡させ、具体的な経営に従事する国有企業に明確な目標の方向性を持たせ、目標の曖昧による非効率を回避する。

　2、「資本の管理」を主として監督を強化し、国有資産の運営効率を上げる

　「資本管理」を主とする国有資産監督管理方式は、国有資本の運営能力と国有企業の経営成績と収益力をさらに強調している。一方、国有資産を増分する投資は、国有経済配置構造の最適化に合致するべきで、重要な業界と分野に投資し、盲目的に投資を拡大することによる浪費を避ける一方、一部の生産能力過剰領域・成熟領域の国有資産シリンダー残量は資本形態に転換して退出を実現することによって、実体経済に不利な影響を与えることはない。また、資本管理を中心に国有資産の監督管理を強化し、市場化の基準で国有資本の運営実績を評価することは、全体的に国有資産の配置を最適化し、国有資産の運営効率を向上させることに役立つ。

（四）市場化の要求に適応し、国有企業の現代企業制度を改善する

　国有企業が本当の市場主体になるには、市場経済と相容れる現代企業制度を作り出す必要があり、完璧な企業統治機構によって、株式所有権の多元化改革の効果がよりよく発揮され、株式所有権が多元化した企業における株主の間のけん制によってこそ国有企業の経営効率と市場競争力が向上することができるのである。このため、現代企業制度を作り、また整備することは国有企業が市場化の規則によって展開していくための前提と基礎となるものなのである。

　1、国有企業の企業統治機構を整備する

　企業統治機構の本質は所有権と経営権の分離により起こった代理の問題を処理することであり、具体的には企業内部の株主総会、取締役会、監事会と経営者層の間の権利と責任の設定のことを指している。現在において、国有企業の企業統治機構を整備することは、『会社法』の要求に従い、中国の国有企業に適合する分立しつつ平衡を保つ現代会社の管理構造を確立し、株主

総会と董事会の間の権責関係を規範化し、董事会と経理層との間の権責関係を規範化し、監事会の董事会・経理層への監督を強化し、出資者による委任または外部監事を招聘する外部監事制度を完備させることである。

　２、国有企業経営者の激励・制約メカニズムを充実させる。

　科学的で合理的な激励の制約のメカニズムは経営者の日和見主義行為と道徳リスクを低減し、代理コストを低減し、会社の経営効率を向上させるのに役立つ。総じて言えば、国有企業経営者に対する激励は経営パフォーマンスに連動しなければならず、多元的な激励制度を設計することにより、経営者の行為の長期化と規範化を促進でき、一般的に国有企業経営者の報酬には、リスクのない報酬とインセンティブのある報酬が含まれており、株式インセンティブの方式は株主の利益と経営者の利益を直接結びつけることができ、経営者が企業の長期的な発展を重視することを促進するので、株式の多元化した国の有企に採用することができる。

　３、国有企業の外部監督を強化する

　国有企業の経営者に対する制約は、主に企業内部の監督と企業外部の監督よるものである。内部監督は株主総会、取締役会と監事会による監督及び定款の拘束であり、外部監督は主に外部市場メカニズムと監査などの仲介機関の監督である。国有企業は委託——代理関係が複雑で、株主総会、取締役会及び監事会の職責がさらに改善される必要があるので、株式市場、職業マネージャー市場及び製品市場などの市場メカニズムを改善することによって国有企業経営者に対する外部監督を実現する必要がある。また、仲介機構の国有企業情報開示における重要な役割を完全にすることは、経営者の行為を監督する重要な方法でもある。

著者紹介

林崗（リン・ガーン）経済学博士、中国人民大学教授。中国人民大学経済学院経済学系副主任、副教務長、大学院副院長、同大学副学長を歴任。著書に『馬克思主義与経済学』（経済科学出版社）など。

王一鳴（オウ・イーミーン）経済学博士、国務院発展研究センター副主任。国家発展改革委員会マクロ経済研究院院長助理、副院長、国家発展改革委員会副秘書長を歴任。著書に『改革紅利与発展活力』（人民出版社）、『走向 2020：中国中長期発展的挑戦和対策』（中国計画出版社）、『珠海発展戦略研究』（中国建築工業出版社）など。

急速に変化する中国経済

中国「十三五」期の経済動向   定価 2980 円＋税

発　行　日　　2020 年 2 月 15 日　初版第 1 刷発行
著　　　者　　林崗　王一鳴　馬曉河　高徳歩
訳　　　者　　稲吉翔　松尾亮祐
監訳／発行者　　劉偉
発　行　所　　グローバル科学文化出版株式会社
　　　　　　　〒140-0001 東京都品川区北品川 1-9-7 トップルーム品川 1015 号
印刷／製本　　モリモト印刷株式会社

ISBN 978-4-86516-063-5　　C0033

Supported by fund for building world-class universities（disciplines）of Renmin University of China